W0095675

Knaur.

Über den Autor:
Martin Simon leitet den Presse- und Verlagsservice Martin Simon
in Thyrnau. Seit 1996 entwirft und gestaltet er IQ-Tests und Rätsel
aller Art.

Martin Simon

Knaurs großer IQ-Trainer

Testen
Sie Ihre Intelligenz

Knaur Taschenbuch Verlag

Die Originalausgabe erschien 2007
unter dem Titel »Der große IQ-Trainer« im Franzis Verlag, Poing.

Besuchen Sie uns im Internet:
www.knaur.de

Taschenbuchausgabe Februar 2009
Knaur Taschenbuch.
Ein Unternehmen der Droemerschen Verlagsanstalt
Th. Knaur Nachf. GmbH & Co. KG, München
Copyright © 2007 bei Franzis Verlag, Poing
Rätsel, Layout & DTP von Presse- & Verlagsservice Martin Simon
www.neue-raetsel.de
Umschlaggestaltung: Zero Werbeagentur, München
Satz: Uhl + Massopust, Aalen
Druck und Bindung: CPI – Clausen & Bosse, Leck
Printed in Germany
ISBN 978-3-426-78184-5

2 4 5 3 1

Inhalt

Vorwort

Intelligenz hat in unserer Gesellschaft einen hohen Stellenwert. Intelligente Menschen genießen mehr Beachtung und haben mehr Erfolg, ihnen werden besondere Fähigkeiten zugesprochen. Weniger intelligente Menschen hingegen werden oft ausgegrenzt und haben einen schweren Stand in der Gesellschaft.

Was messen Intelligenztests?

Ein Großteil der Tests misst die Fähigkeit zum logischen Denken, Handeln und Kombinieren. Die Leistungsfähigkeit des Gedächtnisses wird ebenso getestet wie praktische Fähigkeiten und Auffassungsgabe. Nicht zuletzt erfassen Intelligenztests grundsätzliche Kenntnisse unserer Kultur, Schul- und Allgemeinwissen sowie sprachliche Ausdrucksfähigkeit. Die Tests weichen dabei in Aufbau und Gestaltung voneinander ab, sodass sie unterschiedliche Herausforderungen bergen. Der Inhalt der Tests hängt dabei in nicht unerheblichem Maße von den Kenntnissen des jeweiligen Autors ab und auch davon, was er unter Intelligenz versteht. Deshalb ist es auch offensichtlich, dass ein Intelligenztest nur einen kleinen Teil unserer Intelligenz oder unseres als intelligent bezeichneten Verhaltens abbilden und bewerten kann. Der Test sollte nicht als Messinstrument für beispielsweise den sozialen Erfolg eines Einzelnen missverstanden werden; dazu bedarf es zusätzlicher Informationen.

Wie ein Intelligenztest entsteht

Intelligenztests, wie sie seit etwa 100 Jahren existieren, testen meist verschiedene intelligente Fähigkeiten. Die Messung von Intelligenz in offiziellen Tests wie beispielsweise im Zuge eines Bewer-

bungsgesprächs geschieht überwiegend im „Paper-Pencil-Test",
der seinen Namen dadurch erhalten hat, dass diese Tests meist auf
Papier mit Bleistift auszufüllen sind. Die Teilnehmer erhalten
schriftlich formulierte Aufgaben, die sie auf unterschiedliche Art
und Weise lösen sollen: entweder durch Ankreuzen von vorgegebenen Antwortmöglichkeiten (Multiple-Choice-Verfahren) oder
durch Angabe eines Lösungsbuchstabens bzw. Lösungsworts.
Der Vorteil von Paper-Pencil-Tests ist, dass sie sich einfach einset-
zen und schnell auswerten lassen. Eine ganze Gruppe von Teilnehmern kann ohne großen Aufwand gleichzeitig getestet werden, und
der Test erfasst viele Bereiche der Intelligenz.
Es gibt allerdings Teilbereiche der Intelligenz, die sich mit dem
Paper-Pencil-Test nicht erfassen lassen. Dazu gehören beispielsweise
manuelle Fähigkeiten. Für solche speziellen Bereiche werden andere Testverfahren verwendet, wie der sogenannte Drahtbiegetest,
mit dem Auszubildende in technischen Berufen geprüft werden.
Die Durchführung von Intelligenztests findet meistens in Gruppen
mit mehreren Teilnehmern statt, die zur gleichen Zeit getestet
werden. Ein Testleiter gibt Anweisungen zur Durchführung, die In-
struktionen werden allen Teilnehmern gleichzeitig gegeben. Die
Testergebnisse sind bei der Auswahl der Bewerber meist nicht allein
entscheidend, sie bilden aber ein wichtiges Kriterium bei der Ent-
scheidungsfindung, dem immer mehr Gewicht beigemessen wird.
Als typische Bestandteile von Intelligenztests werden meist Aufgaben gestellt, die die sprachliche, die nummerische oder die figurale
Intelligenz abfragen.

Gütekriterien und Normierung
von Intelligenztests

Ein anerkannter Intelligenztest muss bestimmte Gütekriterien
erfüllen, damit die Ergebnisse als wissenschaftlich abgesichert
gelten. Als erste Anforderung muss der Test das Kriterium der

Objektivität erfüllen, d. h., die Testergebnisse müssen völlig unabhängig vom Untersuchenden sein. Unabhängig davon, von wem eine Person getestet wird, müssen Durchführung, Auswertung und Interpretation des Tests immer identisch sein.

Des Weiteren muss der Test Reliabilität garantieren, also Zuverlässigkeit und die Eigenschaft, dass man sich auf die Testergebnisse verlassen kann. Dies wird bestimmt durch den Grad der Genauigkeit, mit der ein Test bestimmte Eigenschaften prüft. Die Messungen sind dann zuverlässig, wenn es bei mehreren Tests zu ähnlichen Ergebnissen kommt.

Validität schließlich beschreibt die inhaltliche Genauigkeit, mit der ein Test ein Merkmal misst. Ein Test ist dann valide, wenn er genau die Eigenschaften misst, die er messen soll, und keine anderen.

Damit man Testergebnisse beurteilen, bewerten und mit den Ergebnissen anderer Personen vergleichen kann, muss der IQ-Test normiert werden. So wird ein verbindlicher Maßstab geschaffen, der die Testergebnisse vergleichbar macht. Dazu wird ein Intelligenztest, bevor er angewandt wird, an einer repräsentativen Bevölkerungsgruppe geeicht. Repräsentativ meint, dass eine möglichst breite Schicht der Bevölkerung mit ihren Eigenschaften widergespiegelt wird. Die Gruppe muss hinsichtlich Geschlecht, Alter und Ausbildung möglichst ähnlich strukturiert sein wie die spätere Testgruppe und muss mindestens 1000 Personen umfassen. Die dabei gewonnenen Werte bilden den Maßstab, anhand dessen ein Testergebnis als schlecht, mittel oder gut eingestuft werden kann. Erst durch die Normierung sind Vergleiche zwischen verschiedenen Personengruppen möglich, und der Test wird aussagekräftig.

Bei der Auswertung von Intelligenztests spielt das Alter der Testperson eine wichtige Rolle. In jungen Jahren steigt die Intelligenzleistung gewöhnlich stark an, bis sie ihren Höhepunkt bei den meisten Menschen zwischen Mitte 20 und Mitte 30 erreicht.

Mit steigendem Alter nimmt die geistige Leistung sukzessive wieder ab. Daher ist es normal, dass ältere Menschen bei IQ-Tests durchschnittlich schlechter abschneiden als jüngere. Dies ist zurückzuführen auf schlechtere Konzentrationsfähigkeit, langsamere Reaktions- und damit Bearbeitungszeiten und nachlassende Gedächtnisleistungen mit zunehmendem Alter. Auch darf der Aspekt nicht vernachlässigt werden, dass Angehörige älterer Generationen meist eine andere Schulausbildung mit anderen Schwerpunkten durchlaufen haben. Daher haben sie häufig auch ein anderes Allgemeinwissen und eine andere Art und Weise, an Aufgabenstellungen heranzugehen. Die Aufgaben in Intelligenztests sind häufig an den aktuellen Schulinhalten orientiert, sodass jüngere Personen im Vorteil sind.

Bei der Beurteilung von Intelligenztests ist zu beachten, dass es unterschiedliche Skalen gibt, anhand deren die Testergebnisse bewertet werden. So lassen sich oft amerikanische und europäische Werte nicht vergleichen. Die meisten europäischen IQ-Tests verwenden Tabellen, mit deren Hilfe man die erreichte Punktzahl in die IQ-Skala umrechnen kann. Dabei ist der allgemein gebräuchliche Mittelwert 100, und Abweichungen um bis zu 15 Prozent sind der Standard. In amerikanischen Tests werden davon zum Teil deutlich abweichende Skalen verwendet, sodass auch IQ-Werte über 200 vorkommen können, die nach europäischem Maßstab abwegig erscheinen. Ein IQ-Wert ist also erst dann aussagekräftig, wenn er vor dem Hintergrund der verwendeten Skala betrachtet wird. Als anschauliches Beispiel können die unterschiedlichen Methoden der Temperaturmessung herangezogen werden: Die Angabe einer Temperatur von 20 Grad kann etwas vollkommen Unterschiedliches bedeuten, je nachdem, ob sie nach dem europäischen System nach Celsius oder dem amerikanischen System nach Fahrenheit berechnet wird.

Wodurch wird das Testergebnis beeinflusst?

Den Intelligenzquotienten kann man nicht so genau messen und in absoluten Zahlen ausdrücken wie beispielsweise das Gewicht oder die Körpergröße eines Menschen. Es handelt sich hierbei um ein psychologisches Merkmal, das Schwankungen unterliegt und leicht von Störfaktoren beeinflusst werden kann. So wird das Ergebnis eines Intelligenztests maßgeblich mitbestimmt von der Tagesform der Testperson, ebenso sind die gesundheitliche Verfassung, Müdigkeit und die jeweilige Konzentration oder Motivation wichtige Faktoren, die bei der Auswertung beachtet werden müssen. Und nicht zuletzt können gewisse Differenzen durch Messfehler verursacht werden.

Neben diesen Faktoren können auch andere Fähigkeiten, wie z. B. Kreativität und Gedächtnisleistung, die Intelligenz beeinflussen. Je besser das Gedächtnis arbeitet, desto besser fallen das Testergebnis und damit der errechnete Intelligenzquotient aus.

Zu diesen als interne Faktoren bezeichneten Einflüssen kommen externe Faktoren hinzu, die die Intelligenzentwicklung fördern oder hemmen können. Die externen Faktoren können der sozialen Umwelt zugerechnet werden.

Zu den fördernden Einflüssen gehören Lob, Anreiz und Ehrgeiz genauso wie Entscheidungsfreiheit, Anerkennung und das Zulassen von Fehlern. Diese Faktoren haben insofern einen positiven Einfluss auf die kognitive Leistung, da sie ein entspanntes Umfeld erzeugen, in dem die Leistung erbracht wird, und so Fehlern vorbeugen. Zu diesem angenehmen sozialen Umfeld gehören aber auch ein finanziell gesicherter Hintergrund, gesellschaftliche Akzeptanz und die individuelle Förderung von Interessen und Talenten. Sind diese Voraussetzungen nicht gegeben, wird die Person, die unter dem Druck steht, eine Leistung zu bringen, behindert und kann ihre kognitiven Fähigkeiten nicht voll entfalten.

Umgekehrt bestehen daher natürlich auch hemmende Einflüsse wie Verweis, Tadel und Strafe, aber auch Langeweile, mangelndes

Selbstwertgefühl und mangelnder Ehrgeiz. Diese fördernden und hemmenden Faktoren werden unter dem Begriff „Lernklima" zusammengefasst. Dem Lernklima wird große Bedeutung beigemessen in seiner Wirkung auf die Förderung von Intelligenz. Es besteht daher der Grundsatz, dass es nur dann einen Ansatz zur Intelligenzentwicklung geben kann, wenn das Lernen neu gesehen wird.

Warum Übung so wichtig ist

Die Intelligenz eines Menschen ändert sich im Laufe des Lebens. Sie verändert sich bei Kindern mit jedem Lebensjahr und ebenso bei Erwachsenen. In Kindheit und Jugend steigt die Intelligenzleistung stetig an, bis sie ihren Höhepunkt bei den meisten Menschen zwischen Mitte 20 und Mitte 30 erreicht. Mit steigendem Alter nimmt die geistige Leistung langsam wieder ab. Studien haben zudem gezeigt, dass sich Intelligenz und Leistung in gewissen Grenzen trainieren lassen. Dies betrifft vor allem einen Aspekt der Testleistung, nämlich die Routine und die Sicherheit im Hinblick auf die Lösung von Testaufgaben.

Wie auf viele andere Prüfungsarten und -situationen auch kann man sich auf einen Intelligenztest vorbereiten. Indem man die Vorgehensweise bei den Tests immer wieder gründlich studiert und übt, kann man seine Leistungen verbessern. Die Fragen und Aufgabenstellungen in Intelligenztests sind meist in verschiedene Aufgabentypen unterteilt, die bestimmte Grundmuster aufweisen. Durch das regelmäßige Bearbeiten dieser Aufgaben kann man rasch Lösungsmöglichkeiten lernen und die besten Bearbeitungstechniken entwickeln und einüben. Mit der Zahl der bearbeiteten und gelösten Aufgaben steigt auch die Routine und Übung, sodass man bei unbekannten Aufgabentypen das erworbene Können im Transfer anwenden und auf die neuen Herausforderungen übertragen kann.

Bei Intelligenztests wird meist ein relativ knappes Zeitfenster vorgegeben, innerhalb dessen die Aufgaben gelöst werden sollen. Bei den Übungsaufgaben sind deshalb die Bearbeitungszeiten angegeben, damit man sich an das Arbeiten unter Zeitdruck gewöhnen kann. Oft sind die Zeitfenster so knapp gewählt, dass man nicht alle Aufgaben schaffen kann. Es ist daher wichtig, sich vom Zeitdruck nicht ablenken zu lassen, sondern ruhig und ohne Hektik die Aufgaben zu bearbeiten.

Wenn das Testergebnis ungünstig ausfällt

Wenn die Testergebnisse schlechter ausfallen, als Sie es erwartet haben, sollten Sie sich nicht entmutigen lassen. Generell gilt, dass die Resultate eines Intelligenztests nicht überbewertet werden sollten. Es kann gut sein, dass Sie einfach einen schlechten Tag hatten und deshalb entsprechende Ergebnisse erhalten haben. Denken Sie erst einmal nach, ob es nicht plausible Erklärungen für eine schlechte Tagesform gibt, beispielsweise eine beeinträchtigte Gesundheit oder Müdigkeit, mangelnde Konzentration oder ein unruhiges Umfeld. Vor allem zu Beginn, wenn Sie mit der Art der Aufgabenstellung und der Bearbeitung von Intelligenztests noch nicht vertraut sind, sind Fehler ganz normal. Es bedarf einer Eingewöhnungszeit, da Sie im Test mit anderen Herausforderungen konfrontiert werden als in Schule und Berufsleben. Je länger Sie sich mit den Aufgaben jedoch befassen, desto besser werden die Resultate, und es wird sich ein Trainingseffekt einstellen.

Es kann allerdings sein, dass Sie trotz regelmäßiger Übung weiterhin unbefriedigende Testergebnisse erhalten. Dies ist jedoch kein Grund, an Ihrer Intelligenz zu zweifeln: Intelligenztests messen nur einen Bruchteil dessen, was wir unter Intelligenz oder intelligentem Verhalten verstehen. Es ist gut möglich, dass Ihre Stärken nicht in der Lösung theoretischer Übungsaufgaben, sondern vielmehr in sozialer Kompetenz, im kreativen oder künstlerischen Bereich oder im Erfolg im Beruf liegen.

Tipps für die Bearbeitung

Bei der Bearbeitung von Testaufgaben sollten Sie einige Ratschläge beachten. So ist es wichtig, dass Sie ungestört und entspannt arbeiten können. Setzen Sie sich nicht selbst unter Leistungsdruck und versuchen Sie auch, auf den Zeitdruck gelassen zu reagieren. Wenn Sie nervös oder hektisch werden, schleichen sich leicht Fehler ein, die sich ungünstig auf das Testergebnis auswirken. Den meisten Tests wird ein Beispiel vorangestellt. Es ist ratsam, sich diese Beispielaufgabe genau anzusehen, denn sie birgt oft wertvolle Tipps für die Bearbeitung und erklärt, worauf es bei dem Test ankommt. So sparen Sie Zeit und gewinnen zusätzlich an Sicherheit.

Es ist sinnvoll, die Aufgaben in der angegebenen Reihenfolge zu bearbeiten. Bei vielen Intelligenztests steigt der Schwierigkeitsgrad der Aufgaben an. Die zu Anfang noch relativ leicht zu lösenden Aufgaben geben Ihnen die nötige Sicherheit und das Selbstvertrauen, auch die schwierigeren Aufgaben ruhig anzugehen und souverän zu meistern. Arbeiten Sie dabei zügig, um den Zeitdruck nicht übermächtig werden zu lassen, doch mit großer Sorgfalt, um keine ärgerlichen Flüchtigkeitsfehler zu riskieren.

Versuchen Sie, ruhig zu bleiben, auch wenn Sie erkennen, dass Sie nicht alle Aufgaben schaffen können. Es ist wichtiger, dass Sie Ruhe bewahren und so die bearbeiteten Aufgaben wenigstens richtig lösen. Meist ist die Zeit so knapp bemessen, dass es unmöglich ist, alle Aufgaben zu erledigen. Wenn Sie feststellen, dass Sie eine Aufgabe nicht lösen können, beißen Sie sich nicht daran fest. Zu groß ist die Gefahr, dass Sie nervös und fahrig werden und dadurch Fehler machen. Gehen Sie lieber zur nächsten Aufgabe weiter; zu unerledigten Aufgaben können Sie zurückkehren, wenn Sie am Ende noch Zeit haben. Wenn Sie bei Auswahlaufgaben (Multiple-Choice-Aufgaben) die richtige Lösung nicht sicher wissen, gehen Sie nach der Ausschlussmethode vor: Schließen Sie die Antworten aus, die auf keinen Fall in Frage kommen, und wählen Sie die Lösung, die Ihnen am wahrscheinlichsten erscheint.

Die IQ-Aufgaben dieses Buchs

Im vorliegenden Band finden Sie neben typischen Testaufgaben des mathematischen, sprachlichen und visuellen Bereichs auch fünf unterschiedlich zusammengestellte IQ-Tests. Dort können Sie in jeweils 30 Minuten Ihr Bestes geben und so eine Testsituation trainieren.

Diese Aufgaben und Tests dienen allerdings nicht dazu, Eigenschaften zu überprüfen, die bei einem in der heutigen beruflichen Einstellungspraxis verwendeten Leistungs- und Persönlichkeitstest abgefragt werden, wie z. B. Selbstdisziplin und Ausdauer.

Hervorzuheben ist, dass sämtliche Übungsaufgaben im Lösungsteil erläutert werden. Der Lerneffekt, den Sie damit erzielen können, ist nicht zu unterschätzen. Standardisierte IQ-Aufgaben sind oftmals nach altbewährten Mustern aufgebaut. Wenn Sie diese erst einmal verstanden haben, werden Sie viele IQ-Aufgaben lösen können, an denen Sie sonst verzweifelt wären.

IQ-TRAININGSAUFGABEN FÜR MATHEMATISCHE INTELLIGENZ

Dieses Kapitel über mathematische Intelligenz enthält Übungsaufgaben mit Zahlen. Mathematisches Denken und vor allem das Erkennen rechnerischer Zusammenhänge sollen hier trainiert werden.

Anhand einiger Beispiele soll eine mögliche Vorgehensweise bei den Aufgaben demonstriert werden und Ihnen so den Einstieg in die Materie erleichtern.

Die klassische Zahlenreihe

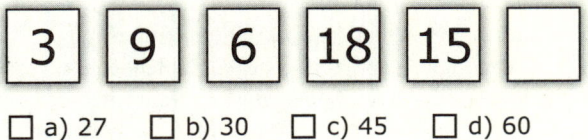

☐ a) 27   ☐ b) 30   ☐ c) 45   ☐ d) 60

Diese Reihe hat keinen steten Verlauf, ihre Zahlenwerte steigen und sinken im Ablauf. Das deutet darauf hin, dass hier nicht nur eine mathematische Regel gefunden werden muss, sondern zwei. In diesem Fall könnte man zunächst vermuten, die Reihe begänne mit der Regel „+6" und ginge weiter mit „–3". Dann käme „+12" und wieder „–3". Doch was könnte man daraus folgern? Heißt der Schritt „+18" oder „+24". Erhöht sich der Summand um 6 oder verdoppelt er sich? ... Die Lösung liegt (und das haben Sie vielleicht schon erkannt) woanders. Nicht „+6" lautet die Verknüpfung zwischen erster und zweiter Zahl, sondern „x3". Die Regelmäßigkeit in dieser Reihe lässt sich eindeutig mit „x3" und „–3" ausdrücken, und dies im Wechsel. Nach der 15 geht es also weiter mit der Funktion „x3". Die nächste, gesuchte Zahl ist folglich die 45.

Der Bilderkasten

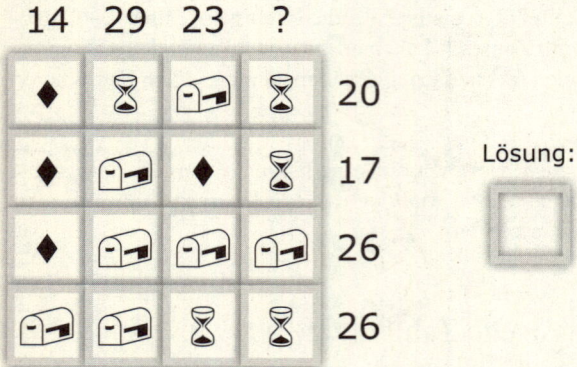

Lösung:

Diese Tabelle enthält drei unterschiedliche Bilder bzw. Symbole. Über den Spalten und neben den Zeilen stehen Zahlen. Hier muss man intuitiv erfassen, dass diese Zahlenangaben wahrscheinlich Summen darstellen – Summen, die sich aus den Bildern ergeben. Die Bilder müssen also einen Wert haben, einen Zahlenwert.

Dies alles wird in IQ-Tests nicht erläutert. Man muss im Grunde selbst darauf kommen, was gefragt ist. Oder anders gesagt: Sie sollen selbst erkennen, was das Problem ist, wenn lediglich gefragt wird: „Welche Zahl fehlt?"

Nun folgt das eigentliche Lösen der Aufgabe. Wie hoch ist der Zahlenwert der einzelnen Symbole? Gehen Sie möglichst pragmatisch vor. In der ersten Spalte sehen wir drei Rauten und einen Briefkasten, die zusammen 14 wert sind. Die Raute wird die Werte 1, 2, 3 oder 4 haben, um eine Spaltensumme von 14 zu erreichen. Unter Beachtung der dritten Zeile jedoch kommt nur die 2 in Frage, denn für die drei Briefkästen muss eine durch 3 teilbare

Teilsumme übrig bleiben, in diesem Fall die 24. Eine Raute hat also den Wert 2, ein Briefkasten den Wert 8. Die Sanduhr ist nun schnell definiert, nämlich durch den Wert 5. In der vierten Spalte fehlt also die Spaltensumme 23.

Der Zahlenstern

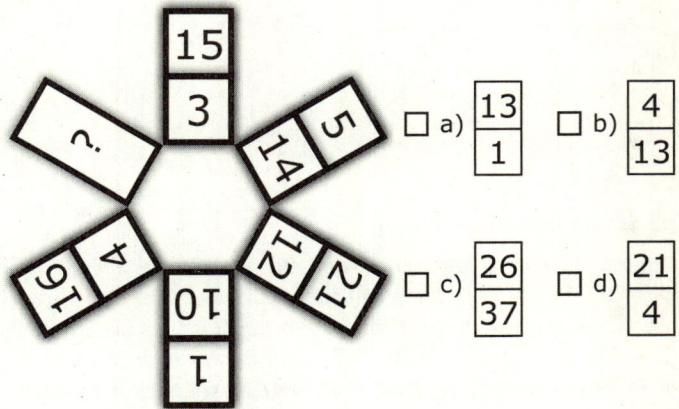

Dies ist ein Aufgabentyp, der viele Ansatzpunkte bietet und daher auch sehr anspruchsvoll sein kann. Die Schwierigkeit besteht darin, dass oft lange nach der Regelmäßigkeit gesucht werden muss. Es gibt innere und äußere Zahlen, die Karten können als gegenüberliegende Paare betrachtet werden oder als nebeneinanderliegende. Es kann eine Rolle spielen, ob das System in eine obere und eine untere Hälfte aufgeteilt ist. Die Zahlen können in den äußeren oder den inneren Kartenhälften eine Reihe bilden, oder die Reihe kann gar einen zickzackförmigen Verlauf haben.

Im vorliegenden Beispiel weisen die beiden Zahlen in drei aufeinanderfolgende Karten jeweils eine Differenz von 9 auf (beginnend bei der Karte „5/14"). In den drei anschließenden Karten ist stets eine Differenz von 12 zwischen den Zahlen zu erkennen. Als Lösung ist hier also a) anzukreuzen.

Buchstabensysteme

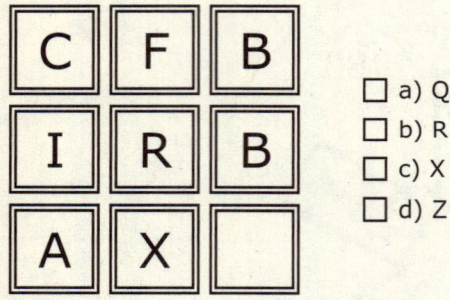

☐ a) Q
☐ b) R
☐ c) X
☐ d) Z

Häufig werden in rechnerischen Aufgaben auch Buchstaben eingesetzt. Der Wert der verwendeten Buchstaben korrespondiert dabei häufig mit der Position im Alphabet. Ein A steht also für die 1 usw. Die Schwierigkeit besteht dann oft darin, durch Abzählen die Zahlenwerte der Buchstaben zu ermitteln, während man einen logischen Zusammenhang zwischen den ermittelten Zahlen sucht. Im Beispiel steht in der mittleren Spalte jeweils das Produkt aus linkem und rechtem Buchstabenwert der gleichen Zeile, etwa in der ersten Zeile: C x B = F. Das ist gleichbedeutend mit: 3 x 2 = 6.

Training des mathematischen IQ

30 Aufgabenarten warten hier auf Sie, in denen Sie Ihr mathematisches, zahlengebundenes bzw. rechnerisches Denken IQ-spezifisch trainieren können. Innerhalb der Aufgabenarten erhöht sich der Schwierigkeitsgrad, d. h. bei I wird immer erst mit relativ leichten Testfragen begonnen.

M1 Welche der rechts zur Auswahl stehenden Zahlen passt in das Feld?

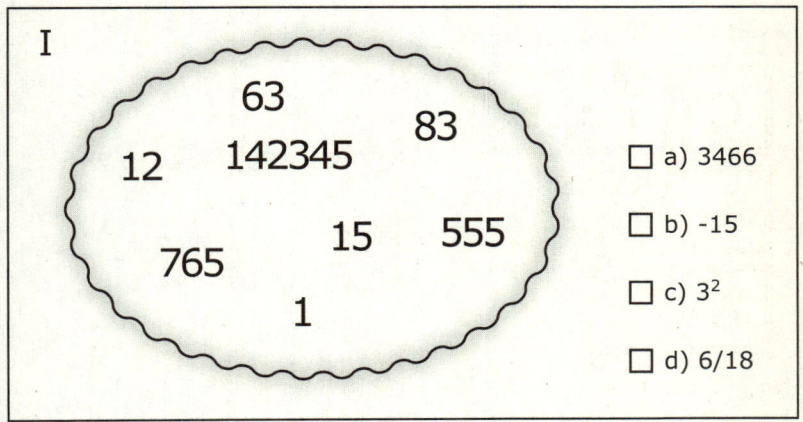

I

63
83
12 142345
15 555
765
1

☐ a) 3466

☐ b) -15

☐ c) 3^2

☐ d) 6/18

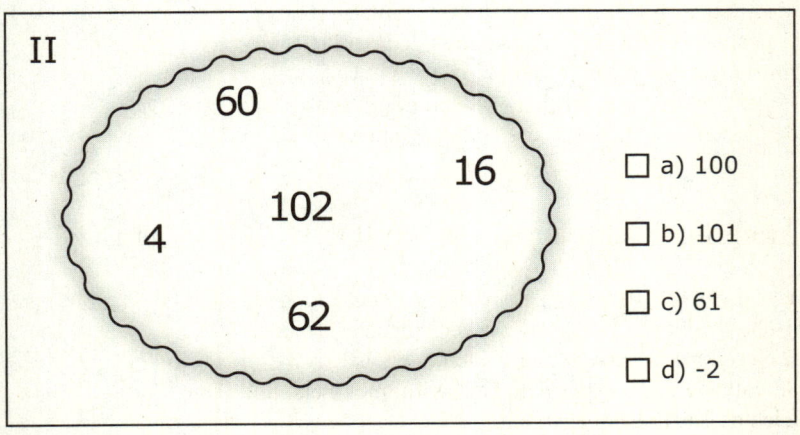

II

60
16
102
4
62

☐ a) 100

☐ b) 101

☐ c) 61

☐ d) -2

M1

Welche der rechts zur Auswahl stehenden Zahlen passt in das Feld?

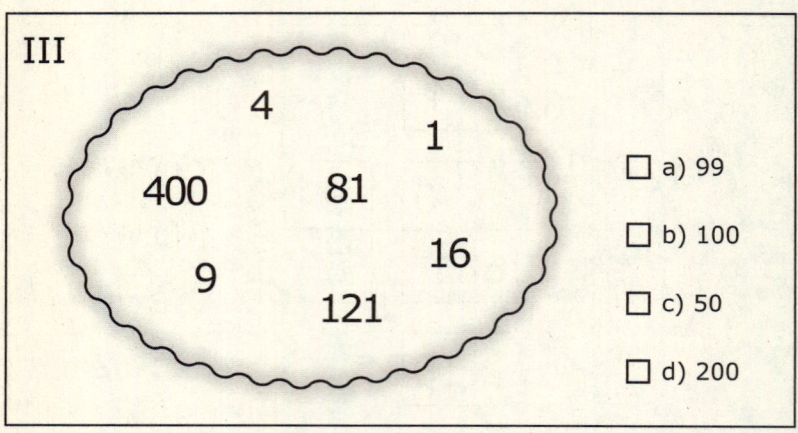

III

4

1

400   81

16

9

121

☐ a) 99

☐ b) 100

☐ c) 50

☐ d) 200

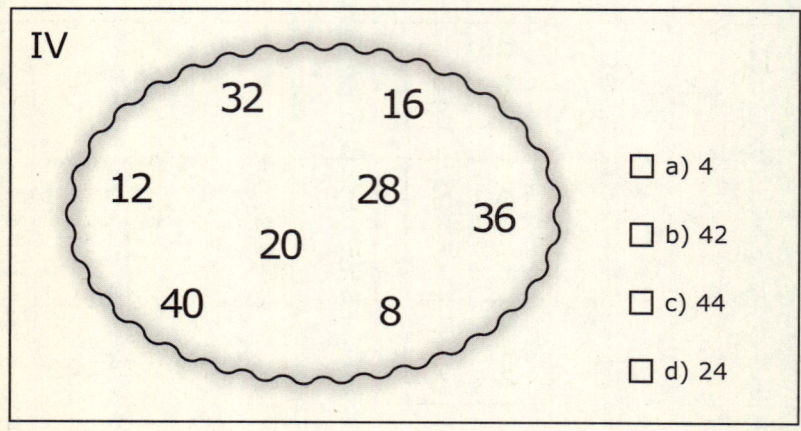

IV

32   16

12   28

36

20

40   8

☐ a) 4

☐ b) 42

☐ c) 44

☐ d) 24

M2 Welche der rechts zur Auswahl stehenden Zahlen passen an die Stellen der Fragezeichen?

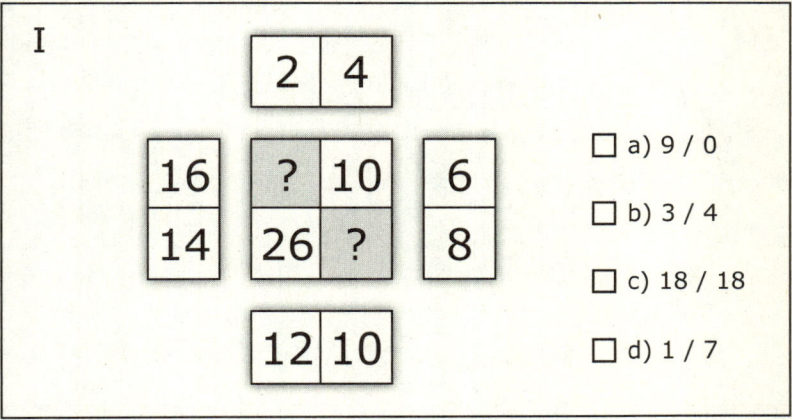

I

2	4

16	?	10	6
14	26	?	8

12	10

- ☐ a) 9 / 0
- ☐ b) 3 / 4
- ☐ c) 18 / 18
- ☐ d) 1 / 7

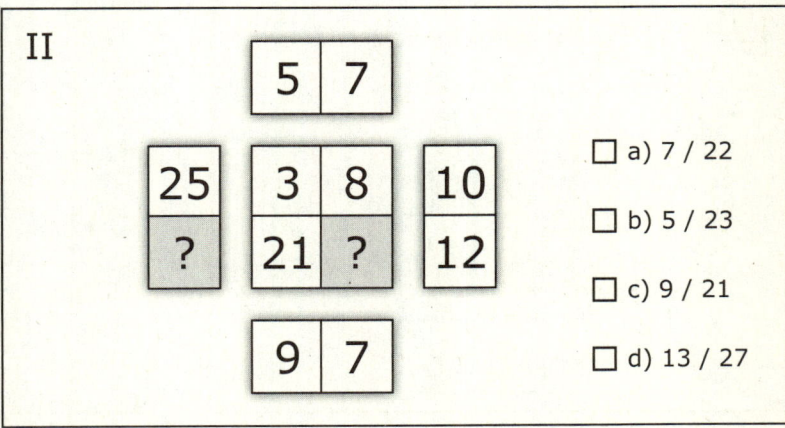

II

5	7

25	3	8	10
?	21	?	12

9	7

- ☐ a) 7 / 22
- ☐ b) 5 / 23
- ☐ c) 9 / 21
- ☐ d) 13 / 27

M2

Welche der rechts zur Auswahl stehenden Zahlen passen an die Stellen der Fragezeichen?

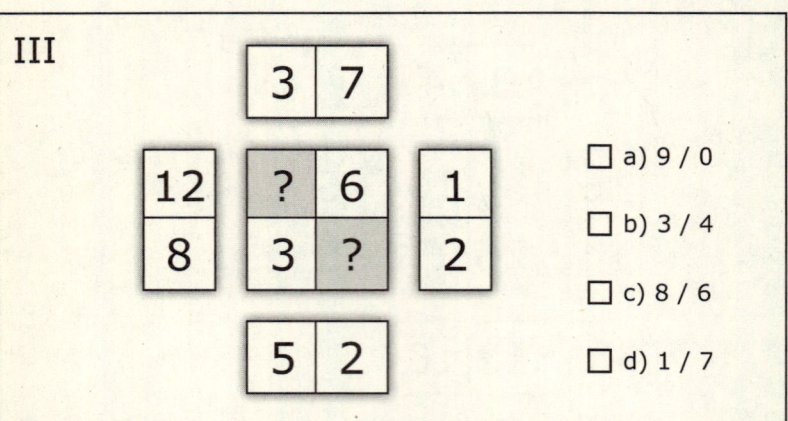

III

| 3 | 7 |

| 12 | ? | 6 | 1 |
| 8 | 3 | ? | 2 |

| 5 | 2 |

☐ a) 9 / 0

☐ b) 3 / 4

☐ c) 8 / 6

☐ d) 1 / 7

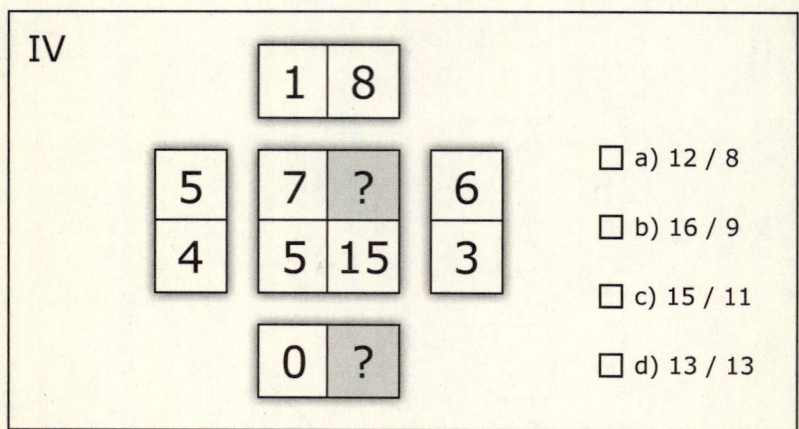

IV

| 1 | 8 |

| 5 | 7 | ? | 6 |
| 4 | 5 | 15 | 3 |

| 0 | ? |

☐ a) 12 / 8

☐ b) 16 / 9

☐ c) 15 / 11

☐ d) 13 / 13

M3 Welche Zahl gehört ins jeweils leere Feld?

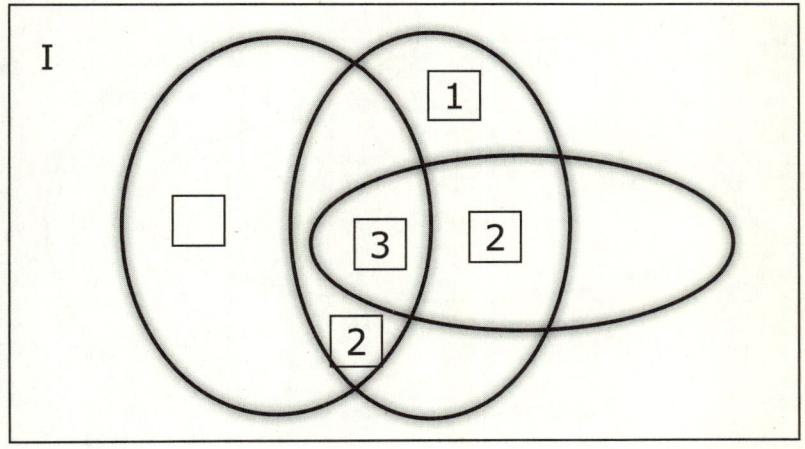

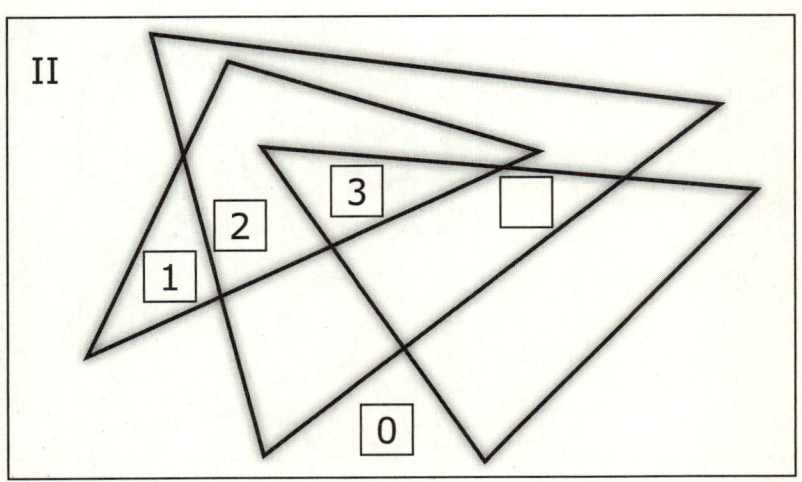

M3 Welche Zahl gehört ins jeweils leere Feld?

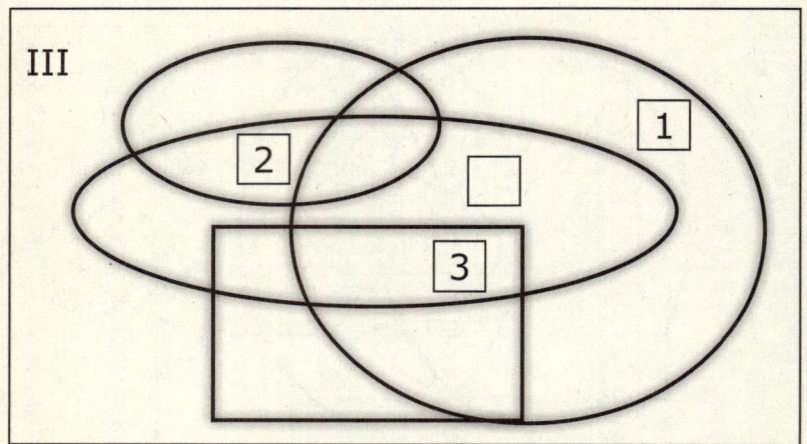

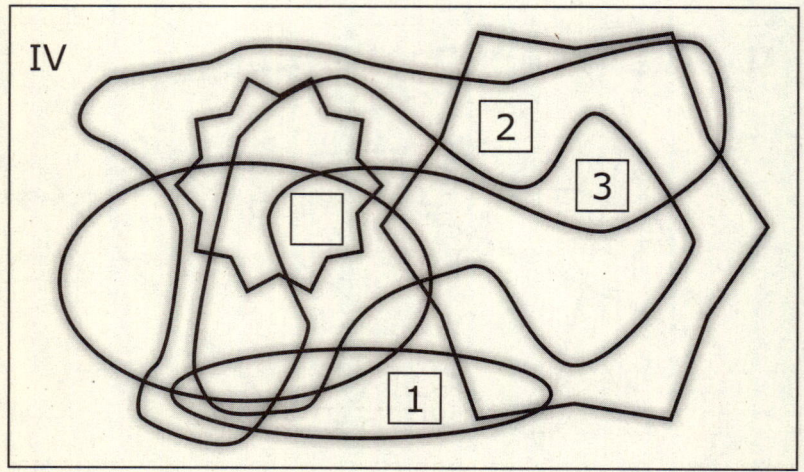

M4

Welche der Zahlen neben a) bis d) passt ins leere Feld?

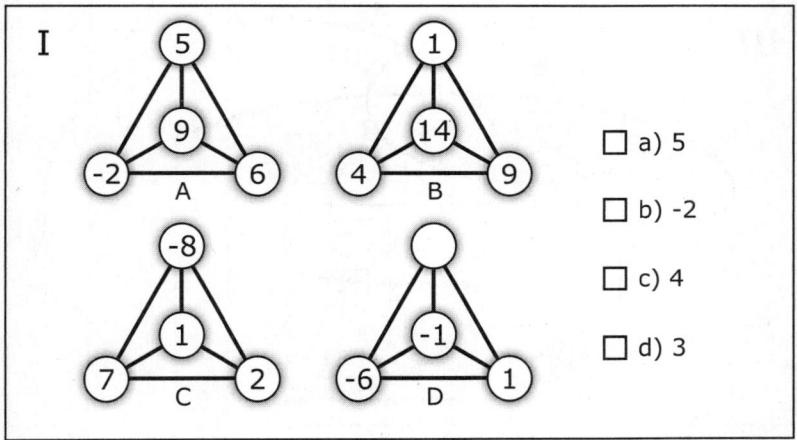

- ☐ a) 5
- ☐ b) -2
- ☐ c) 4
- ☐ d) 3

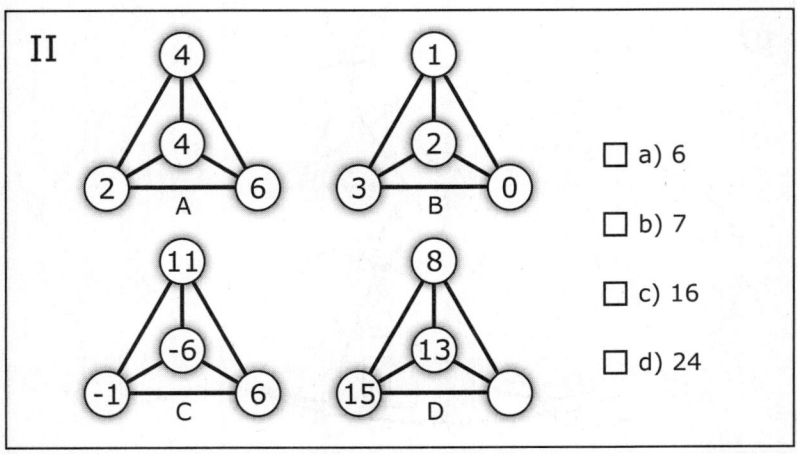

- ☐ a) 6
- ☐ b) 7
- ☐ c) 16
- ☐ d) 24

M4

Welche der Zahlen neben a) bis d) passt ins leere Feld?

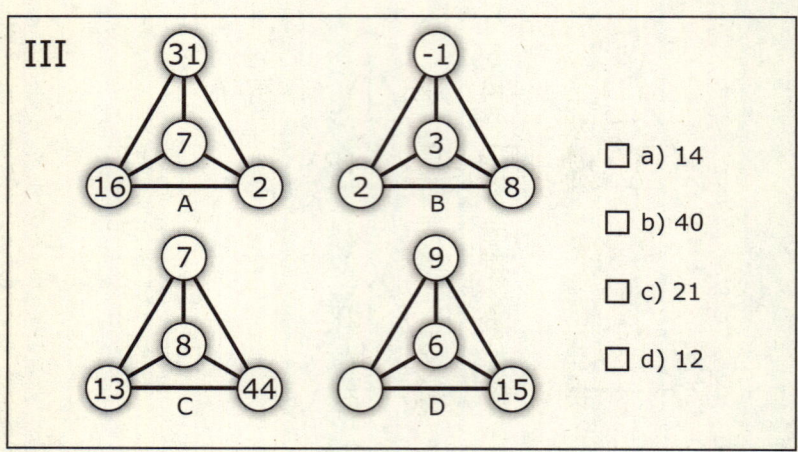

☐ a) 14

☐ b) 40

☐ c) 21

☐ d) 12

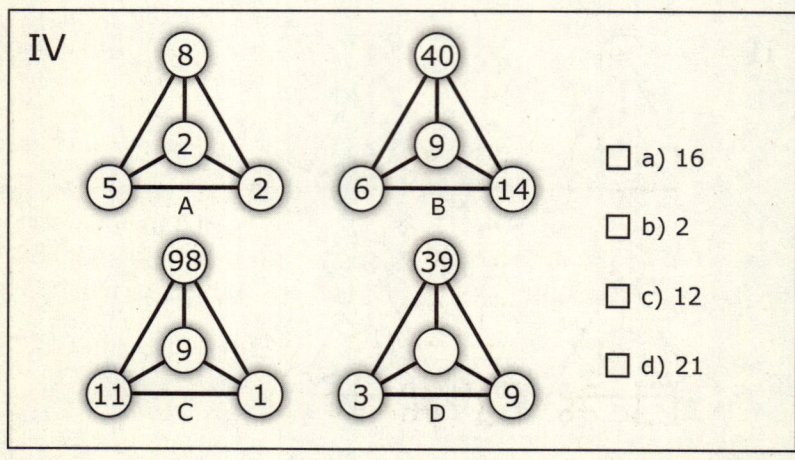

☐ a) 16

☐ b) 2

☐ c) 12

☐ d) 21

M5 Welche Zahl gehört an die Stelle des Fragezeichens?

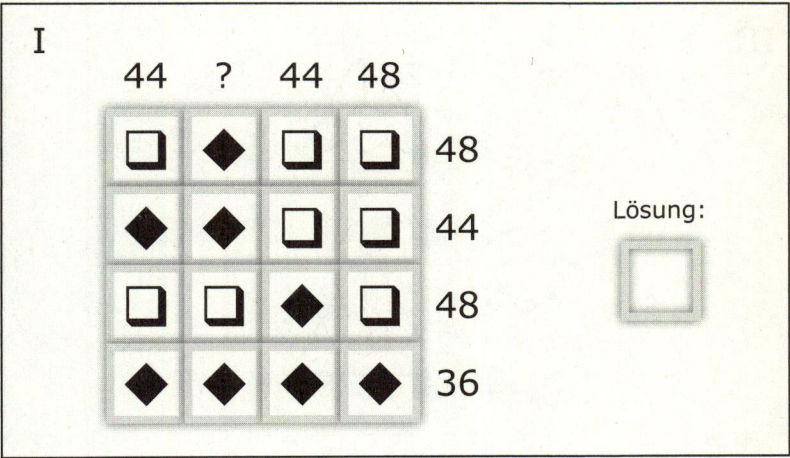

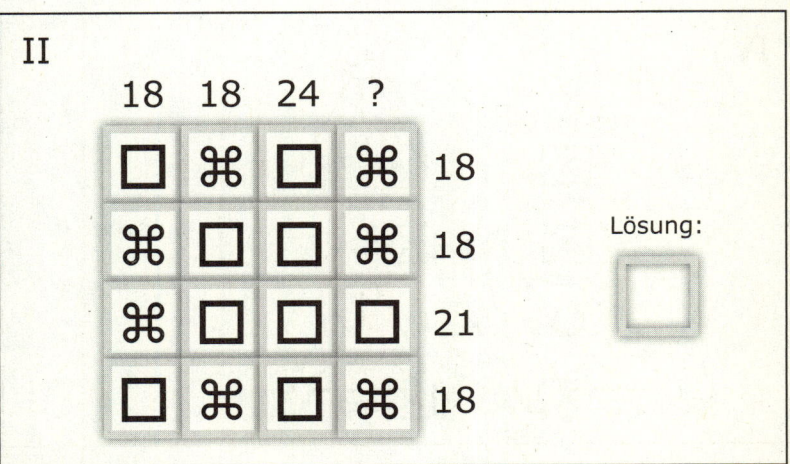

M5

Welche Zahl gehört an die Stelle des Fragezeichens?

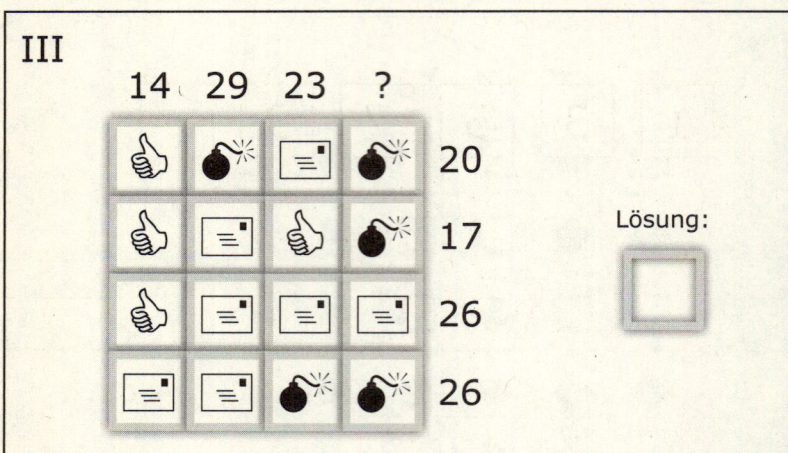

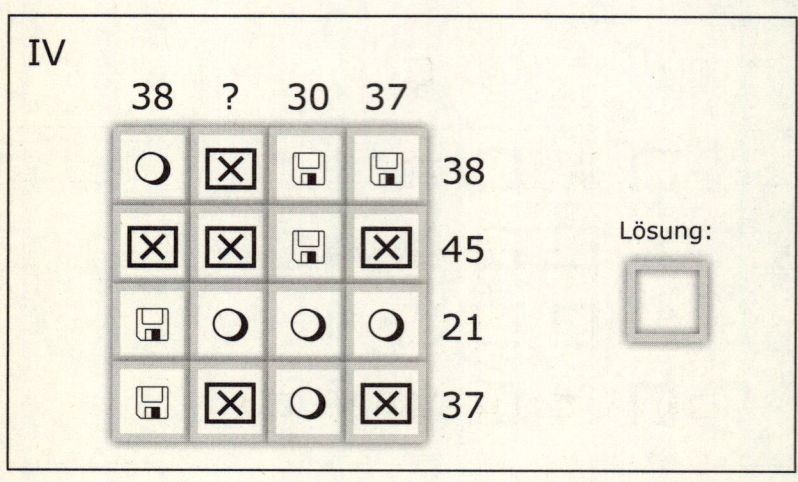

M6   Markieren Sie die fehlende Zahl.

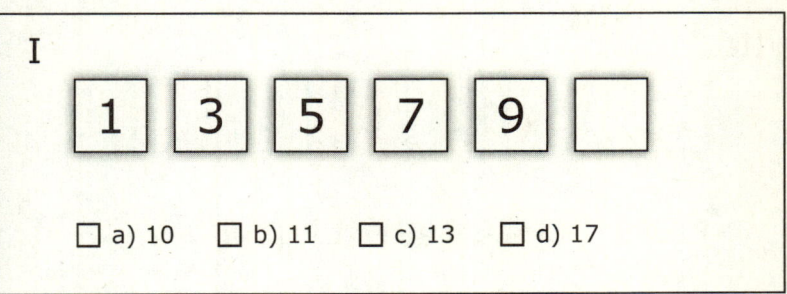

I

| 1 | 3 | 5 | 7 | 9 | |

☐ a) 10   ☐ b) 11   ☐ c) 13   ☐ d) 17

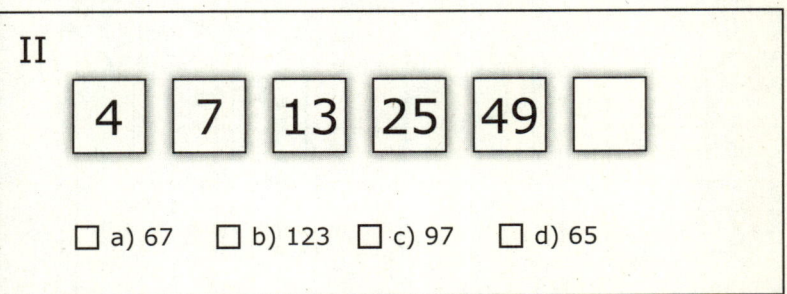

II

| 4 | 7 | 13 | 25 | 49 | |

☐ a) 67   ☐ b) 123   ☐ c) 97   ☐ d) 65

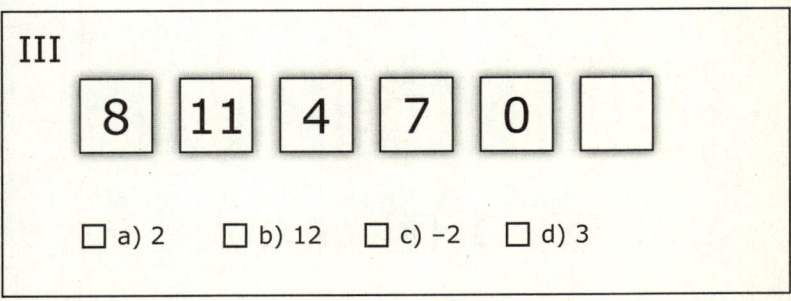

III

| 8 | 11 | 4 | 7 | 0 | |

☐ a) 2   ☐ b) 12   ☐ c) –2   ☐ d) 3

M6 Markieren Sie die fehlende Zahl.

IV

| 17 | 15 | 12 | 8 | 3 | |

☐ a) 1   ☐ b) -3   ☐ c) 7   ☐ d) –2

V

| -9 | -8 | -4 | 3 | 13 | |

☐ a) 17   ☐ b) 21   ☐ c) 26   ☐ d) 28

VI

| 4 | 11 | 15 | 26 | 41 | |

☐ a) 59   ☐ b) 88   ☐ c) 72   ☐ d) 67

M7   Finden Sie die Zahl, die das Fragezeichen jeweils ersetzt.

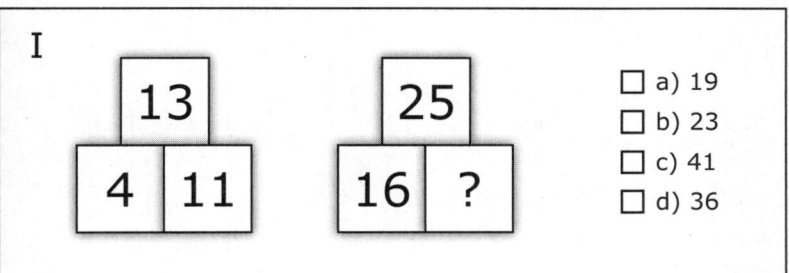

I

13
4 11

25
16 ?

☐ a) 19
☐ b) 23
☐ c) 41
☐ d) 36

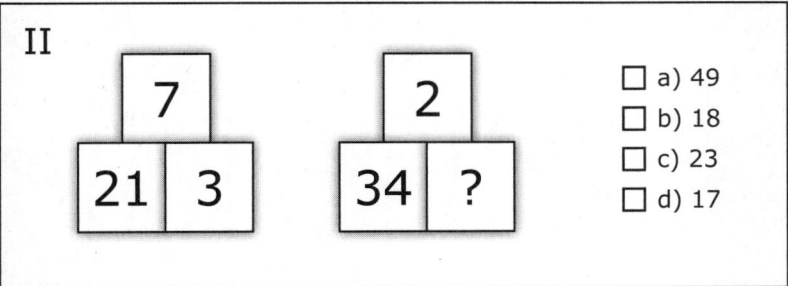

II

7
21 3

2
34 ?

☐ a) 49
☐ b) 18
☐ c) 23
☐ d) 17

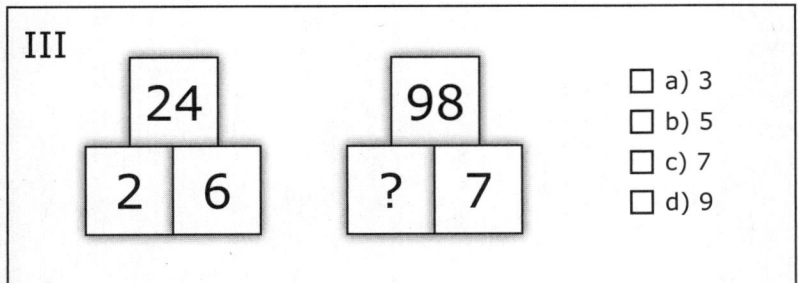

III

24
2 6

98
? 7

☐ a) 3
☐ b) 5
☐ c) 7
☐ d) 9

M7 Finden Sie die Zahl, die das Fragezeichen jeweils ersetzt.

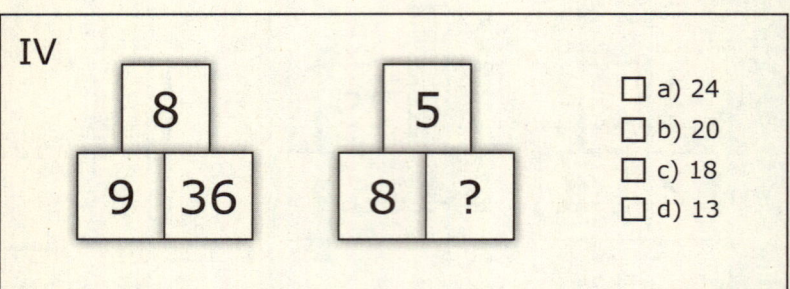

IV

☐ a) 24
☐ b) 20
☐ c) 18
☐ d) 13

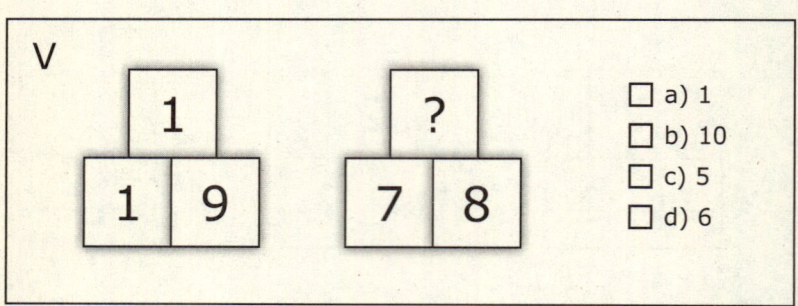

V

☐ a) 1
☐ b) 10
☐ c) 5
☐ d) 6

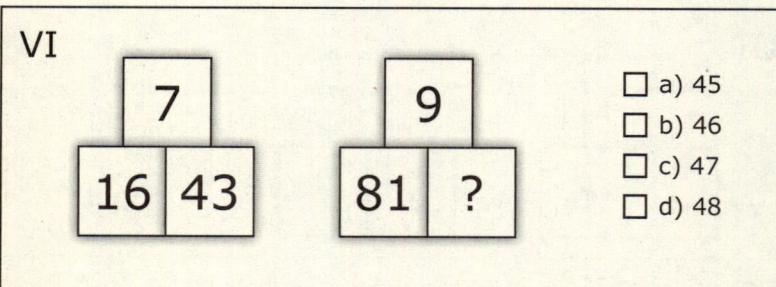

VI

☐ a) 45
☐ b) 46
☐ c) 47
☐ d) 48

M8 Welcher Bruch setzt die Reihe fort?

I

| $\frac{1}{2}$ | $\frac{2}{3}$ | $\frac{3}{4}$ | $\frac{4}{5}$ | ? |

☐ a) $\frac{5}{6}$ ☐ b) $\frac{7}{9}$ ☐ c) $\frac{5}{7}$ ☐ d) $\frac{5}{5}$

II

| $\frac{1}{2}$ | $\frac{3}{6}$ | $\frac{5}{10}$ | $\frac{7}{14}$ | ? |

☐ a) $\frac{9}{15}$ ☐ b) $\frac{11}{22}$ ☐ c) $\frac{9}{16}$ ☐ d) $\frac{9}{18}$

M8 Welcher Bruch setzt die Reihe fort?

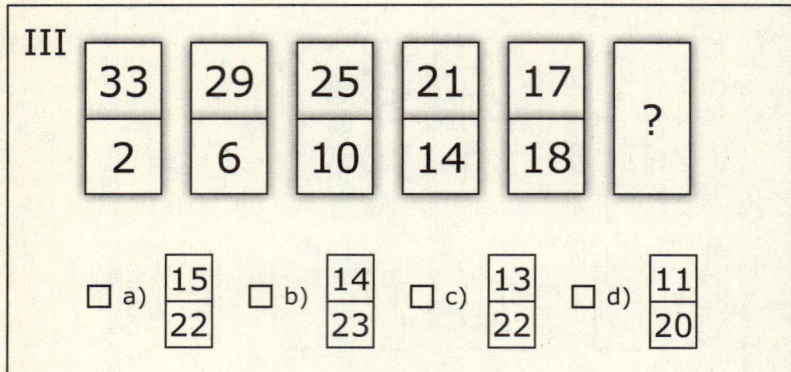

III

33	29	25	21	17	?
2	6	10	14	18	

☐ a) $\frac{15}{22}$ ☐ b) $\frac{14}{23}$ ☐ c) $\frac{13}{22}$ ☐ d) $\frac{11}{20}$

IV

4	8	16	32	64	?
4	8	7	5	10	

☐ a) $\frac{98}{15}$ ☐ b) $\frac{124}{11}$ ☐ c) $\frac{132}{6}$ ☐ d) $\frac{128}{11}$

M9

Welche ist die jeweils fehlende Zahl?

I

1	3	5
7		11
13	15	17

☐ a) 8
☐ b) 10
☐ c) 9
☐ d) 16

II

4	-1	5
11		2
15	6	9

☐ a) -7
☐ b) 9
☐ c) 13
☐ d) 7

M9   Welche ist die jeweils fehlende Zahl?

III

4	1	9
9		1
1	9	4

☐ a) 4
☐ b) 10
☐ c) 12
☐ d) 21

IV

3	1	4
9		16
12	2	20

☐ a) 12
☐ b) 1
☐ c) -2
☐ d) 8

M10 Welches Zahlentripel passt?

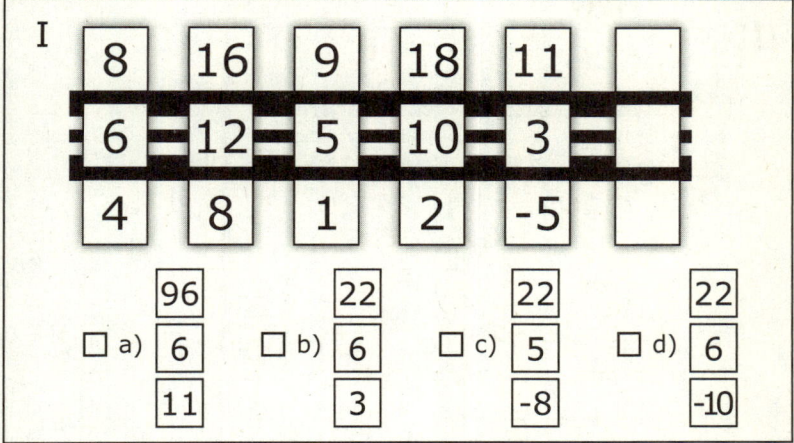

I

8	16	9	18	11	
6	12	5	10	3	
4	8	1	2	-5	

☐ a)
| 96 |
| 6 |
| 11 |

☐ b)
| 22 |
| 6 |
| 3 |

☐ c)
| 22 |
| 5 |
| -8 |

☐ d)
| 22 |
| 6 |
| -10 |

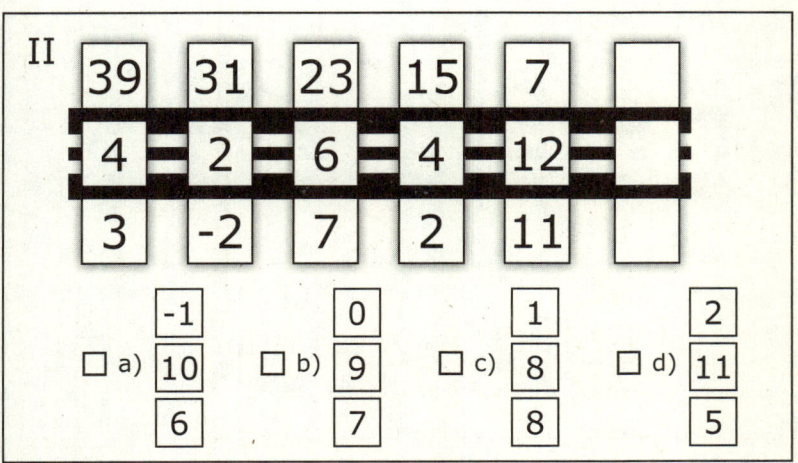

II

39	31	23	15	7	
4	2	6	4	12	
3	-2	7	2	11	

☐ a)
| -1 |
| 10 |
| 6 |

☐ b)
| 0 |
| 9 |
| 7 |

☐ c)
| 1 |
| 8 |
| 8 |

☐ d)
| 2 |
| 11 |
| 5 |

M10 Welches Zahlentripel passt?

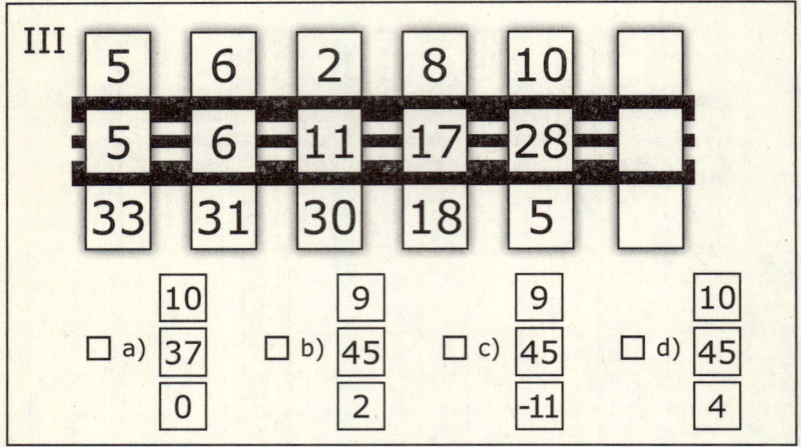

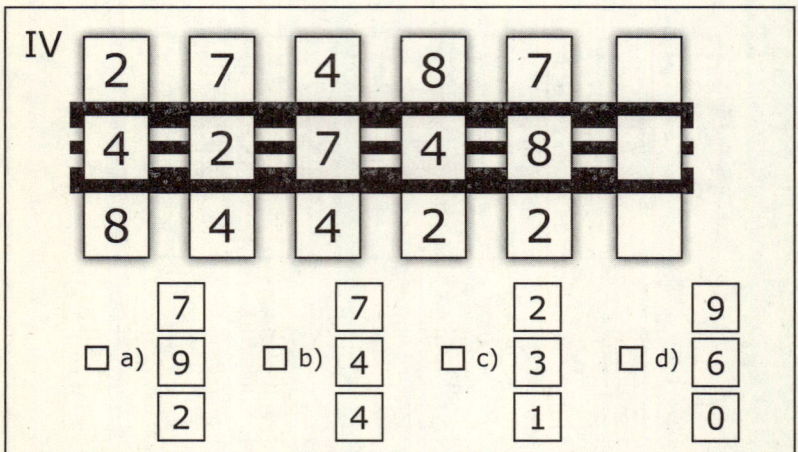

M11 Welche Zahl eignet sich als vierte im Bunde?

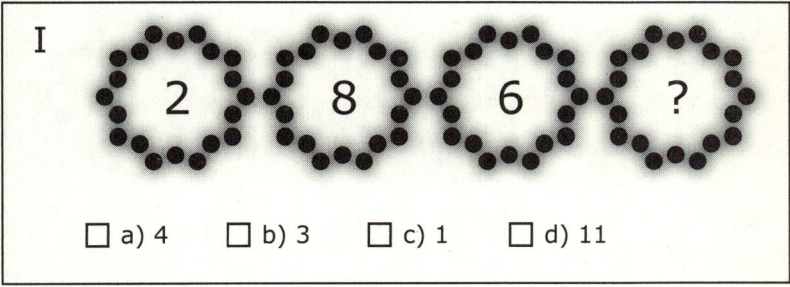

I

2   8   6   ?

☐ a) 4   ☐ b) 3   ☐ c) 1   ☐ d) 11

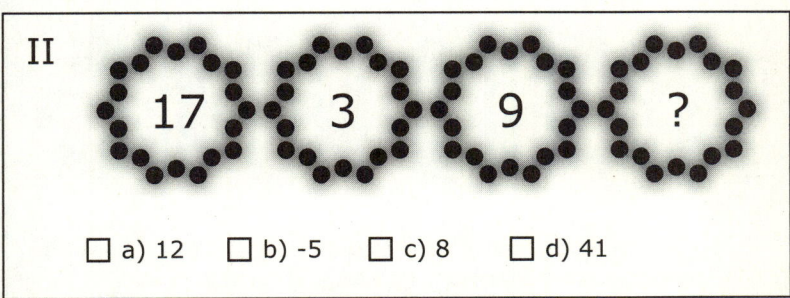

II

17   3   9   ?

☐ a) 12   ☐ b) -5   ☐ c) 8   ☐ d) 41

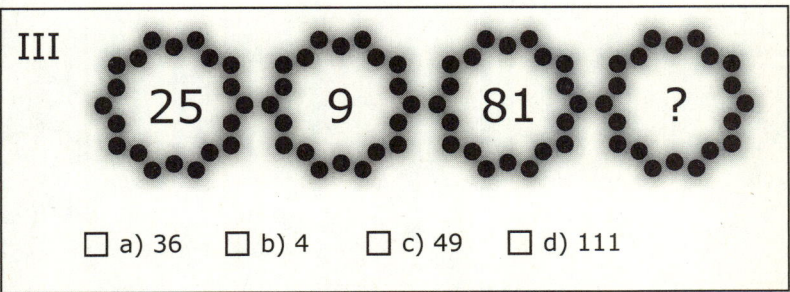

III

25   9   81   ?

☐ a) 36   ☐ b) 4   ☐ c) 49   ☐ d) 111

M11 Welche Zahl eignet sich als vierte bzw. fünfte im Bunde?

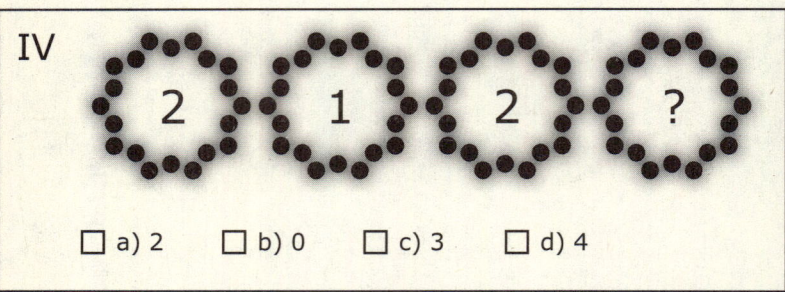

IV

2 1 2 ?

☐ a) 2   ☐ b) 0   ☐ c) 3   ☐ d) 4

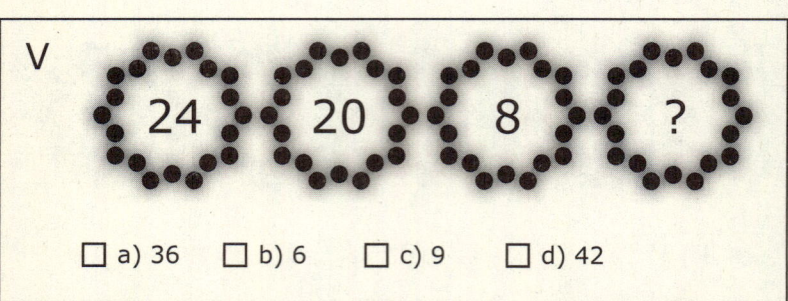

V

24 20 8 ?

☐ a) 36   ☐ b) 6   ☐ c) 9   ☐ d) 42

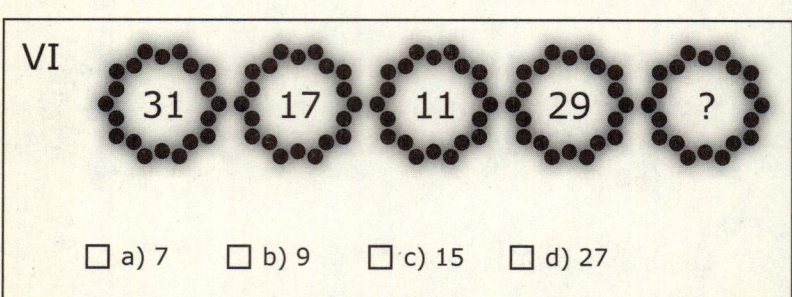

VI

31 17 11 29 ?

☐ a) 7   ☐ b) 9   ☐ c) 15   ☐ d) 27

M12 Was verbirgt sich hinter den Fragezeichen?

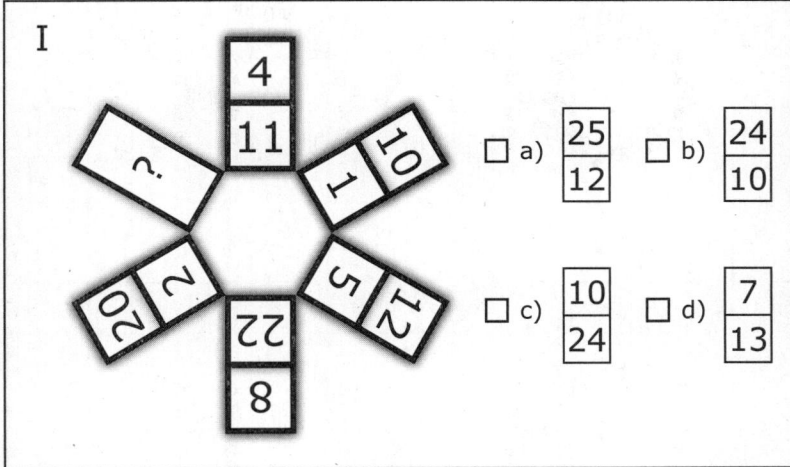

I

☐ a) 25/12   ☐ b) 24/10

☐ c) 10/24   ☐ d) 7/13

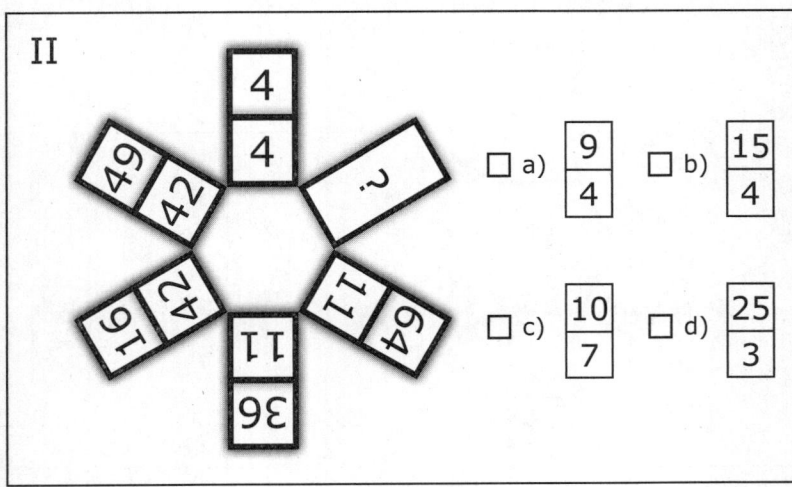

II

☐ a) 9/4   ☐ b) 15/4

☐ c) 10/7   ☐ d) 25/3

M12 Was verbirgt sich hinter den Fragezeichen?

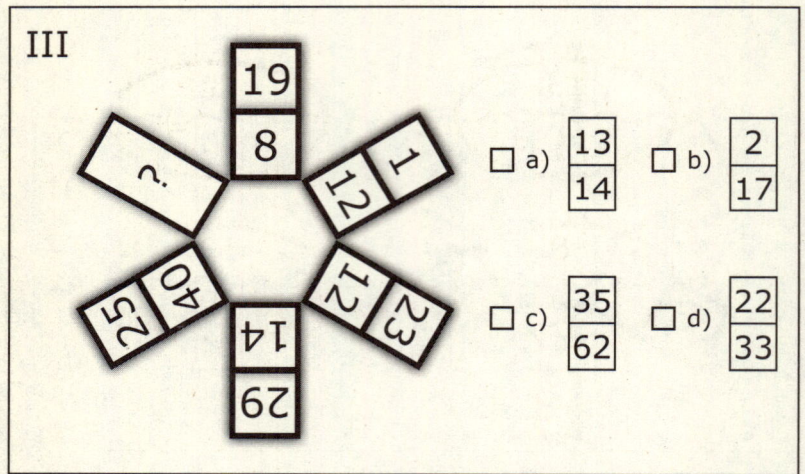

III

19
8
?
1
12
12
23
14
40
25
29

a) 13/14   b) 2/17

c) 35/62   d) 22/33

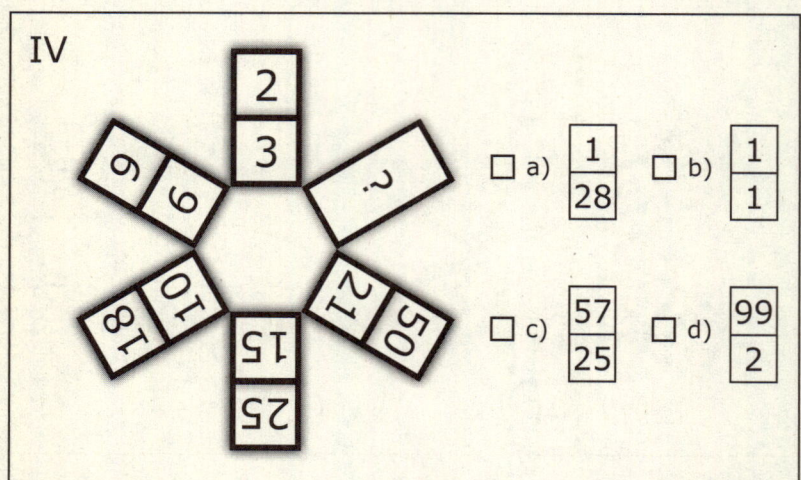

IV

2
3
?
9
9
21
50
10
18
15
25

a) 1/28   b) 1/1

c) 57/25   d) 99/2

M13 Welche der zur Auswahl stehenden Zahlen vervollständigt die Anordnung?

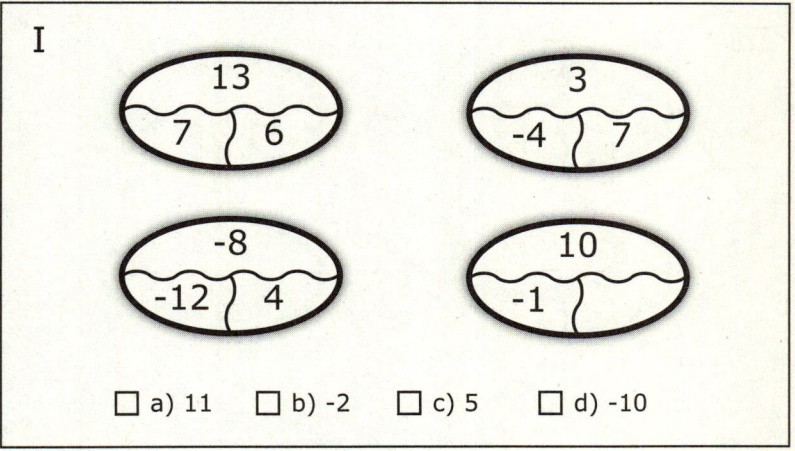

I

13 / 7 / 6

3 / -4 / 7

-8 / -12 / 4

10 / -1

☐ a) 11   ☐ b) -2   ☐ c) 5   ☐ d) -10

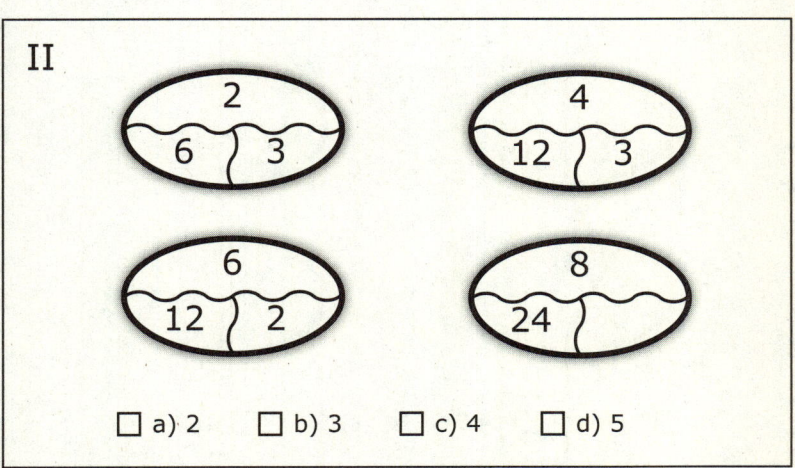

II

2 / 6 / 3

4 / 12 / 3

6 / 12 / 2

8 / 24

☐ a) 2   ☐ b) 3   ☐ c) 4   ☐ d) 5

M13

Welche der zur Auswahl stehenden Zahlen vervollständigt die Anordnung?

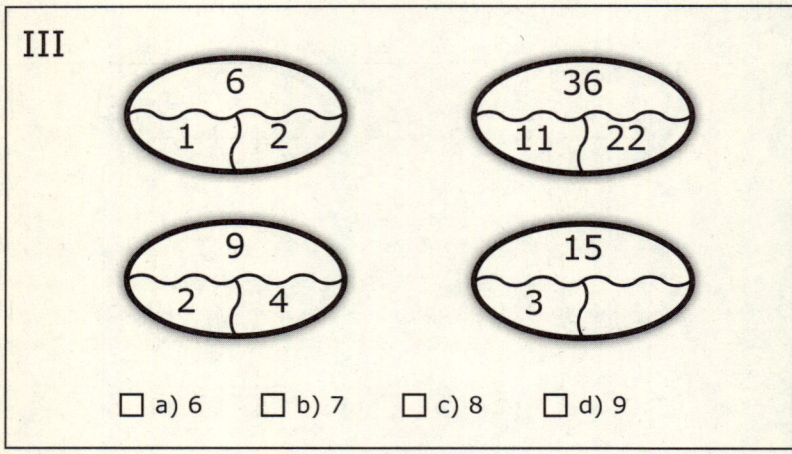

III

6 — 1 | 2

36 — 11 | 22

9 — 2 | 4

15 — 3 |

☐ a) 6   ☐ b) 7   ☐ c) 8   ☐ d) 9

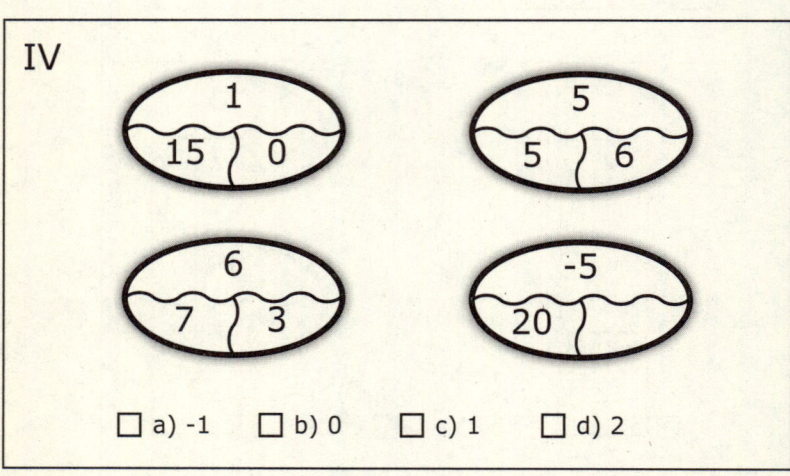

IV

1 — 15 | 0

5 — 5 | 6

6 — 7 | 3

-5 — 20 |

☐ a) -1   ☐ b) 0   ☐ c) 1   ☐ d) 2

M14 Tragen Sie in die vier leeren Felder die Rechensymbole
+, **−**, **x** oder **:** ein, sodass das Ergebnis am Ende
stimmt. Rechnen Sie dabei der Reihe nach ohne Beachtung der Regel „Punktrechnung vor Strichrechnung".

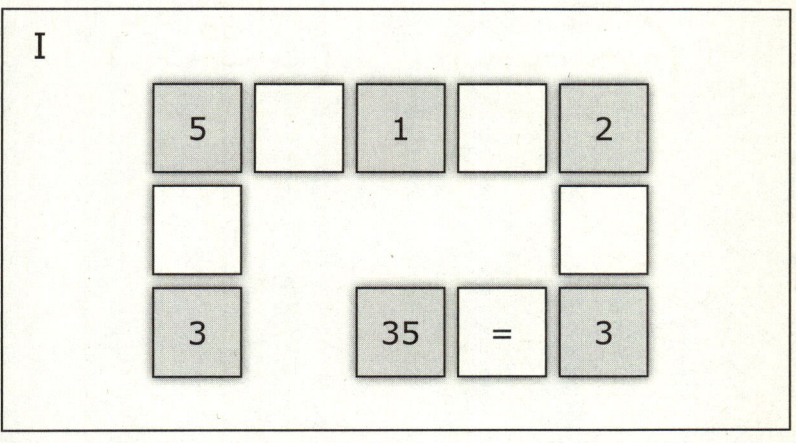

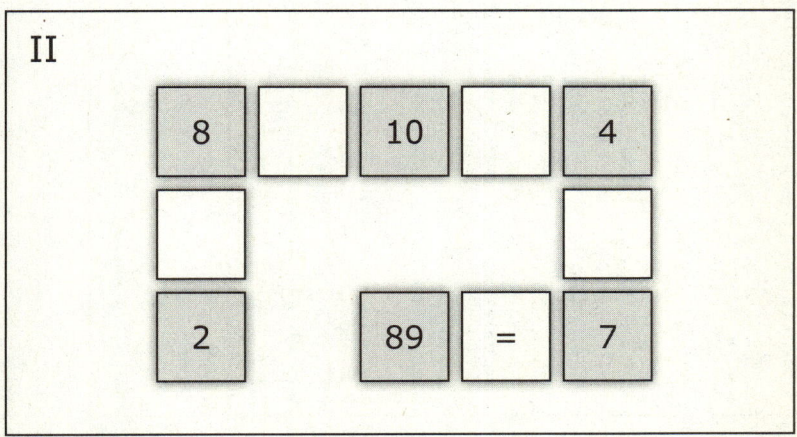

M14

Tragen Sie in die vier leeren Felder die Rechensymbole **+**, **−**, **x** oder **:** ein, sodass das Ergebnis am Ende stimmt. Rechnen Sie dabei der Reihe nach ohne Beachtung der Regel „Punktrechnung vor Strichrechnung".

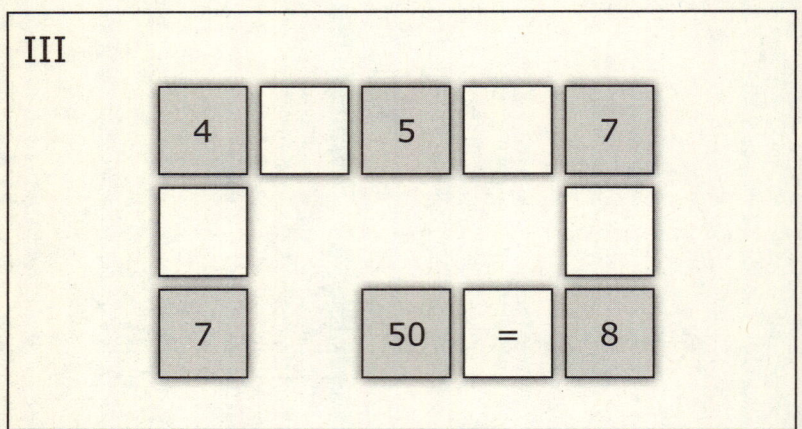

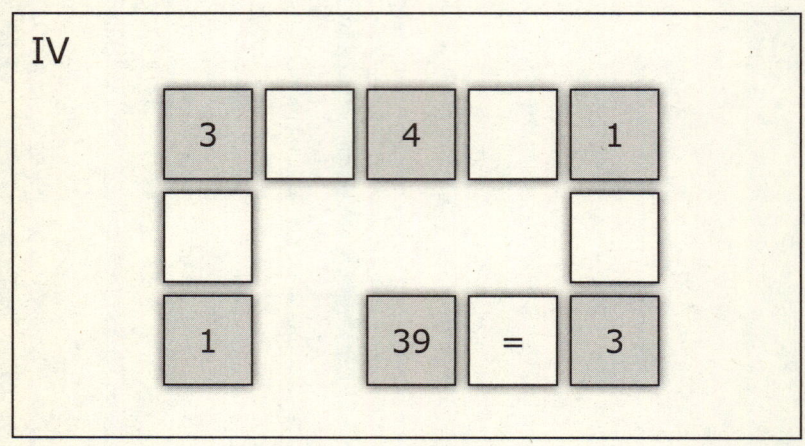

M15

Welcher Zusammenhang besteht zwischen der
jeweiligen Obstsorte (Fantasiename) und deren
Vitamingehalt?
Wählen Sie die passende Zahl.

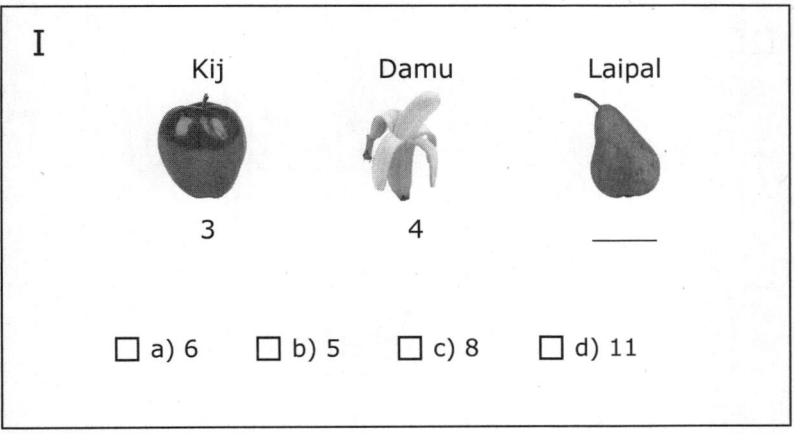

I

Kij   Damu   Laipal

3   4   ____

☐ a) 6   ☐ b) 5   ☐ c) 8   ☐ d) 11

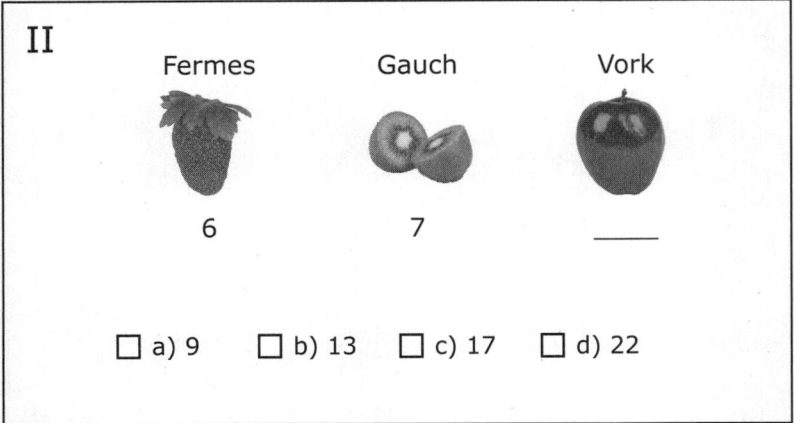

II

Fermes   Gauch   Vork

6   7   ____

☐ a) 9   ☐ b) 13   ☐ c) 17   ☐ d) 22

M15

Welcher Zusammenhang besteht zwischen der jeweiligen Obstsorte (Fantasiename) und deren Vitamingehalt?
Wählen Sie die passende Zahl.

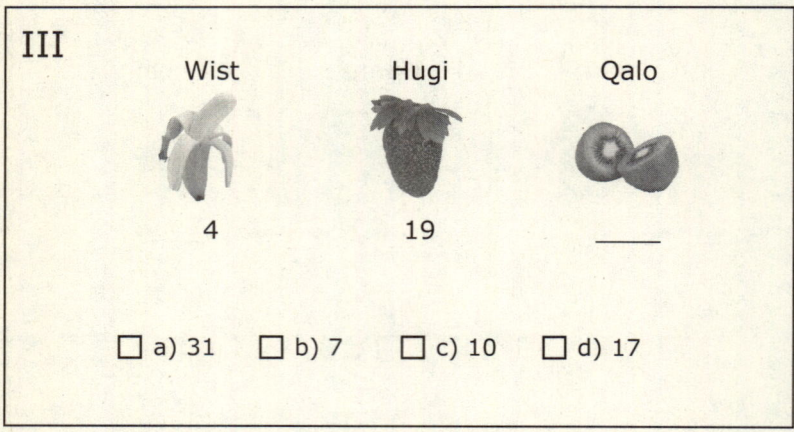

III

Wist   Hugi   Qalo

4   19   ____

☐ a) 31   ☐ b) 7   ☐ c) 10   ☐ d) 17

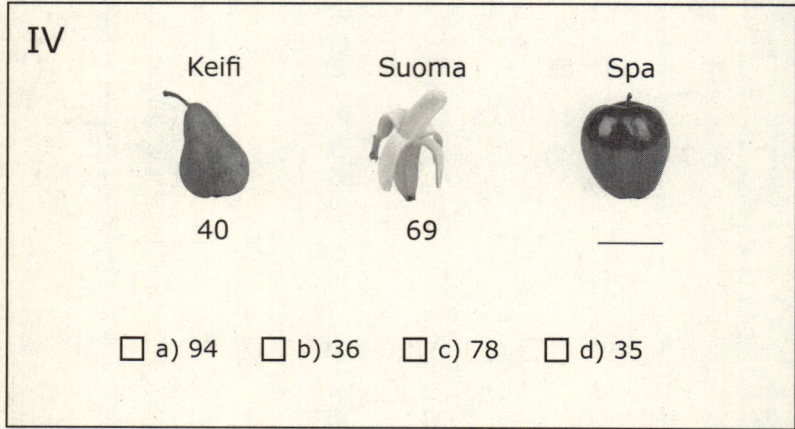

IV

Keifi   Suoma   Spa

40   69   ____

☐ a) 94   ☐ b) 36   ☐ c) 78   ☐ d) 35

M16 Für welche Zahl steht das Fragezeichen?

☐ a) 38　☐ b) 32　☐ c) 48　☐ d) 42

M16 Für welche Zahl steht das Fragezeichen?

a) 64   b) 78   c) 86   d) 92

M17 Treffen Sie die richtige Entscheidung.

I

A	C	E
G	I	K
M	O	

☐ a) P
☐ b) Q
☐ c) R
☐ d) S

II

D	E	G
J	N	S
Y	F	

☐ a) K
☐ b) L
☐ c) M
☐ d) N

M17 Treffen Sie die richtige Entscheidung.

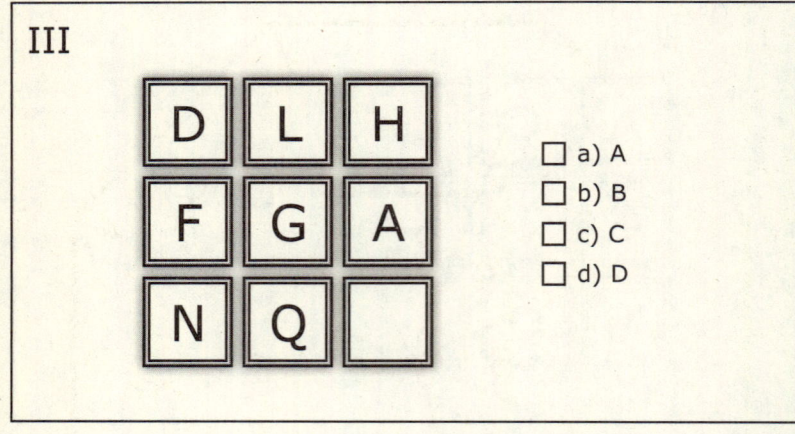

III

D	L	H
F	G	A
N	Q	

☐ a) A
☐ b) B
☐ c) C
☐ d) D

IV

C	D	A
I	X	B
C	F	

☐ a) A
☐ b) B
☐ c) C
☐ d) D

M18 Welche Zahl gehört an die Stelle des Fragezeichens?

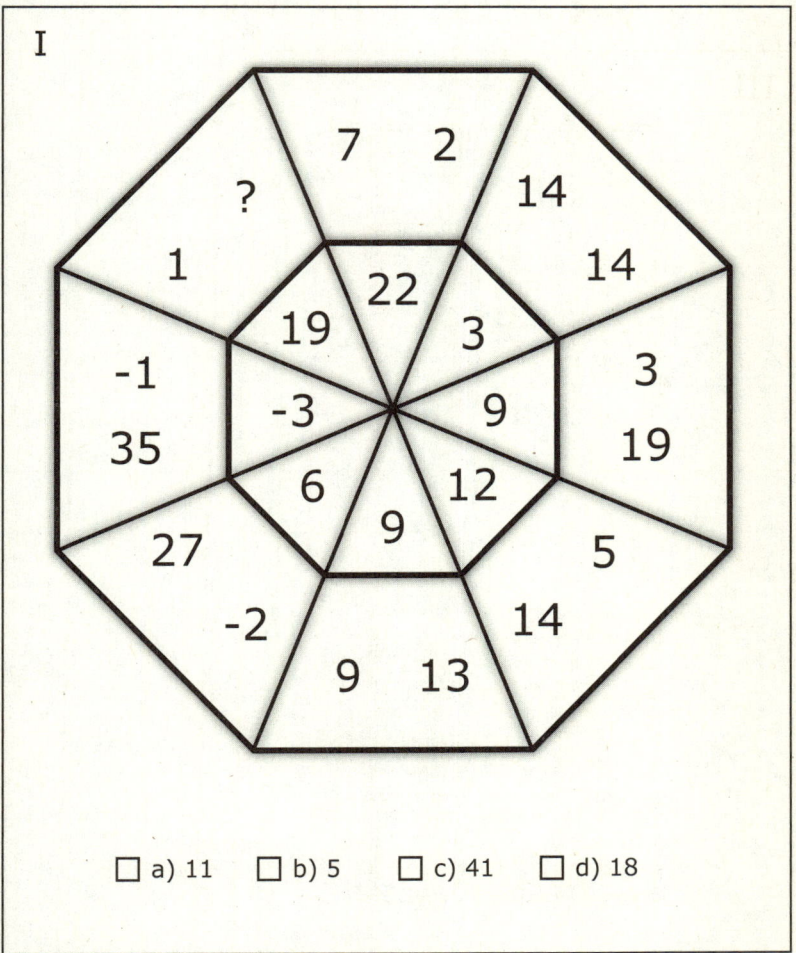

☐ a) 11   ☐ b) 5   ☐ c) 41   ☐ d) 18

M18 Welche Zahl gehört an die Stelle des Fragezeichens?

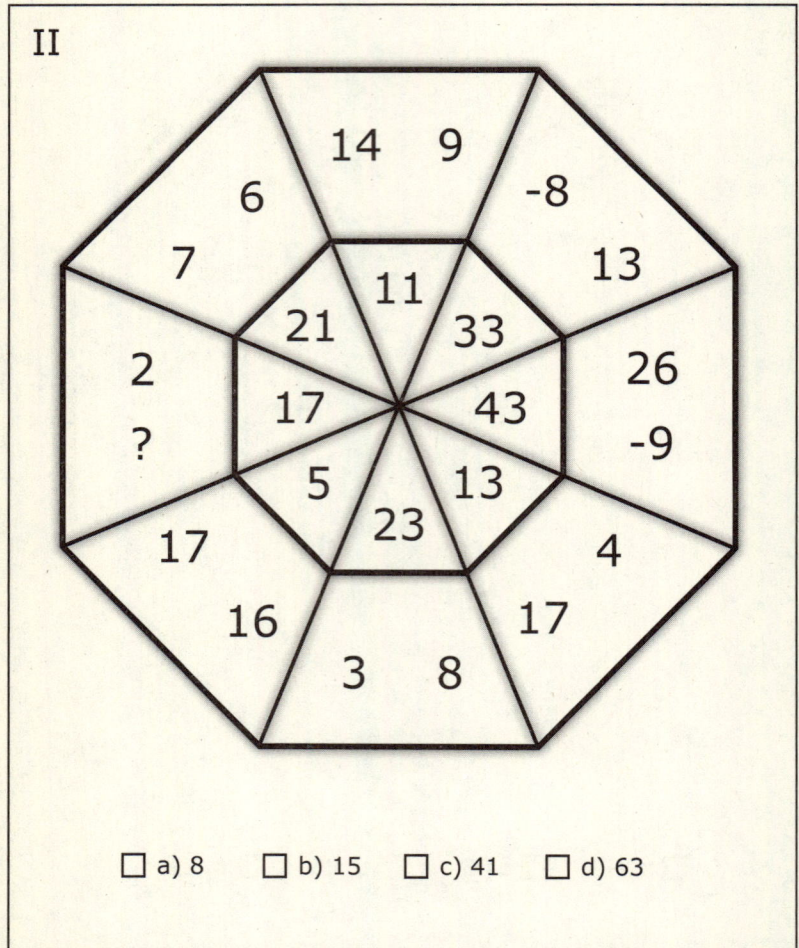

☐ a) 8 ☐ b) 15 ☐ c) 41 ☐ d) 63

M19 Bestimmen Sie das fehlende Element.

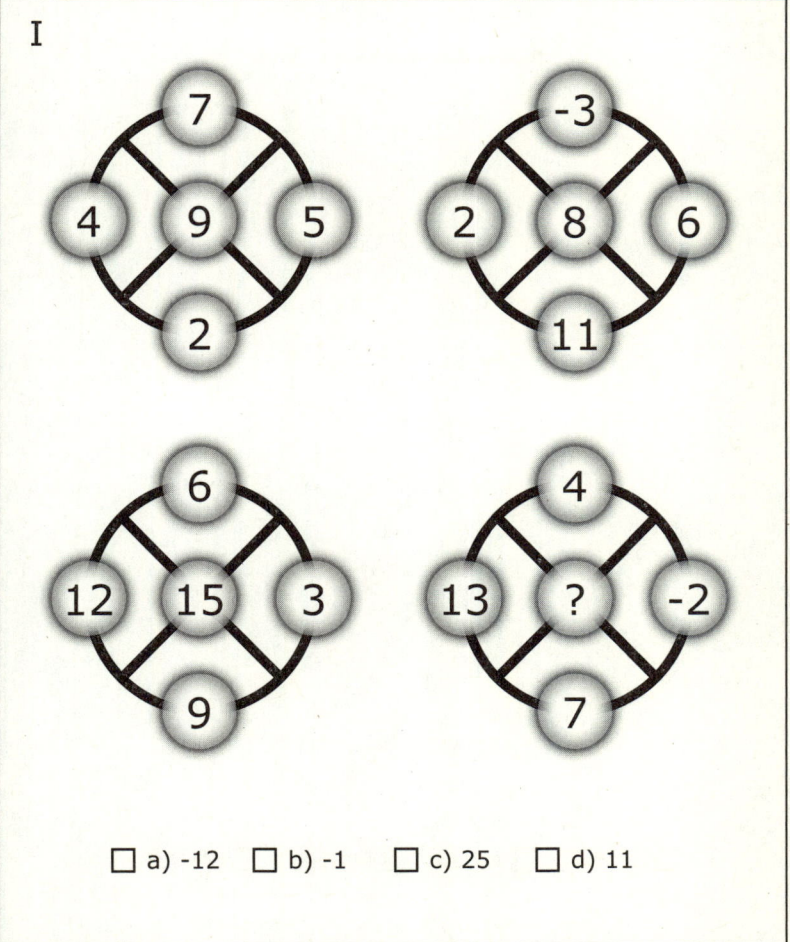

I

□ a) -12   □ b) -1   □ c) 25   □ d) 11

M19 Bestimmen Sie das fehlende Element.

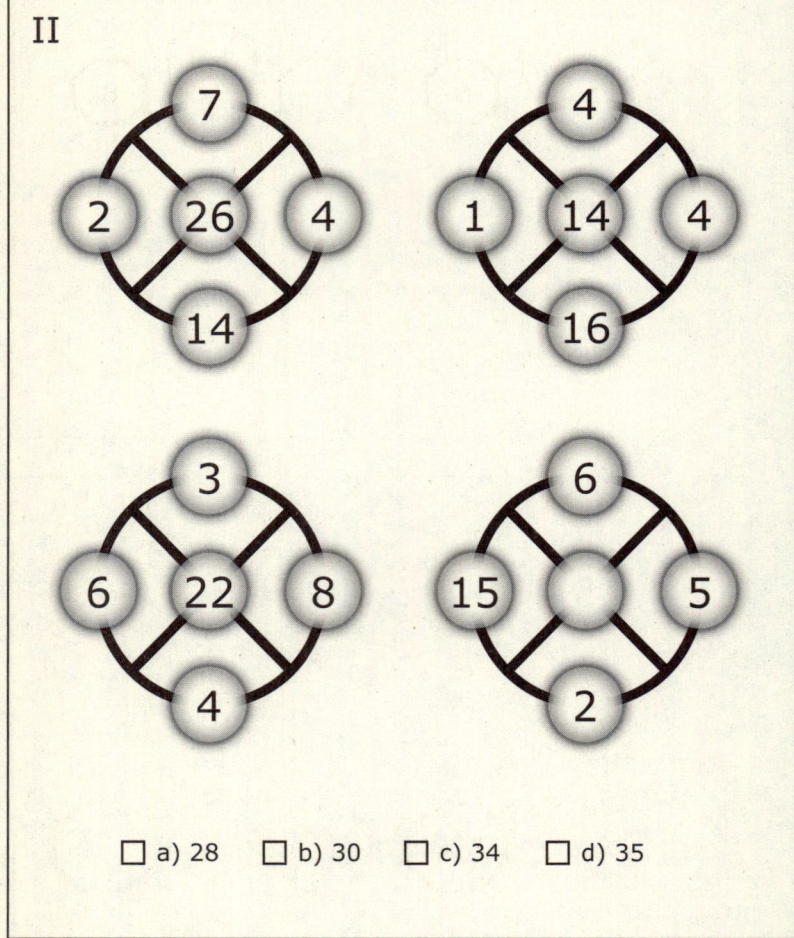

II

a) 28   b) 30   c) 34   d) 35

M20 Tragen Sie die fehlenden Zahlen ein.

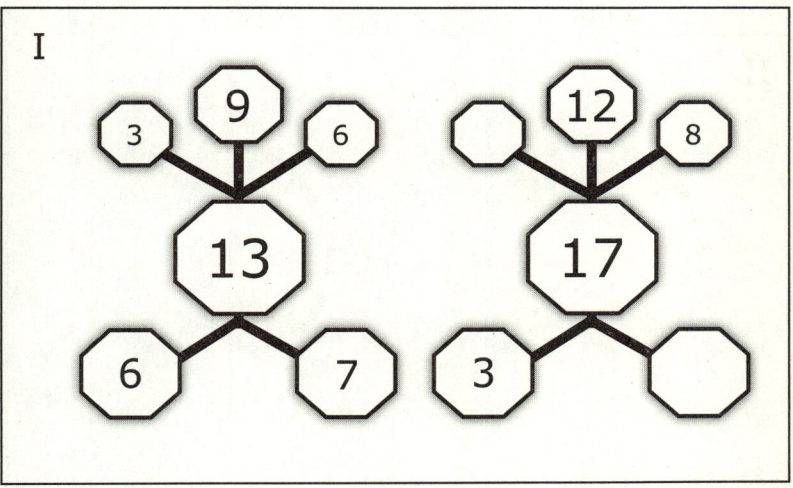

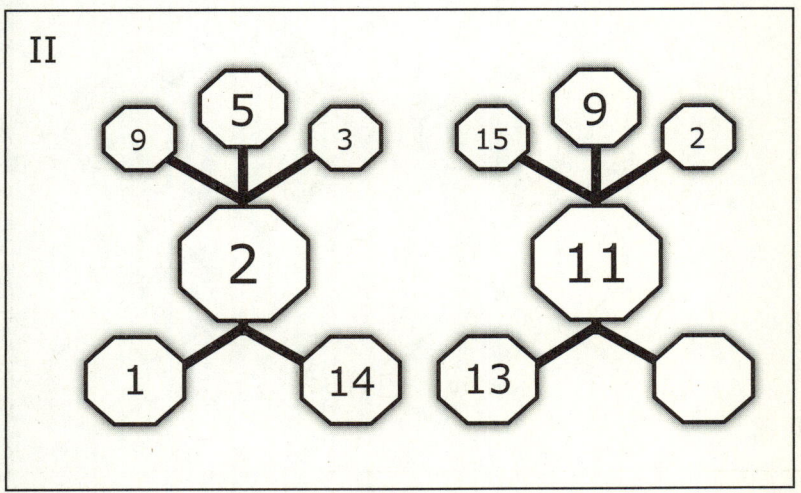

M20 Tragen Sie die fehlenden Zahlen ein.

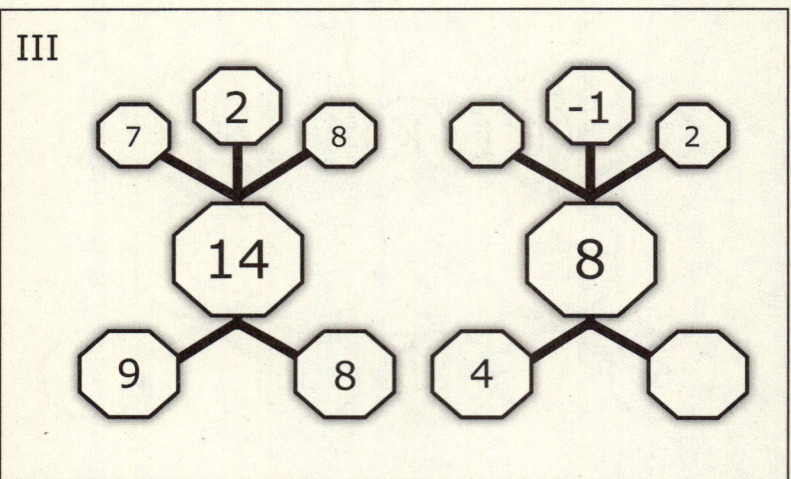

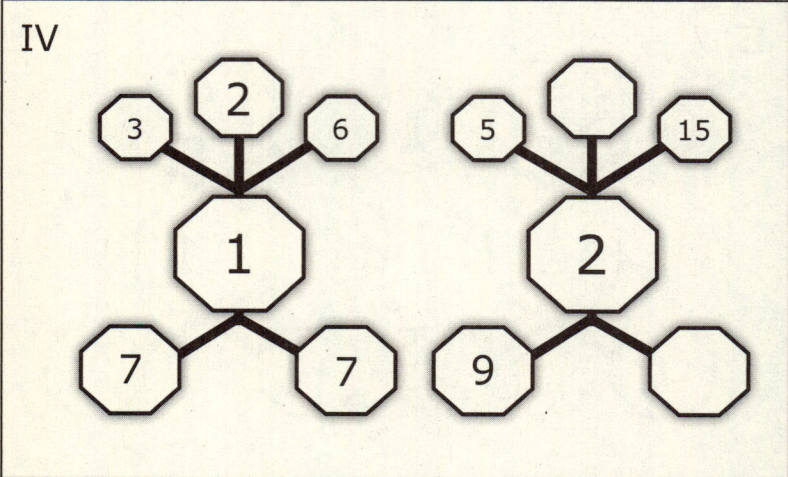

M21   Welches Element muss in das leere Feld?

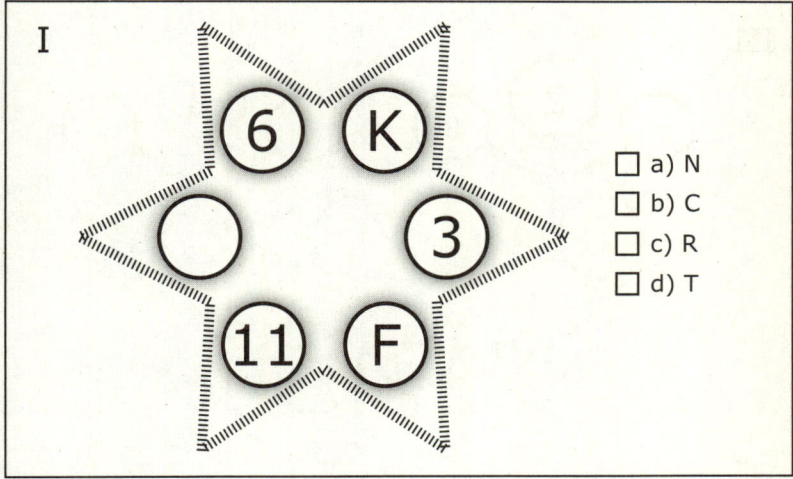

I

☐ a) N
☐ b) C
☐ c) R
☐ d) T

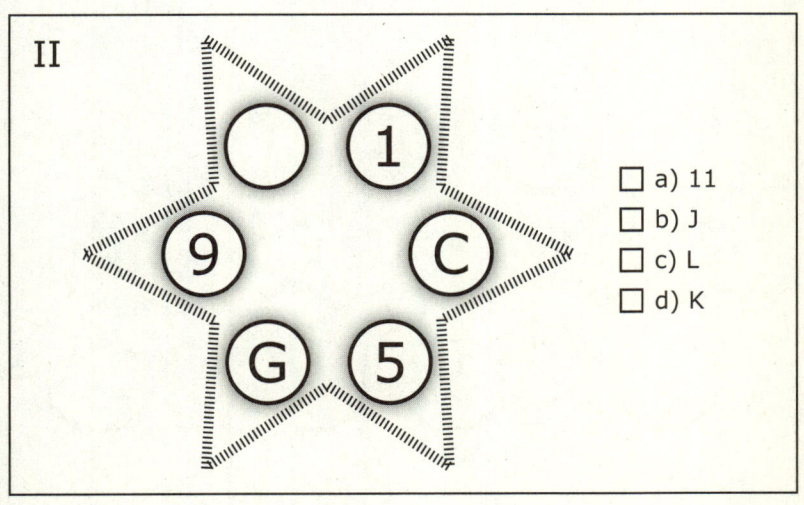

II

☐ a) 11
☐ b) J
☐ c) L
☐ d) K

M21 Welches Element muss in das leere Feld?

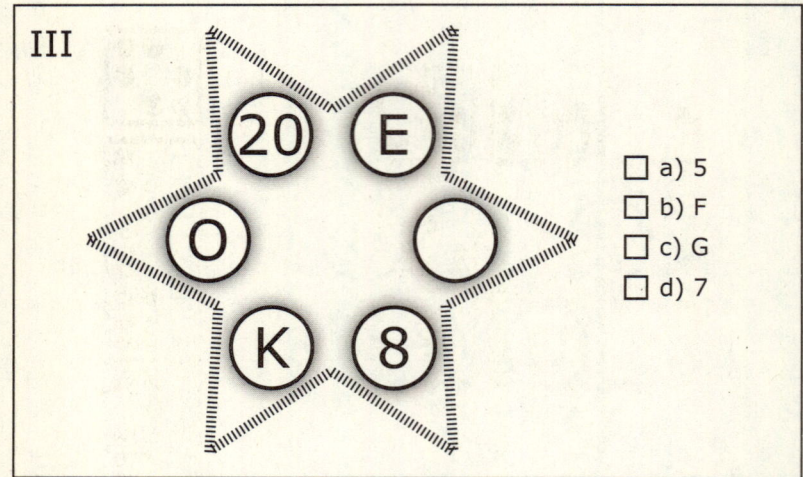

III

a) 5
b) F
c) G
d) 7

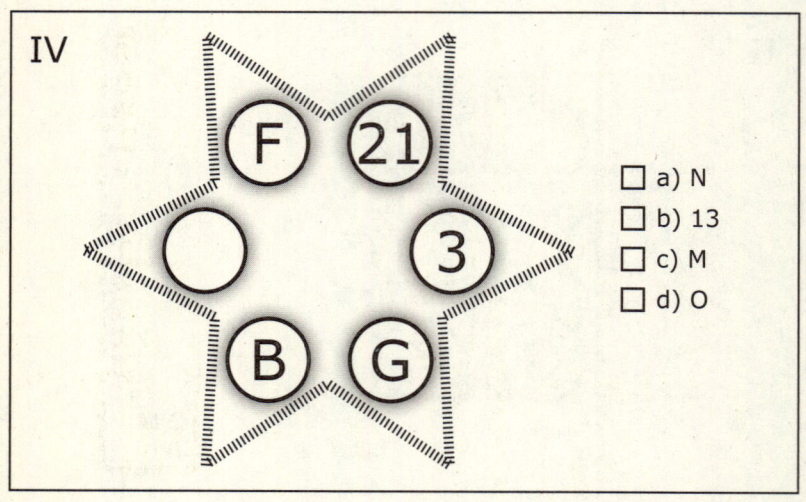

IV

a) N
b) 13
c) M
d) O

M22 Ersetzen Sie das Fragezeichen.

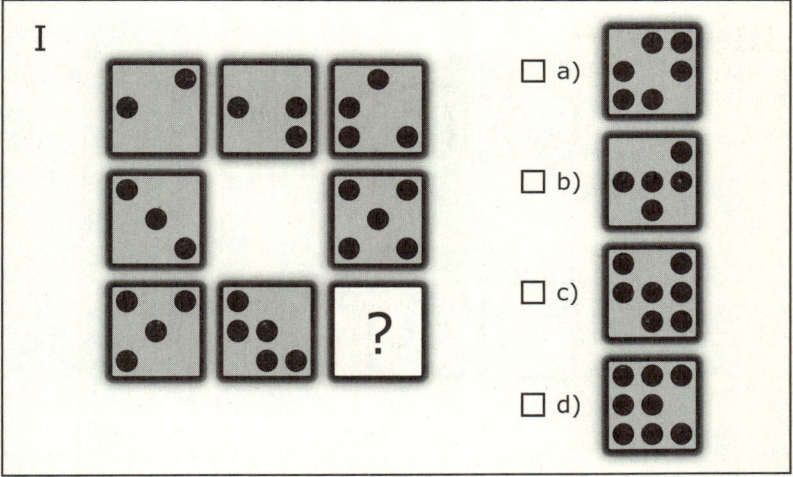

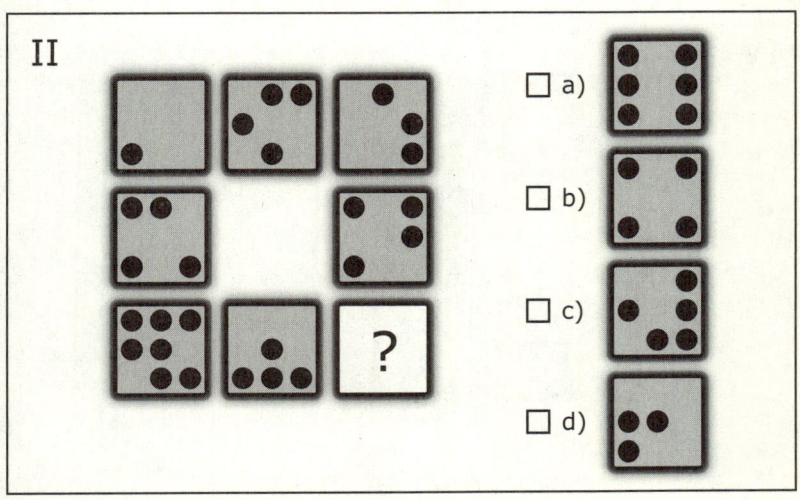

M22 Ersetzen Sie das Fragezeichen.

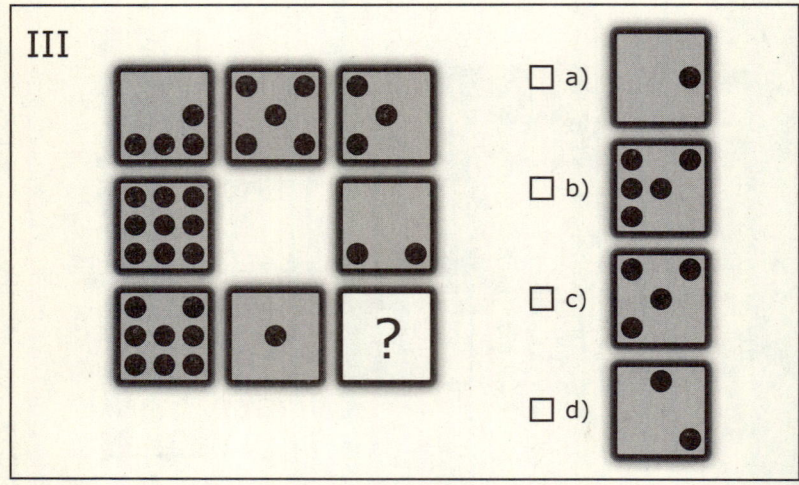

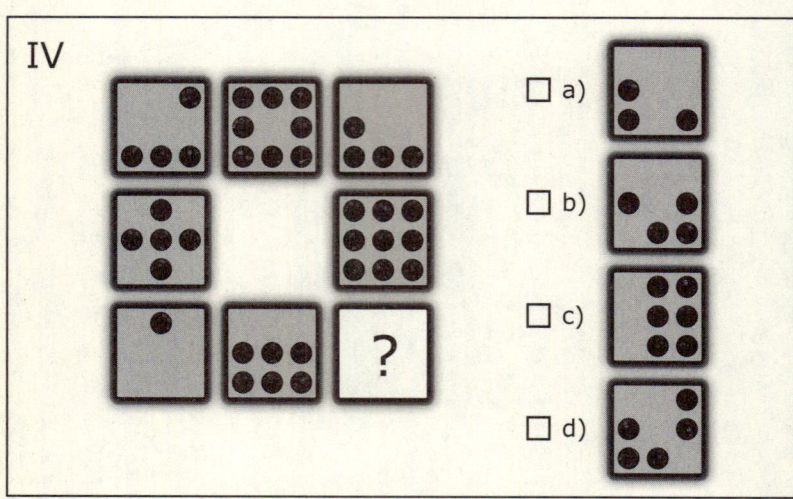

M23

Welcher Buchstabe gehört ins leere Feld?

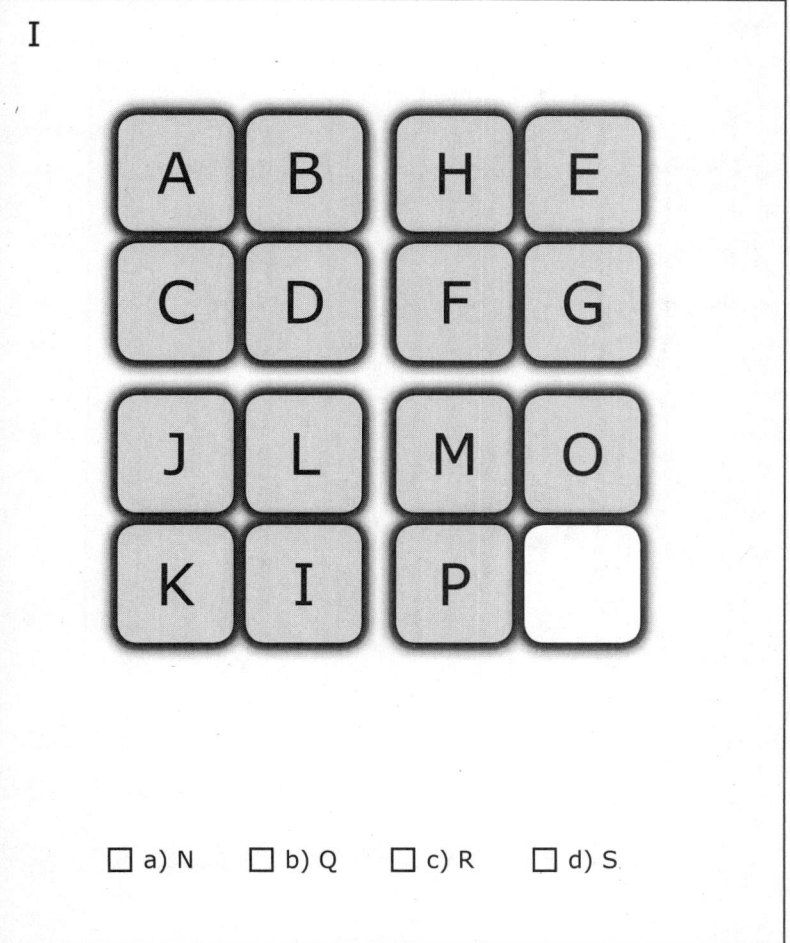

I

☐ a) N   ☐ b) Q   ☐ c) R   ☐ d) S

M23 Welcher Buchstabe gehört ins leere Feld?

II

M	P	K	N
J	S	H	Q
G	V	E	T
D	Y	B	

☐ a) V   ☐ b) W   ☐ c) X   ☐ d) Z

M24 Nach welchen Wochentagen wird gefragt?

I

Gestern war Montag. Welcher
Wochentag ist übermorgen?

☐ Mo ☐ Di ☐ Mi ☐ Do ☐ Fr ☐ Sa ☐ So

II

Wenn es vor drei Tagen acht Tage
nach einem Mittwoch war, welcher
Tag ist dann morgen?

☐ Mo ☐ Di ☐ Mi ☐ Do ☐ Fr ☐ Sa ☐ So

M24 Nach welchen Wochentagen wird gefragt?

III

Übermorgen wird es fünf Tage nach einem Freitag sein. Welcher Tag war sechs Tage vor gestern?

☐ Mo ☐ Di ☐ Mi ☐ Do ☐ Fr ☐ Sa ☐ So

IV

Angenommen, heute wäre Dienstag, der 11. Januar. Welcher Wochentag wäre dann am 19. Februar desselben Jahres?

☐ Mo ☐ Di ☐ Mi ☐ Do ☐ Fr ☐ Sa ☐ So

M25

Mit welcher Menge bringen Sie die letzte Waage ins Gleichgewicht?

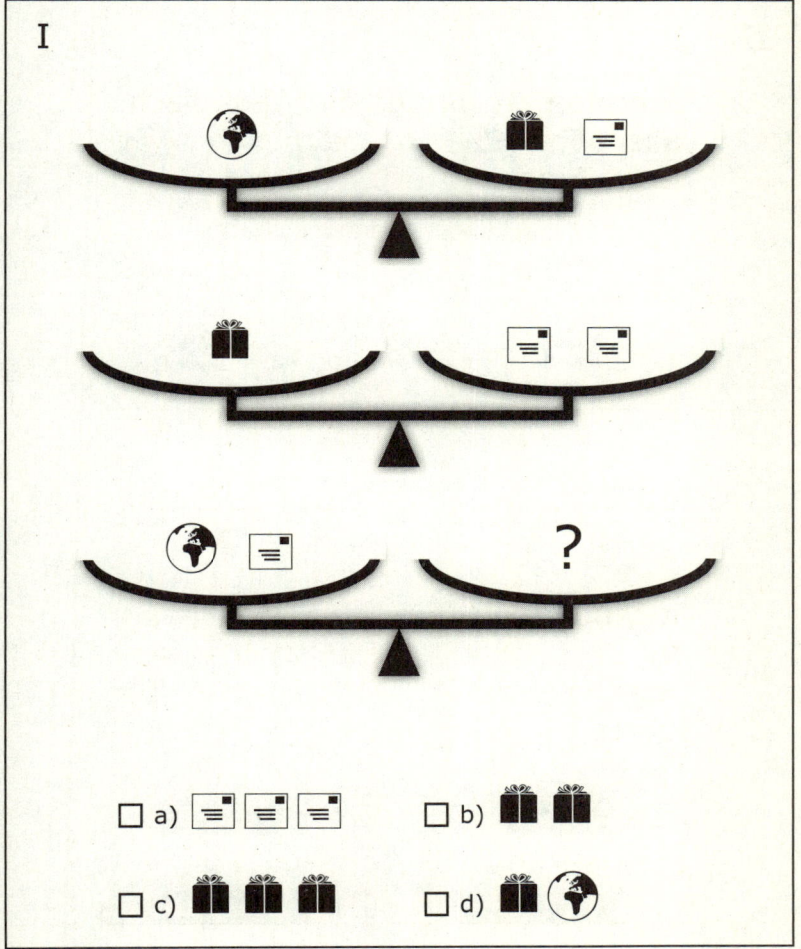

M25 Mit welcher Menge bringen Sie die letzte Waage ins Gleichgewicht?

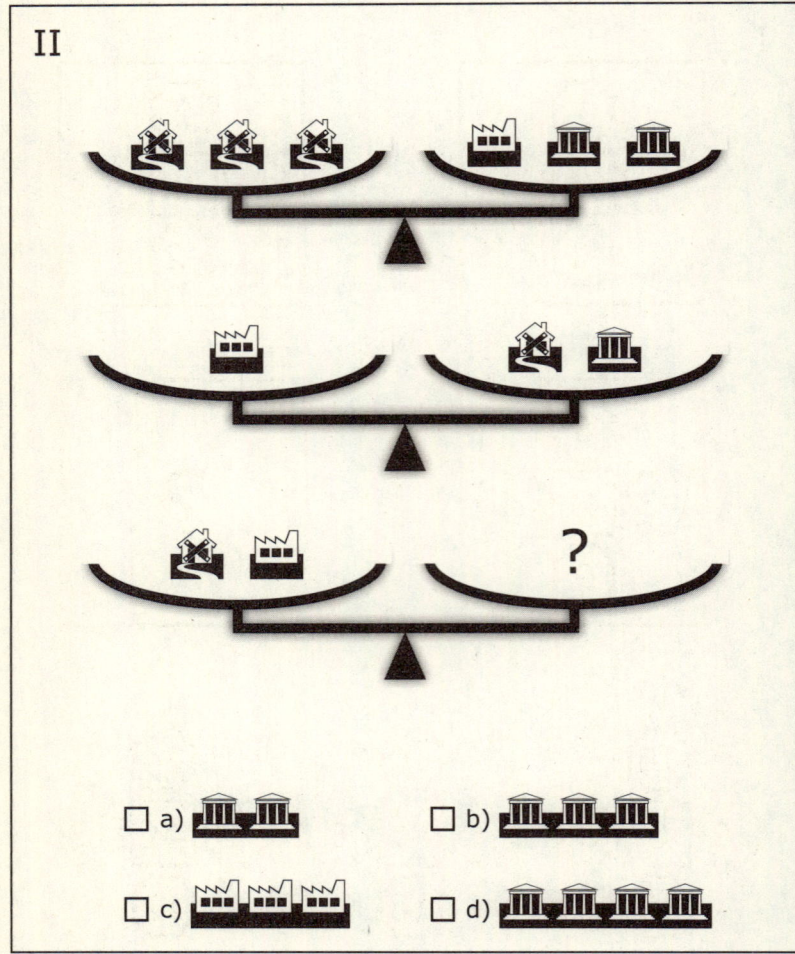

M26 Welche Grafik ist die passende Ergänzung?

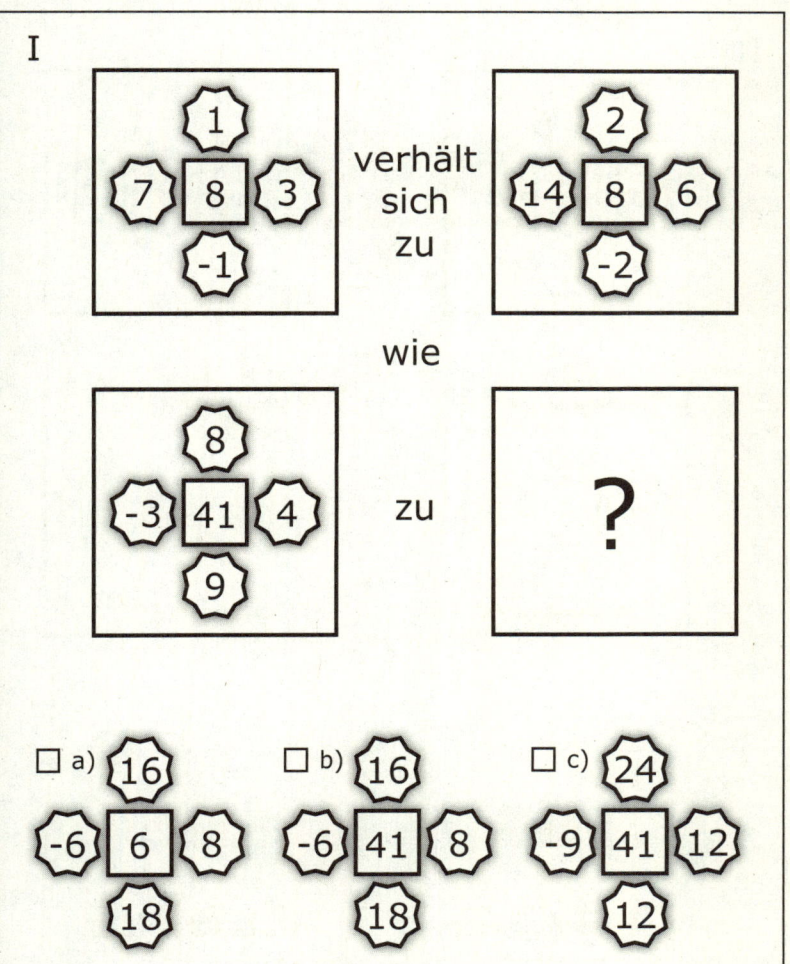

M26 Welche Grafik ist die passende Ergänzung?

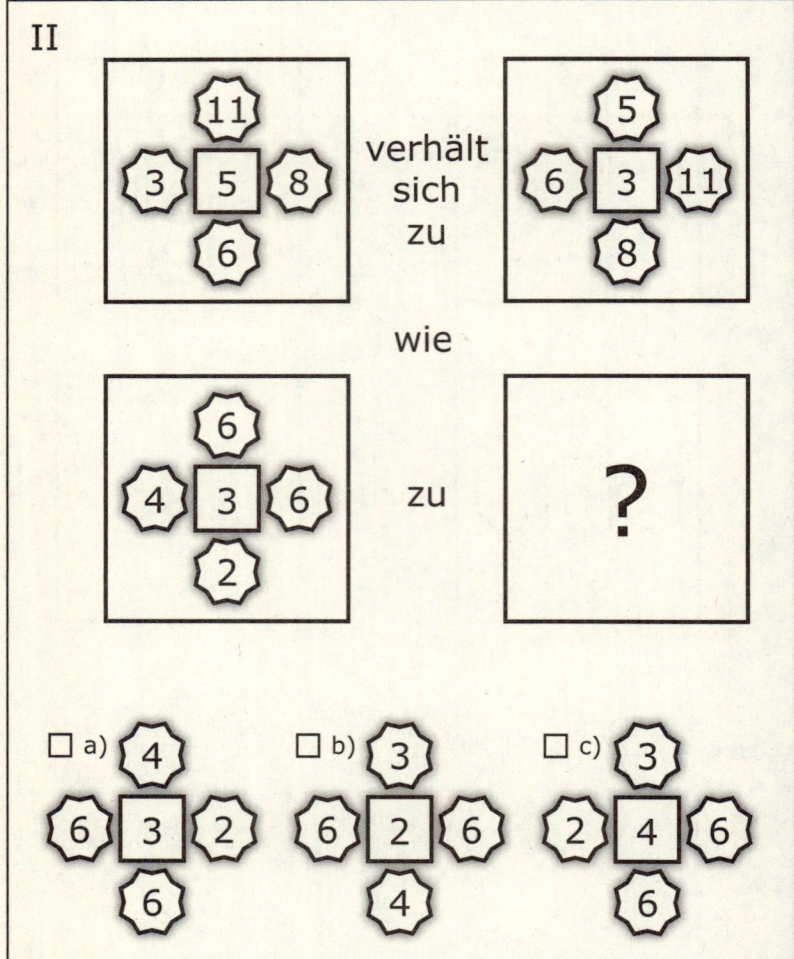

M27 Welche Zahl vervollständigt das System?

□ a) 9   □ b) 13   □ c) 17   □ d) 21

M27 Welche Zahl vervollständigt das System?

II

5   14   1   9

7   8   4

2   3   5   7

5   8   7   7

☐ a) 6   ☐ b) 3   ☐ c) 12   ☐ d) 15

M28 Nach welcher Zahl ist jeweils gefragt?

I Zwei Bauern ernten zwei Felder in zwei Tagen.
Wie viele Felder ernten drei Bauern in zwei Tagen?

Antwort: ☐ Felder

M28 Nach welcher Zahl ist jeweils gefragt?

II

Drei Pferde fressen drei Eimer Hafer in drei Stunden.
Wie viele Pferde fressen sechs Eimer Hafer in zwei Stunden?

Antwort: ☐ Pferde

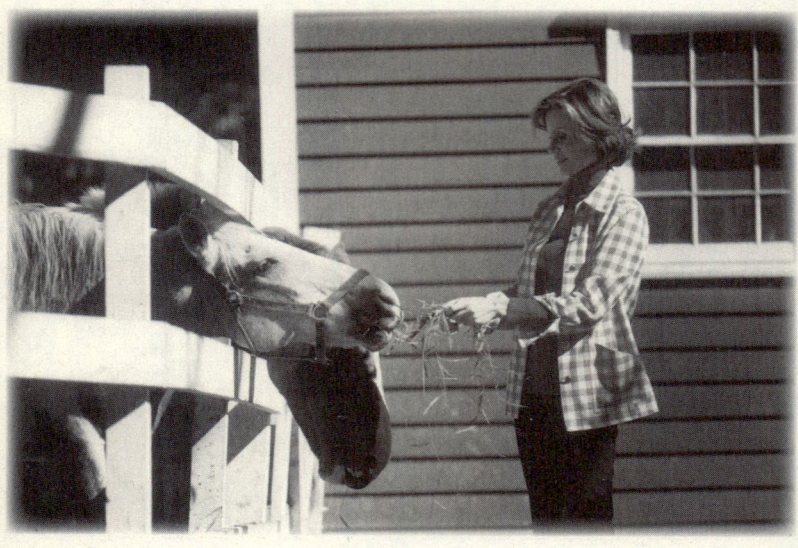

M29 Was müsste an der Stelle des Fragezeichens stehen?

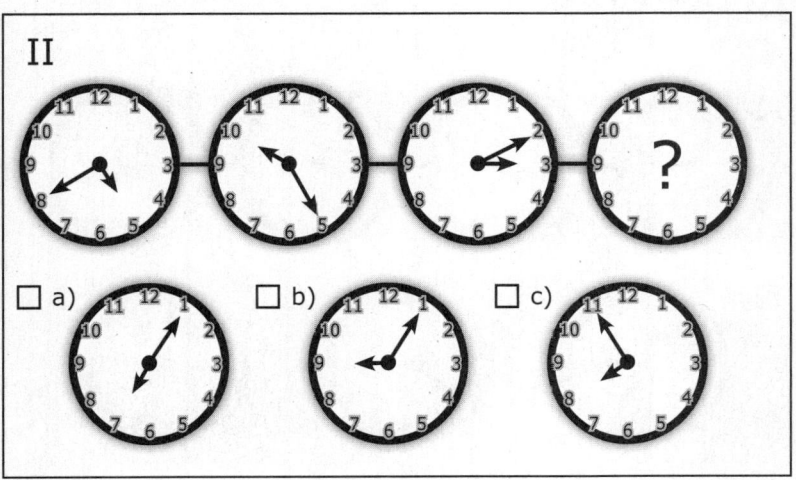

M29 Was müsste an der Stelle des Fragezeichens stehen?

M30 Welcher Dominostein passt?

M30 Welcher Dominostein passt?

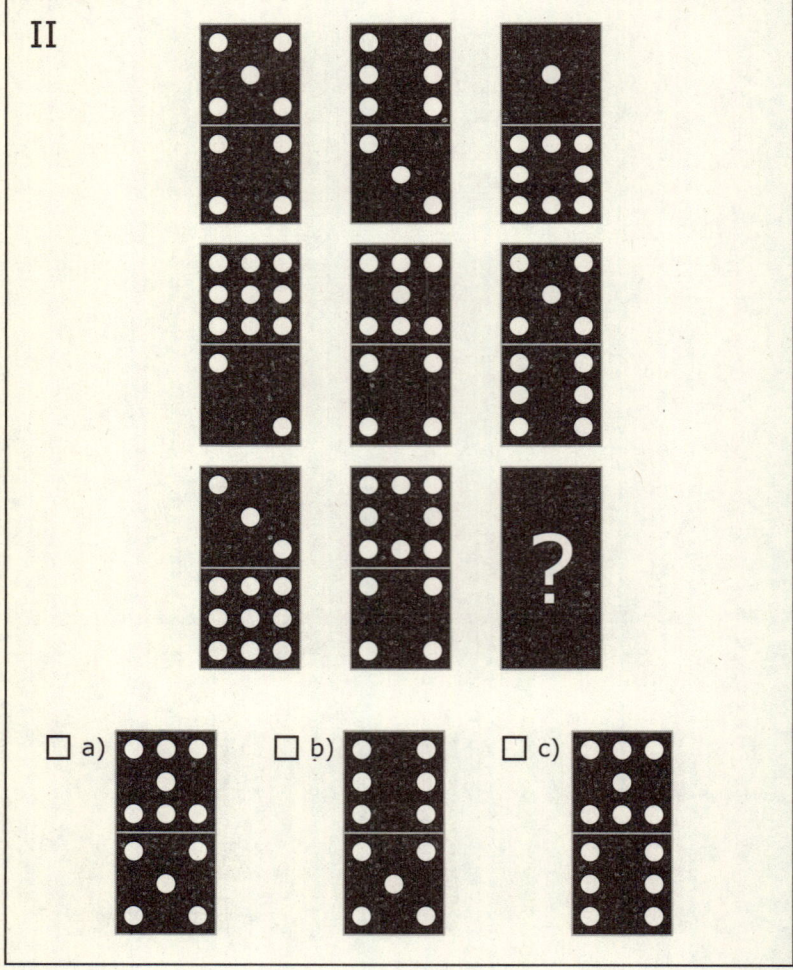

IQ-TRAININGSAUFGABEN FÜR VISUELLE INTELLIGENZ

Die visuelle Intelligenz ist die Königsdisziplin unter den Intelligenzbereichen. Hier kann ein IQ ermittelt werden, der weitgehend unabhängig ist von Sprache, Bildung und kulturellem Hintergrund.

In diesem Kapitel sollen Sie grafische Muster und Regelmäßigkeiten erkennen, bis drei zählen können, einen rechten Winkel einschätzen können und Ähnliches. Klingt doch einfach, nicht? Lassen Sie sich überraschen, wie komplex das Erkennen schlichter Muster sein kann

Doch bevor wir Sie ins Training schicken, möchten wir Ihnen ein paar Aufgabentypen vorstellen und Sie so auf die Materie vorbereiten.

Das Dreier-Feld

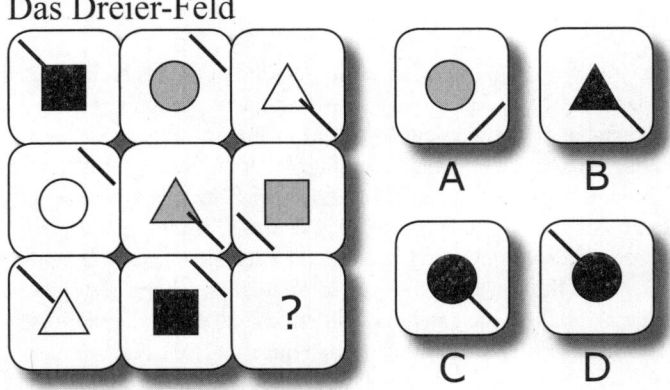

Das Dreier-Feld besteht aus drei mal drei Kästen, die, vollständig ausgefüllt ein ausgeglichenes System darstellen sollen. In diesem Beispiel gilt es, gleich mehrere Prinzipien zu erkennen. Zum einen sind dies drei unterschiedliche Formen, die jeweils in jeder Zeile und Spalte genau einmal enthalten sein dürfen. Es fehlt also im leeren Feld ein Kreis. Bei der Farbgebung verhält es sich so, dass jede der drei Farbstufen Weiß, Grau und Schwarz insgesamt je dreimal enthalten sein soll. Es fehlt also im leeren Feld die Farbe Schwarz bzw. ein schwarzer Kreis. Das dritte Prinzip wird mit dem kleinen Strich dargestellt. Er wandert im Uhrzeigersinn von Ecke zu Ecke – und dies in jeder Zeile. Dabei soll er seine Ausrichtung behalten. In Verbindung mit den oben bereits erkannten Eigenschaften können wir nun auf die einzig richtige Alternative schließen: C.

Gedrehte Bilder

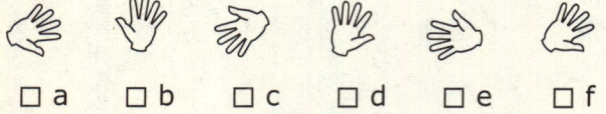

☐ a　　☐ b　　☐ c　　☐ d　　☐ e　　☐ f

Alle Grafiken zeigen identische Figuren, die in unterschiedlichen Graden gedreht sind. Nur eine von ihnen ist zusätzlich gespiegelt. Versuchen Sie hier, ein Merkmal zu finden, an dem Sie sich orientieren können und das Sie mit einer Drehrichtung (im Uhrzeigersinn oder gegen diesen) in Verbindung bringen können. In diesem Beispiel könnten Sie sich am Daumen orientieren. Ziehen Sie vom Daumen über die Finger gedanklich eine geschwungene Linie (auf a bezogen) gegen den Uhrzeigersinn. Überprüfen Sie diesen Ansatz bei allen anderen Bildern dieser Reihe. Das Bild, bei dem diese Richtung anders als bei allen anderen verläuft, ist das gesuchte. In diesem Beispiel ist es die Alternative b.

Grafische Reihen

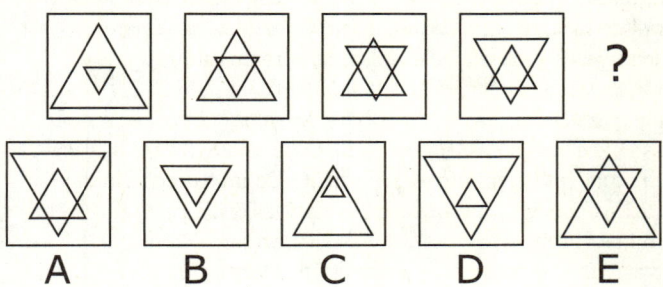

Bei grafischen Reihen sollen Sie Gemeinsamkeiten oder Entwicklungen erkennen, aus denen Sie auf ein fehlendes oder passendes Bild schließen können. Was in diesem Beispiel kompliziert und verwirrend aussieht, ist bei nüchterner Betrachtung sehr simpel. (Das sind fast alle IQ-Aufgaben, wenn man das jeweils gültige Prinzip einmal erkannt hat.) Das anfangs große Dreieck (das mit der Spitze nach oben zeigt) wird (in diesem Beispiel) immer kleiner. Das kleine Dreieck (das mit der Spitze nach unten) wird parallel dazu immer größer. Die einzige Alternative, in der diese beiden Entwicklungen weitergeführt werden, ist D.

Analogien

Analogien zeigen zwei Paare, die dasselbe Verhältnis zueinander aufweisen. Ein Verhältnis kann eine Farbänderung sein, eine Drehung usw. In unserem Beispiel besteht dieses „Verhältnis" zweier Grafiken zueinander aus mehreren Veränderungen. Ein Veränderungsprinzip (von linker zu rechter Grafik) bei den Grafiken links vom Gleichheitszeichen ist die Drehung, hier: eine Drehung um 30° im Uhrzeigersinn (wobei es völlig ausreichend ist, diesen Winkel grob einschätzen zu können). Von dieser Drehung sind das große Hauptelement und der Trennstrich betroffen. Die beiden inneren Elemente sind insoweit von der Drehung betroffen, als sich ihre Position entsprechend der Drehung ändert. Andererseits behalten sie ihre Ausrichtung. Ein drittes Veränderungsprinzip ist hier der Farbwechsel. Beide Elemente tauschen ihre Farben.

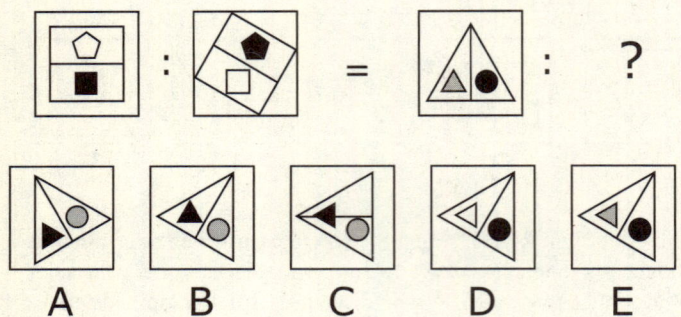

Unter Alternative B finden Sie die Grafik, die diese Veränderungsprinzipien beim rechten Paar widerspiegelt. Das große Dreieck wird mitsamt seiner Mittellinie um 30° im Uhrzeigersinn gedreht. Die beiden inneren Elemente (kleines Dreieck und kleiner Kreis) bewegen sich mit, behalten jedoch ihre Ausrichtung. Schließlich tauschen sie ihre Farben (das kleine Dreieck rechts bekommt die Farbe der Kreises links, und der Kreis rechts bekommt die Farbe des kleines Dreiecks links.

Training des visuellen IQ

Auf den folgenden Seiten warten 24 Aufgabenarten auf Sie, in denen Sie Ihr visuelles, formengebundenes Denken IQ-spezifisch trainieren können. Innerhalb der Aufgabenarten erhöht sich der Schwierigkeitsgrad; bei I beginnt es also immer mit relativ leichten Testaufgaben. (Dies gilt zumindest im Allgemeinen. Oft lassen sich keine objektiven Schwierigkeitskriterien finden, was eine Einstufung erschwert.)

V1

Welche Grafik A bis D ersetzt das Fragezeichen?

V1 Welche Grafik A bis D ersetzt das Fragezeichen?

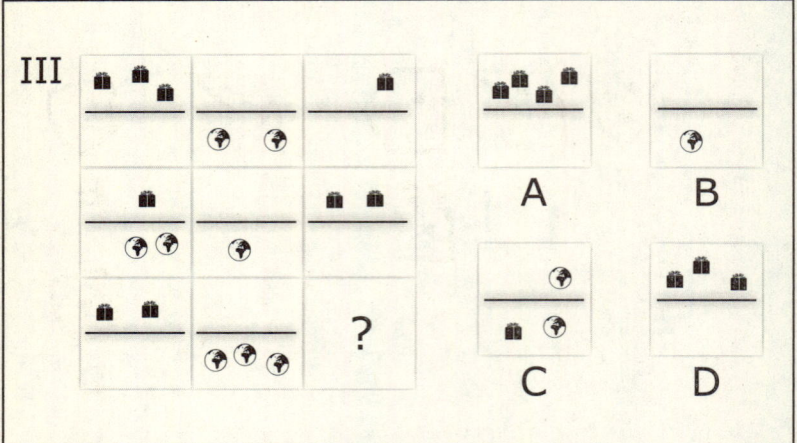

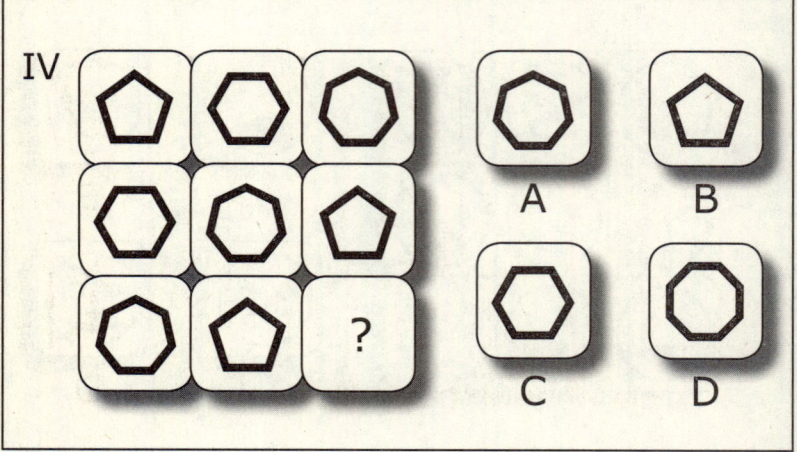

V2

Welche Grafik A bis D ersetzt das Fragezeichen?

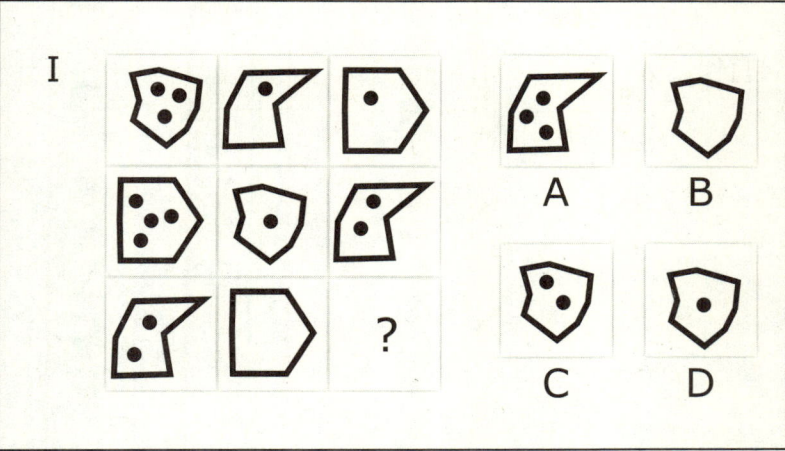

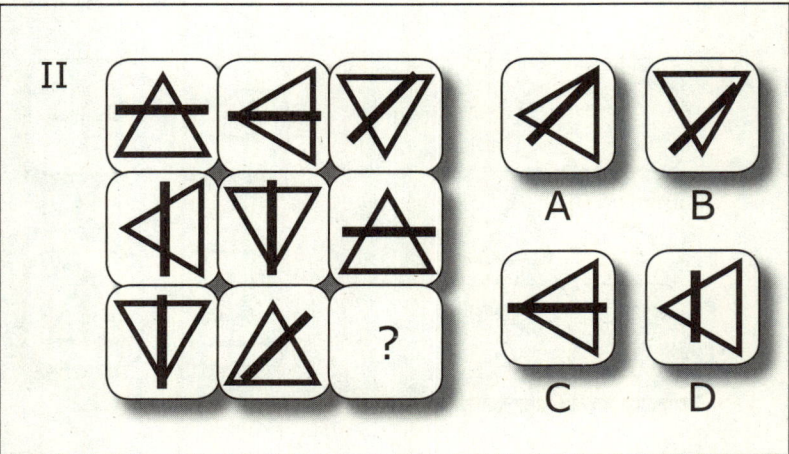

V2 Welche Grafik A bis D ersetzt das Fragezeichen?

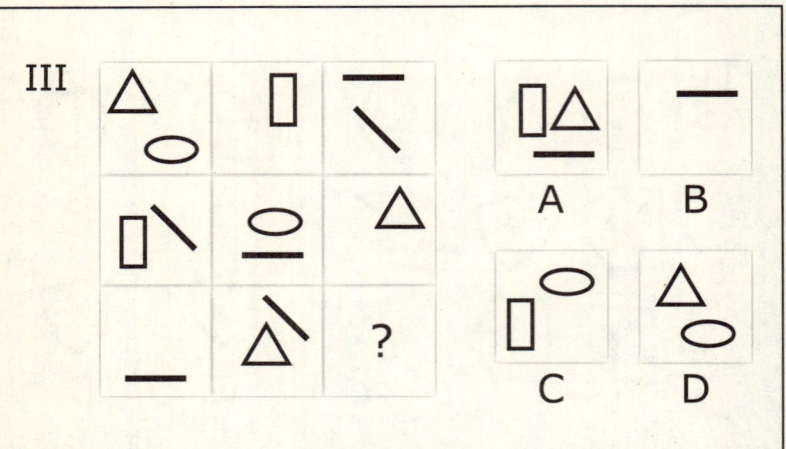

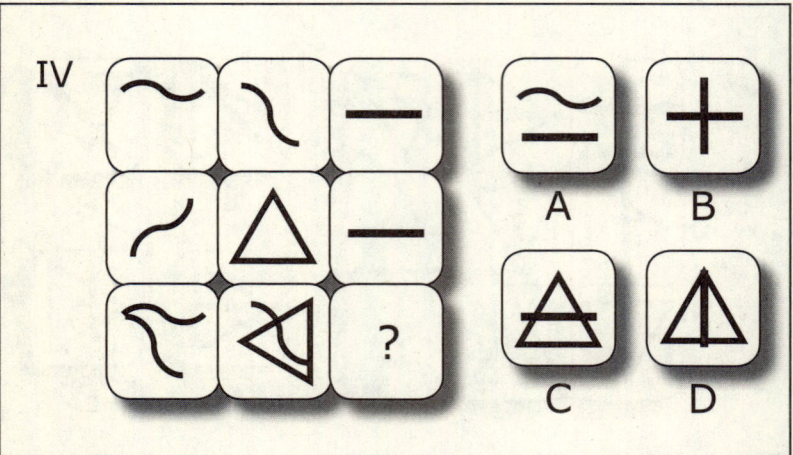

V3

Welche Grafik A bis D ersetzt das Fragezeichen?

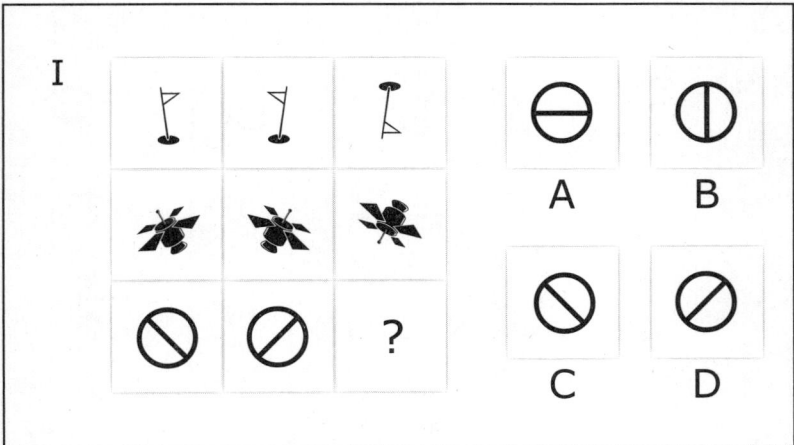

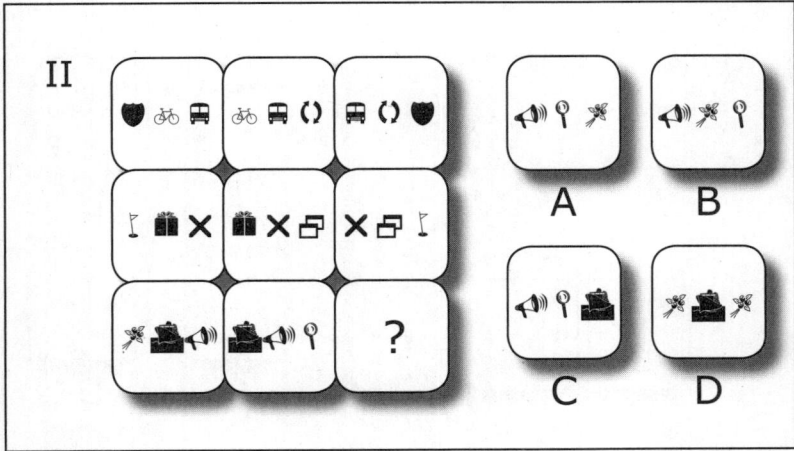

V3 Welche Grafik A bis D ersetzt das Fragezeichen?

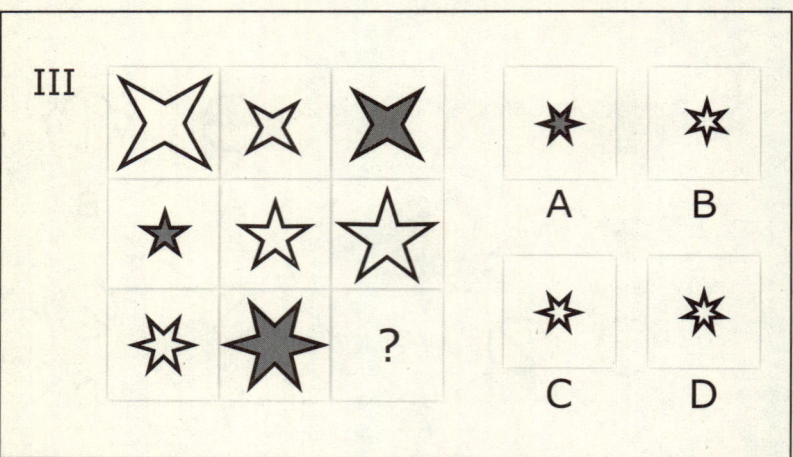

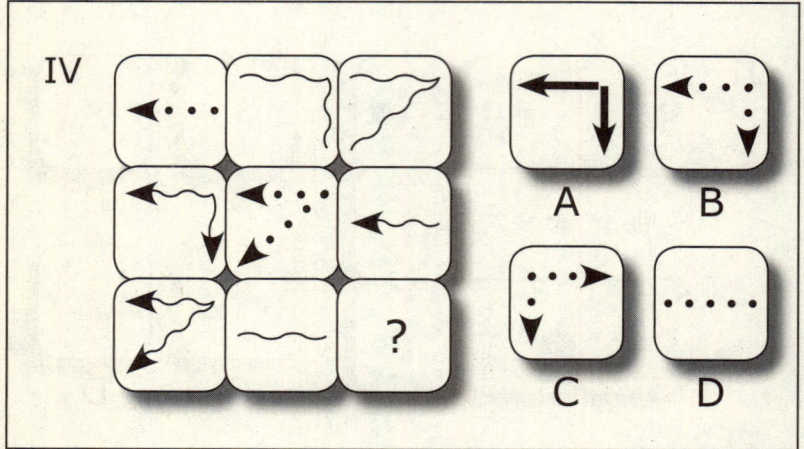

V4

Welche Grafik A bis D ersetzt das Fragezeichen?

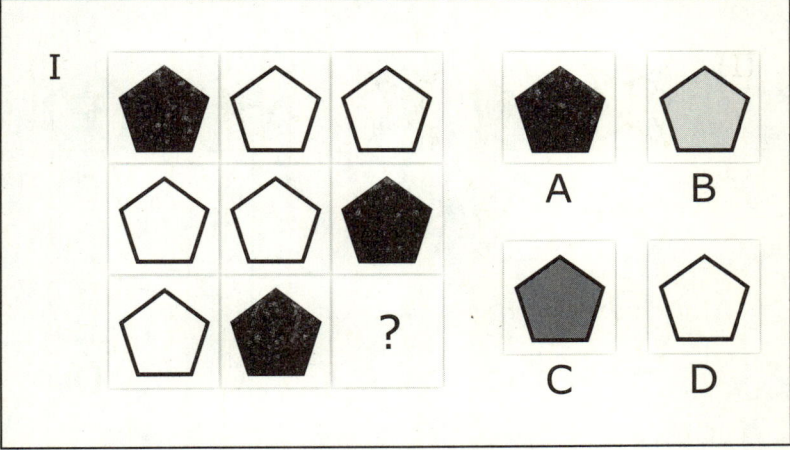

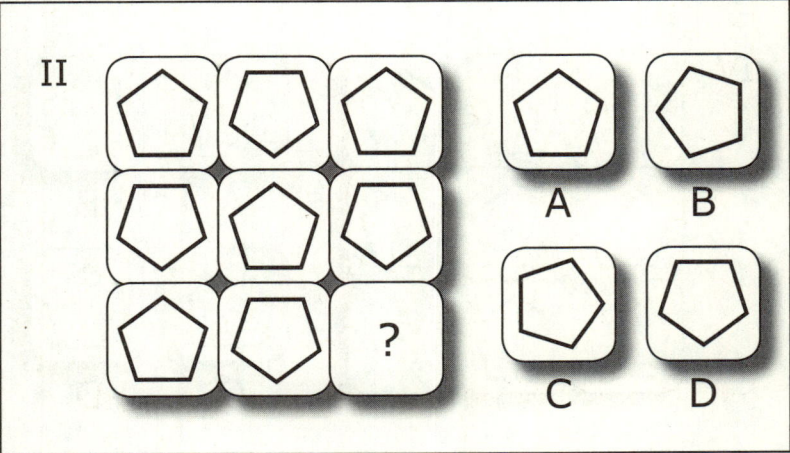

V4   Welche Grafik A bis D ersetzt das Fragezeichen?

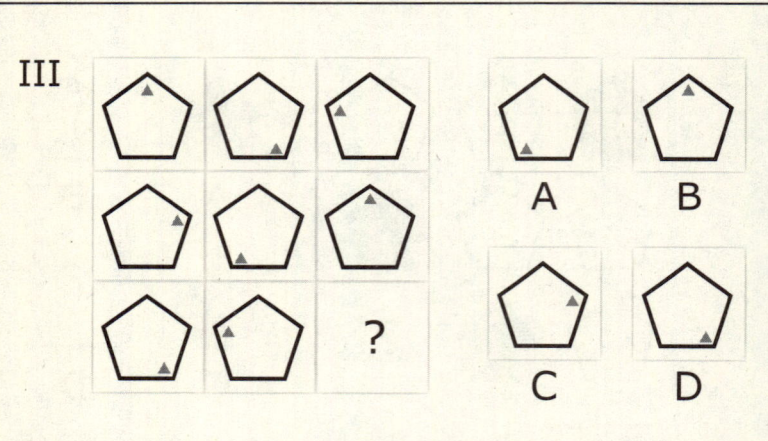

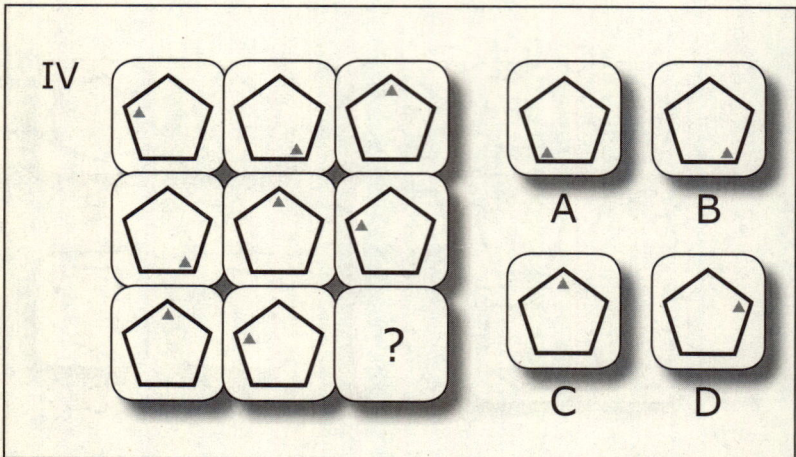

V5 Welche Grafik A bis D ersetzt das Fragezeichen?

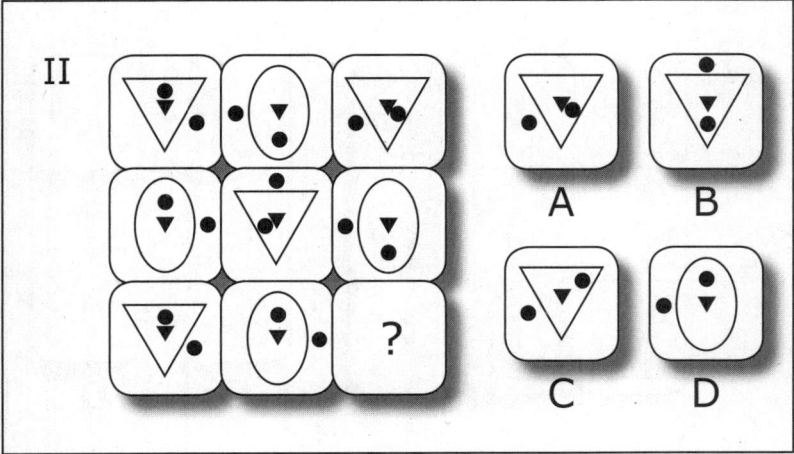

V5 Welche Grafik A bis D ersetzt das Fragezeichen?

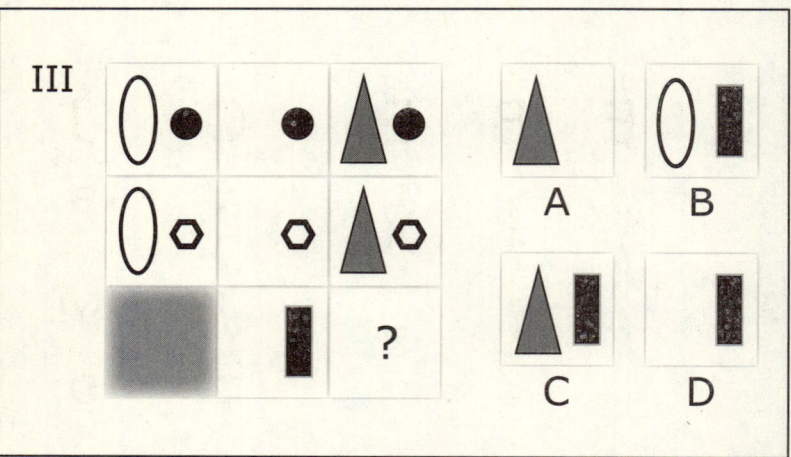

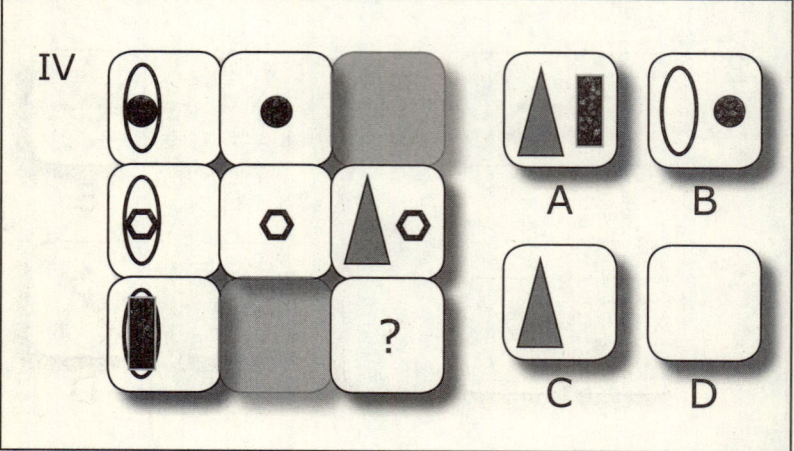

V6   Welche Grafik A bis D ersetzt das Fragezeichen?

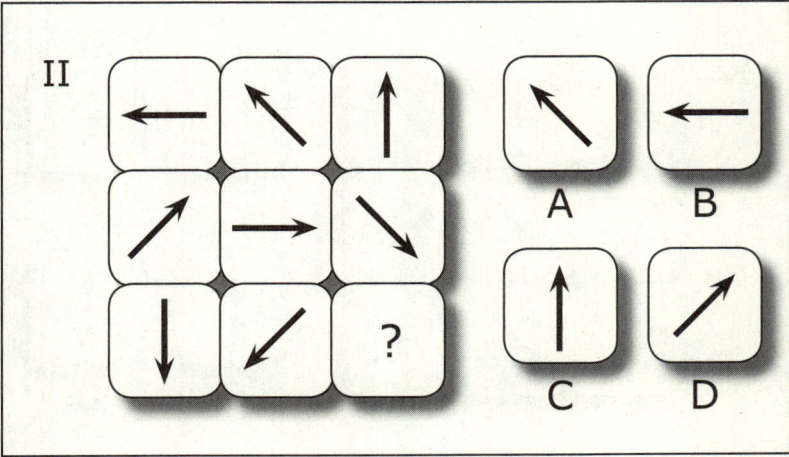

V6

Welche Grafik A bis D ersetzt das Fragezeichen?

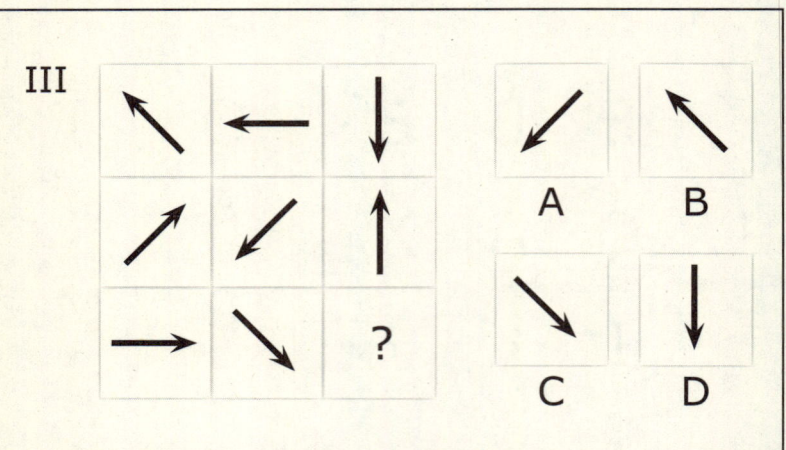

V7 Welche Grafik A bis D ersetzt das Fragezeichen?

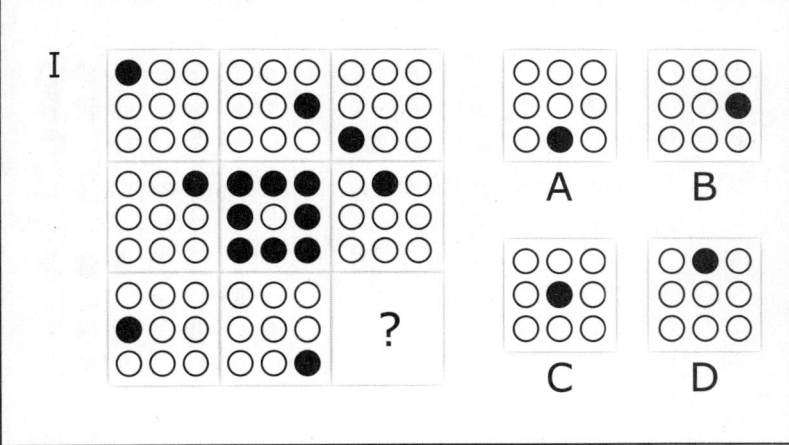

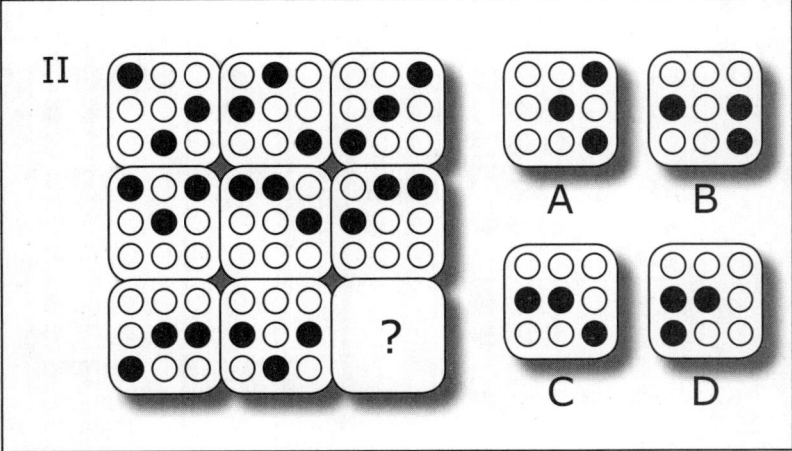

V7

Welche Grafik A bis D ersetzt das Fragezeichen?

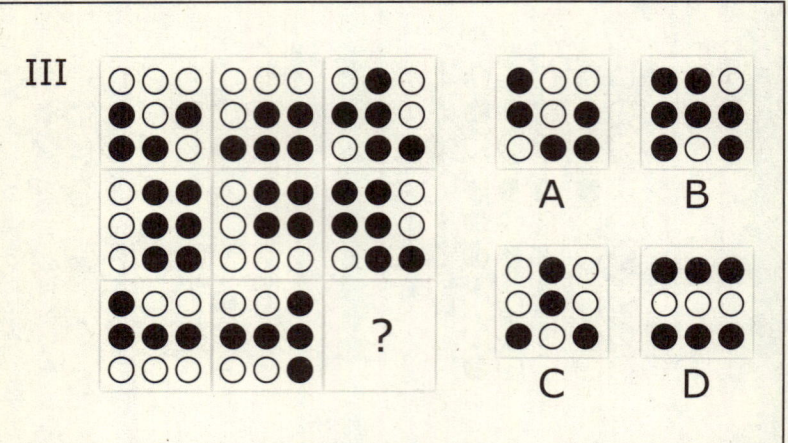

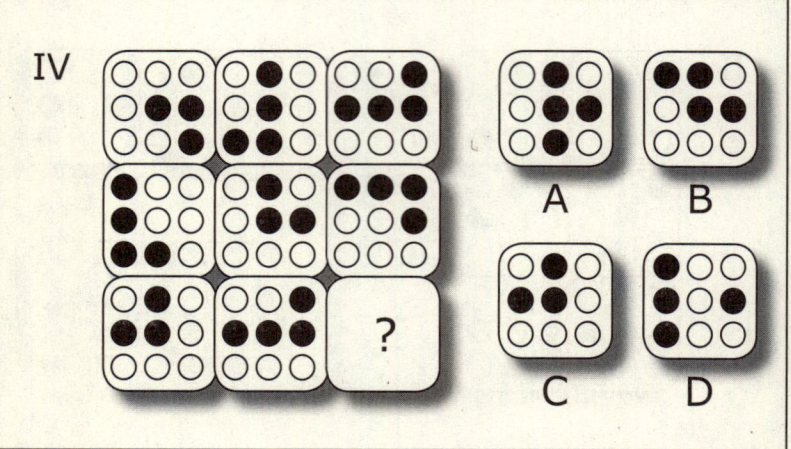

V8

Welche Grafik A bis D ersetzt das Fragezeichen?

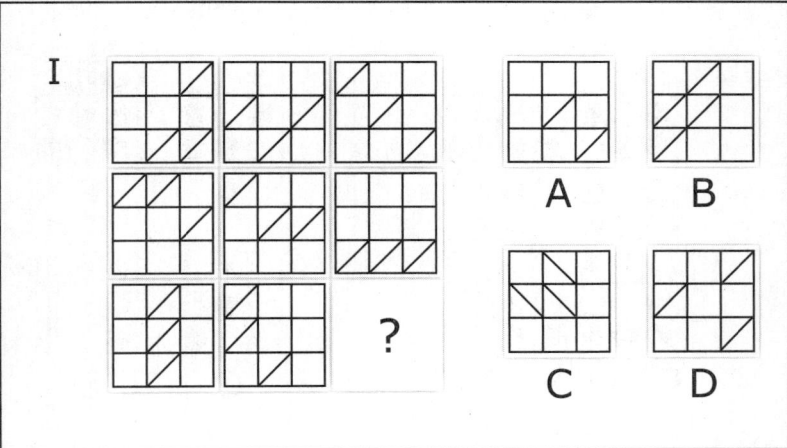

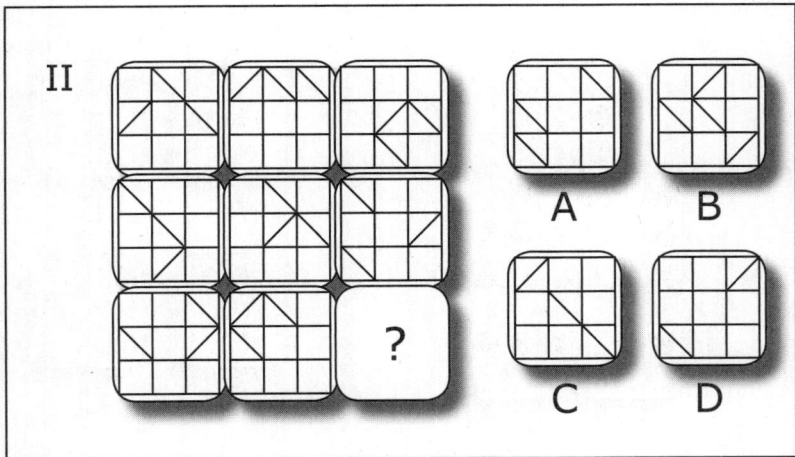

V8

Welche Grafik A bis D ersetzt das Fragezeichen?

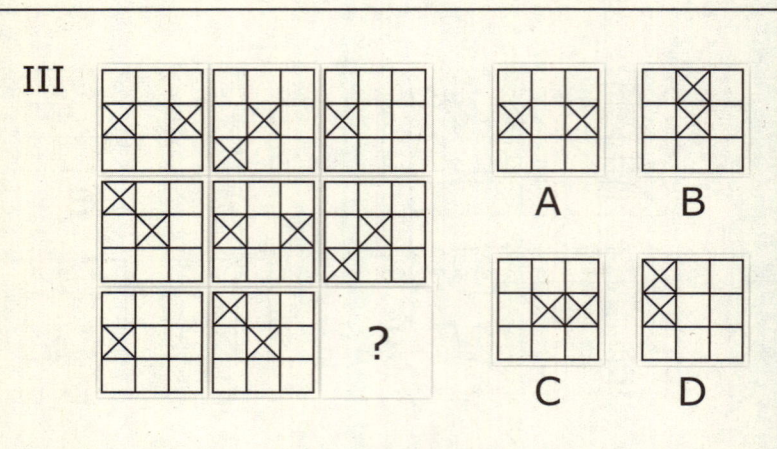

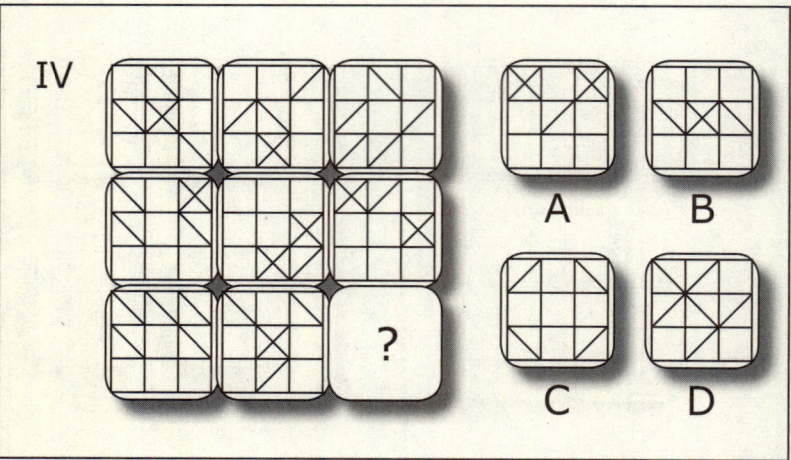

V9

Welche Grafik A bis D ersetzt das Fragezeichen?

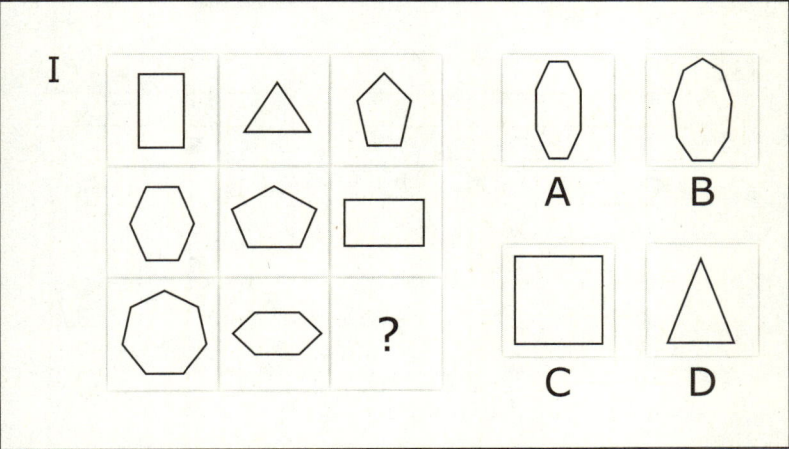

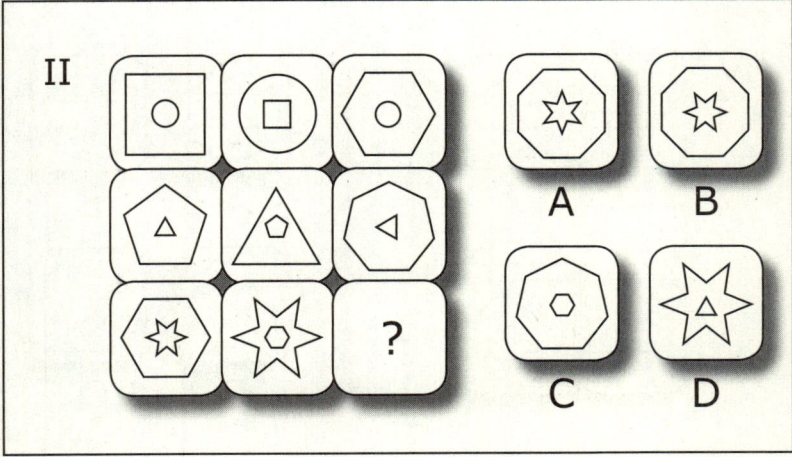

V9

Welche Grafik A bis D ersetzt das Fragezeichen?

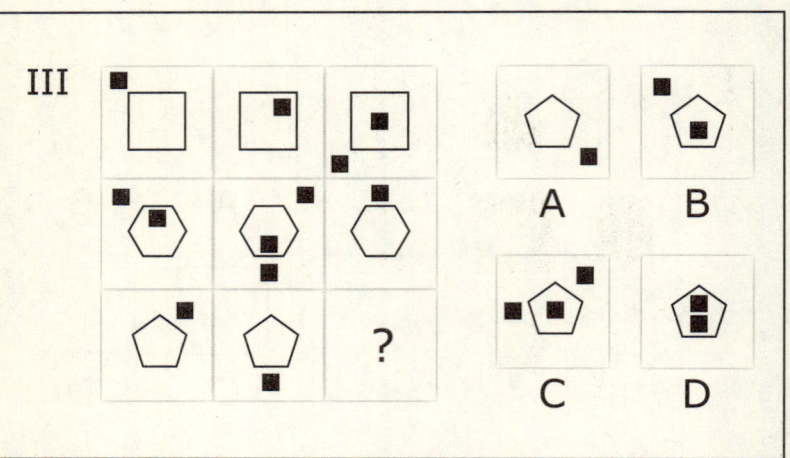

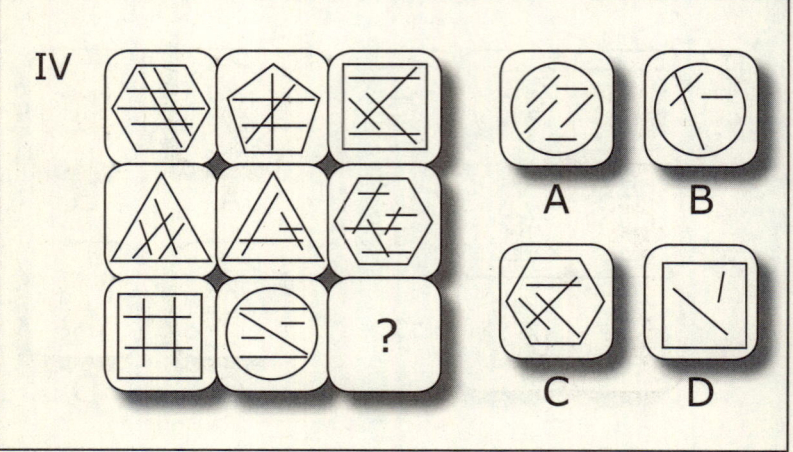

V10 Welche Grafik A bis D ersetzt das Fragezeichen?

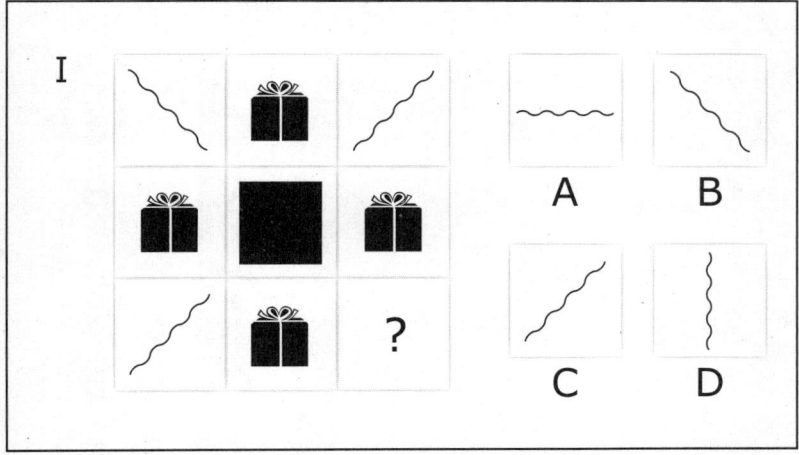

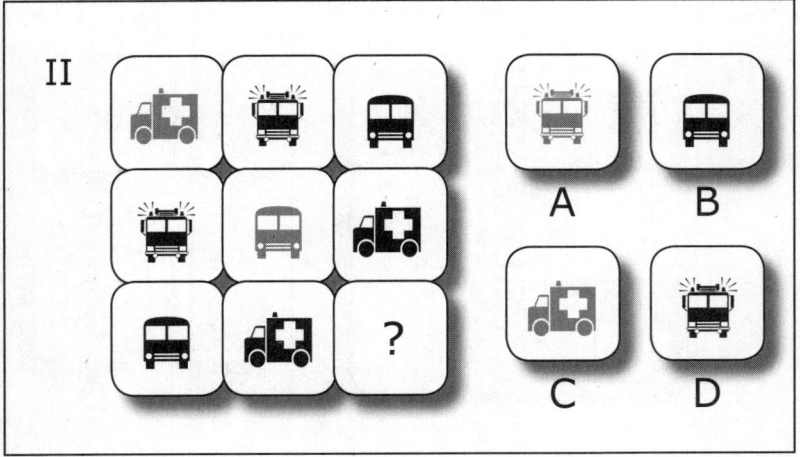

V10

Welche Grafik A bis D ersetzt das Fragezeichen?

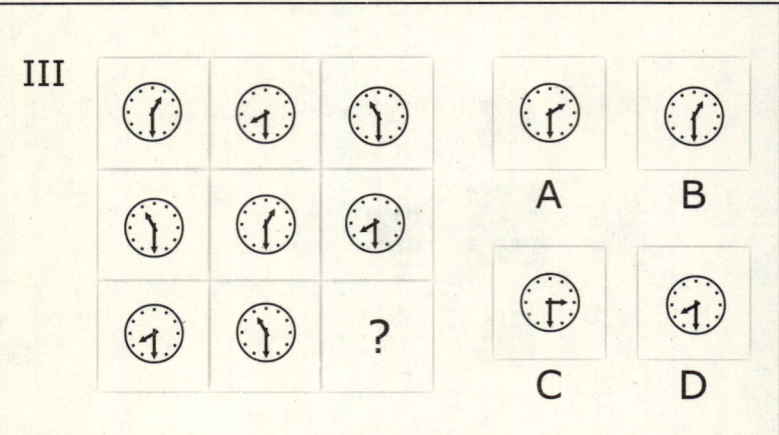

V11 Welche Grafik A bis D ersetzt das Fragezeichen?

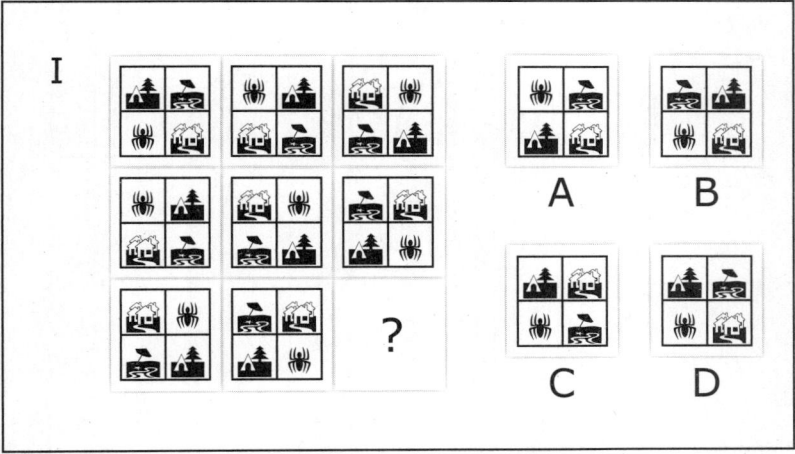

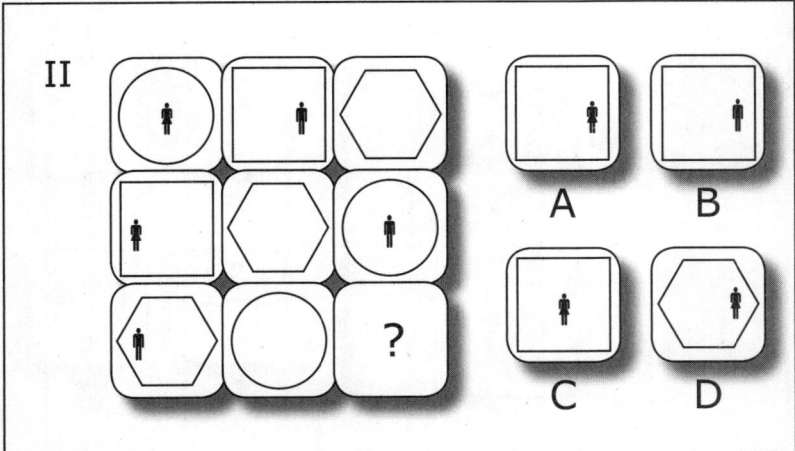

V11 Welche Grafik A bis D ersetzt das Fragezeichen?

III

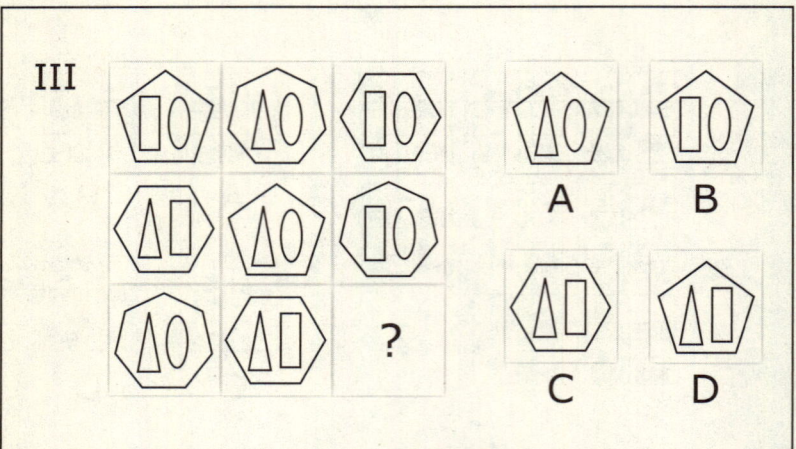

IV

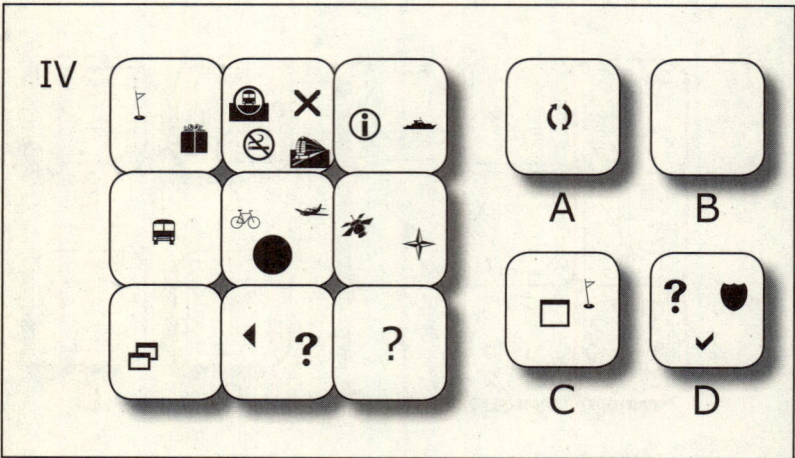

V12 Welche Grafik A bis D ersetzt das Fragezeichen?

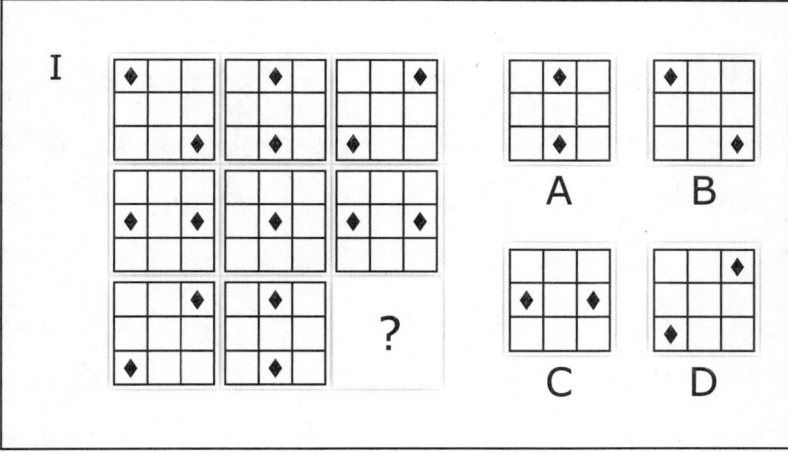

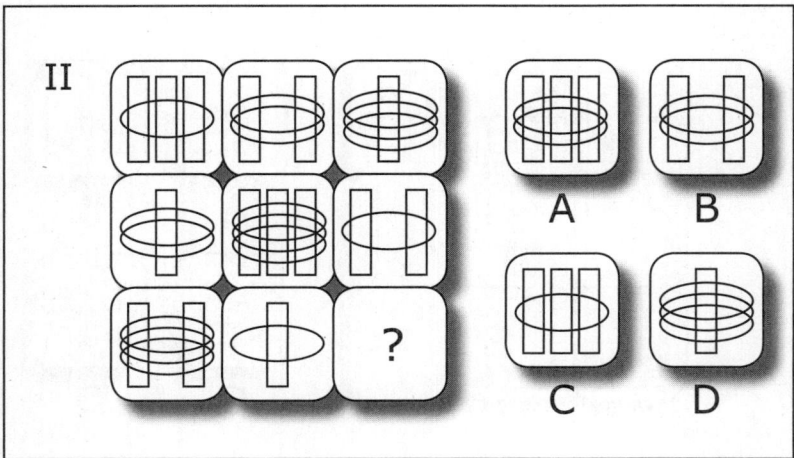

V12 Welche Grafik A bis D ersetzt das Fragezeichen?

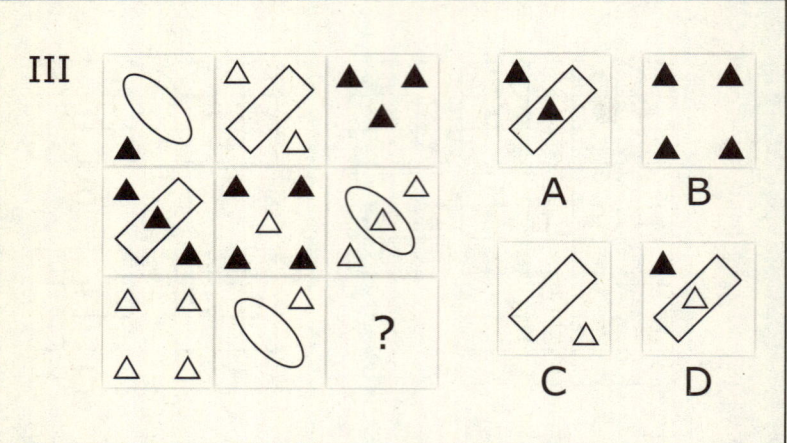

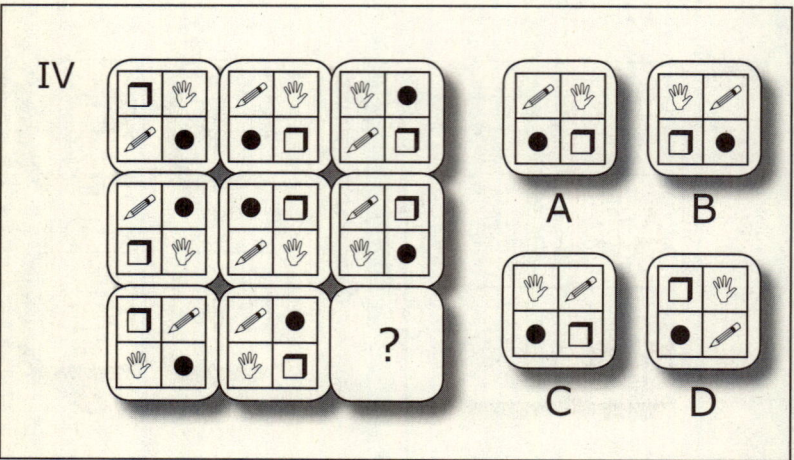

V13

Welche Grafik A bis D ersetzt das Fragezeichen?

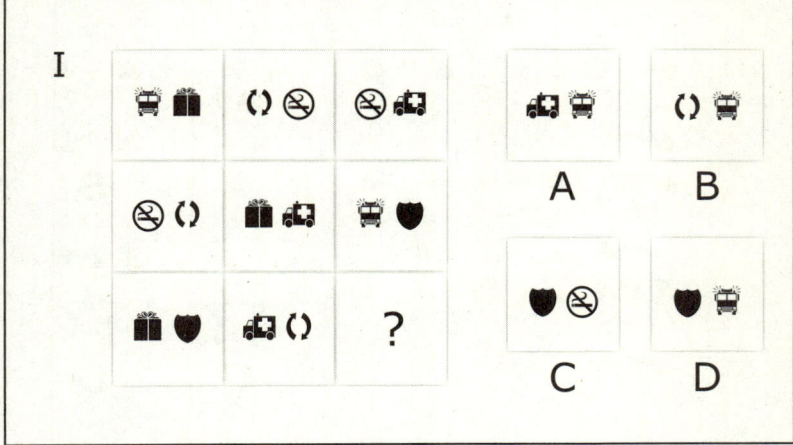

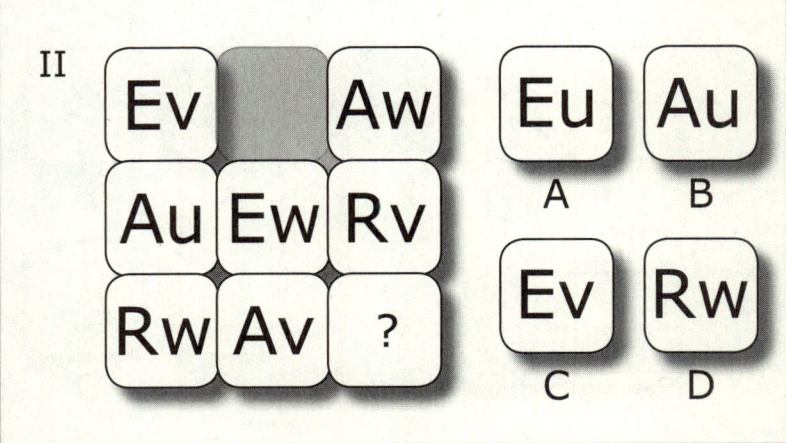

V13 Welche Grafik A bis D ersetzt das Fragezeichen?

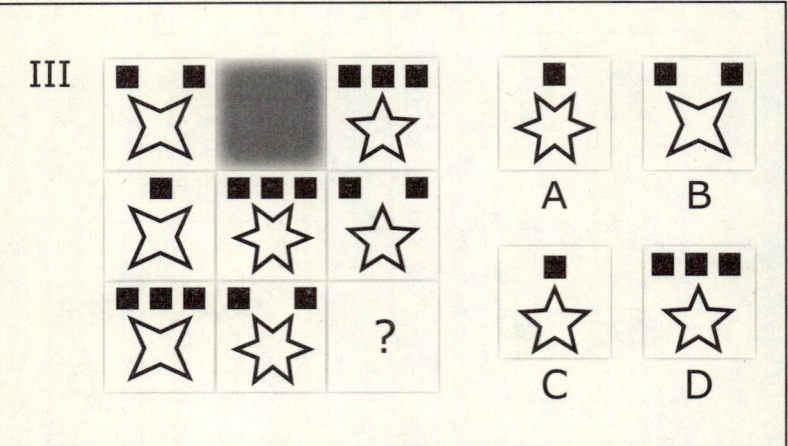

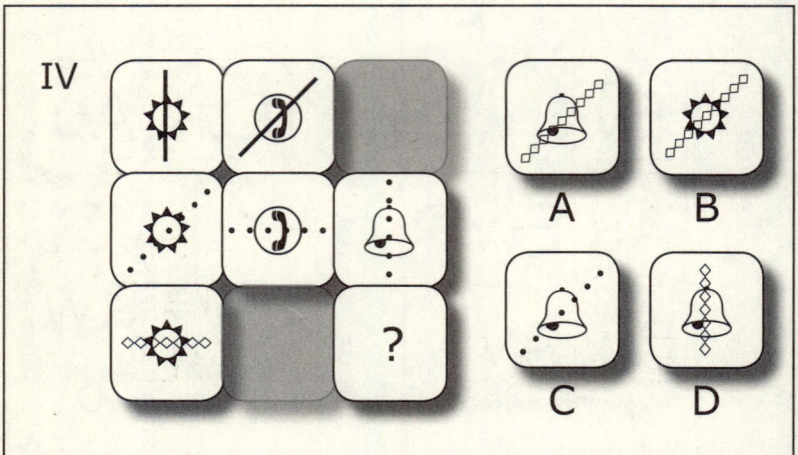

V14 Was unterscheidet Gruppe A von Gruppe B?
Ordnen Sie jede der unteren Grafiken 1 bis 4 der jeweils
passenden Gruppe zu.

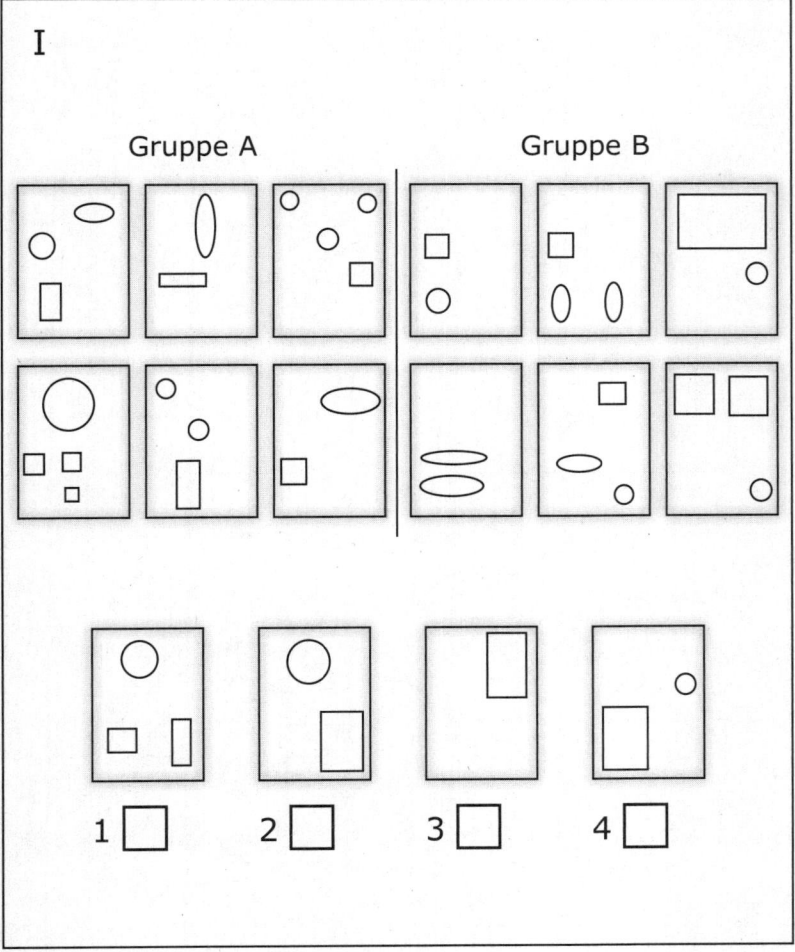

V14

Was unterscheidet Gruppe A von Gruppe B?
Ordnen Sie jede der unteren Grafiken 1 bis 4 der jeweils
passenden Gruppe zu.

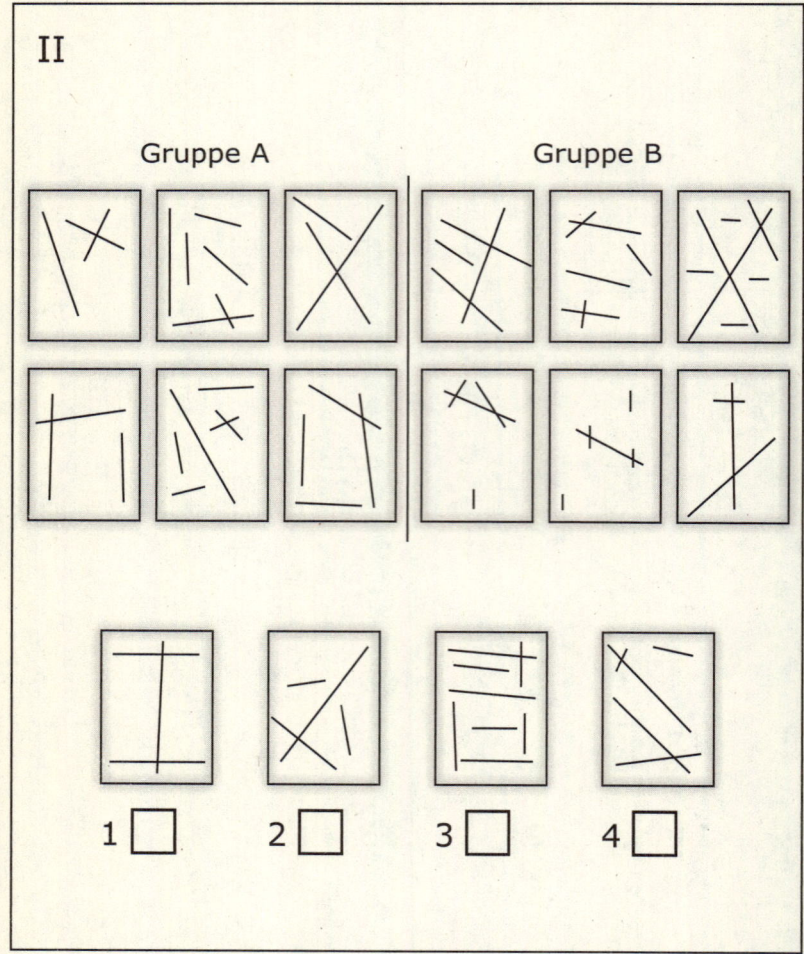

V15

Was unterscheidet Gruppe A von Gruppe B?
Ordnen Sie jede der unteren Grafiken 1 bis 4 der jeweils
passenden Gruppe zu.

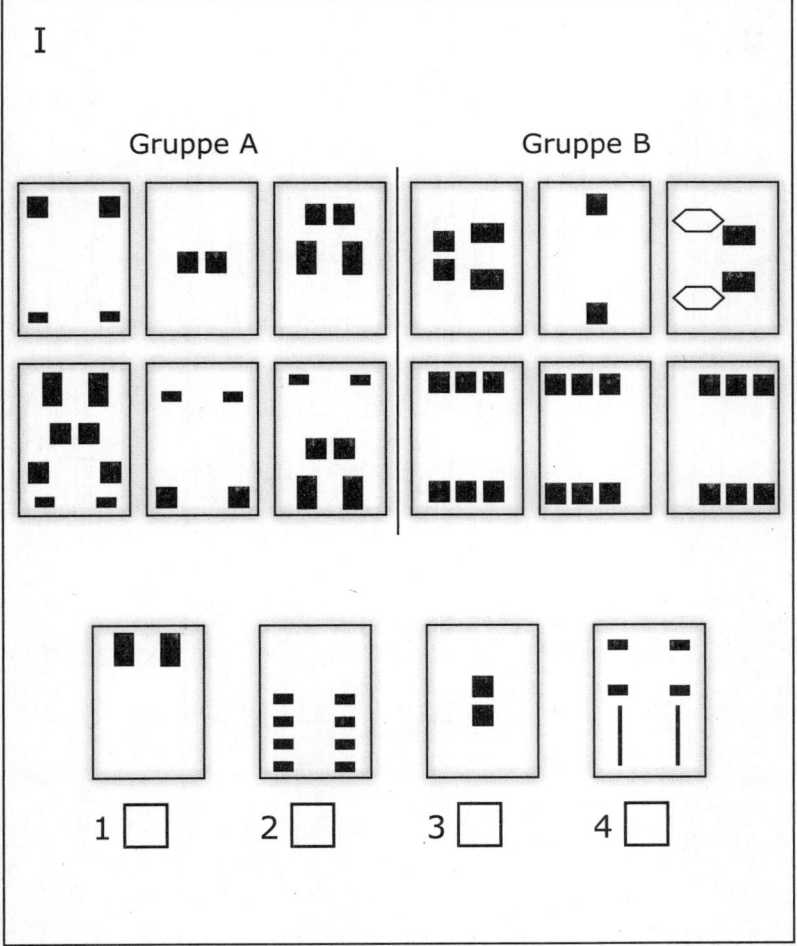

V15

Was unterscheidet Gruppe A von Gruppe B?
Ordnen Sie jede der unteren Grafiken 1 bis 4 der jeweils
passenden Gruppe zu.

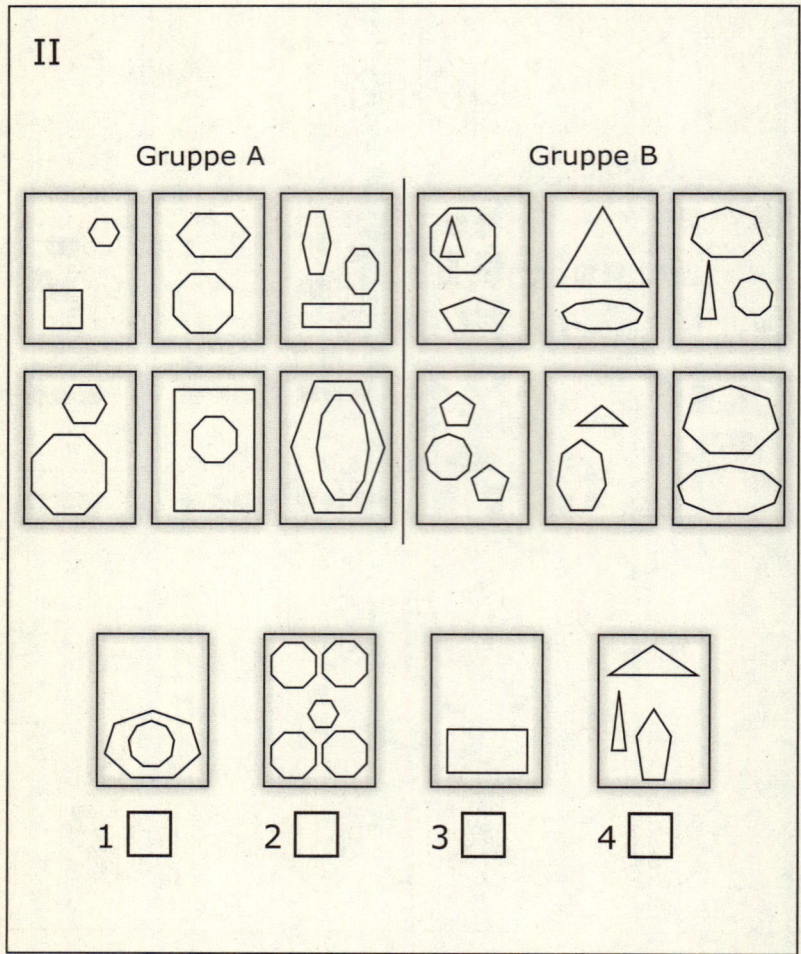

II

Gruppe A   Gruppe B

1 ☐   2 ☐   3 ☐   4 ☐

V16 Welche Würfelansicht setzt die Reihe fort?

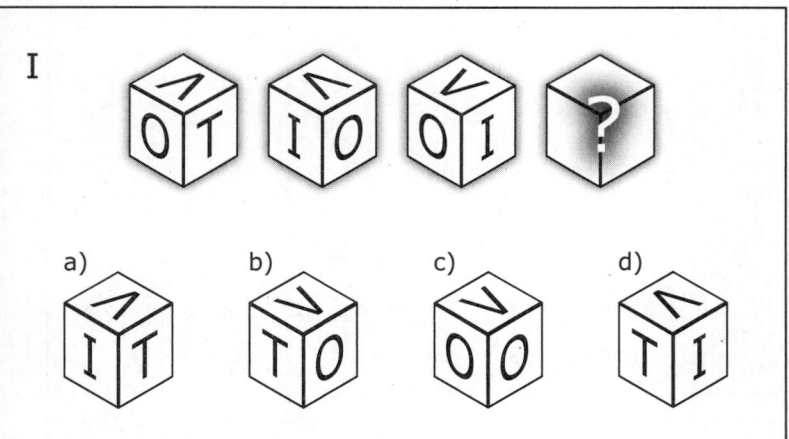

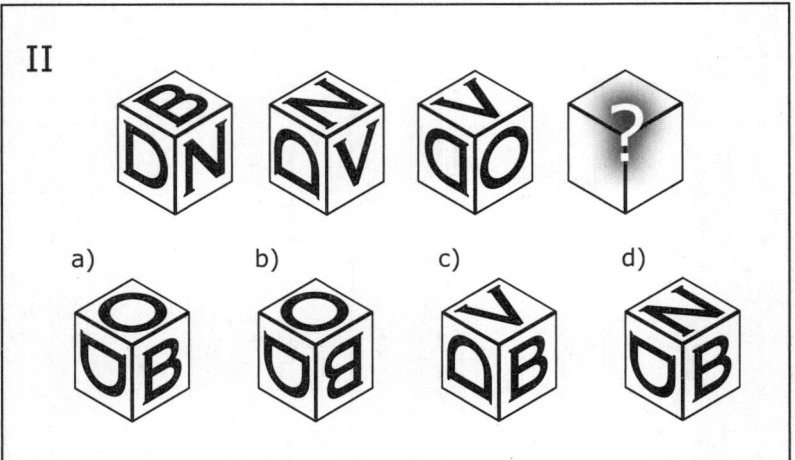

V16 Welche Würfelansicht setzt die Reihe fort?

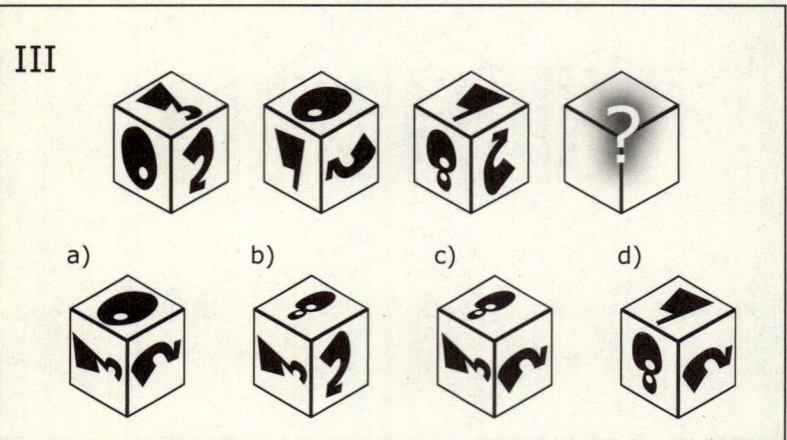

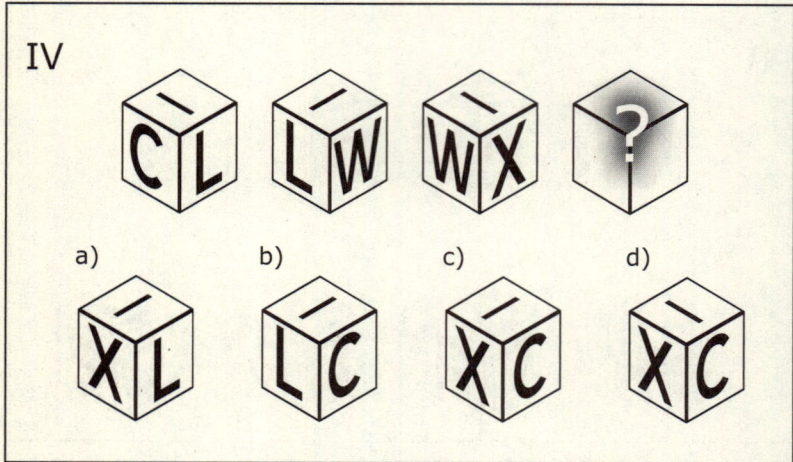

V17 Welche Würfelansicht setzt die Reihe fort?

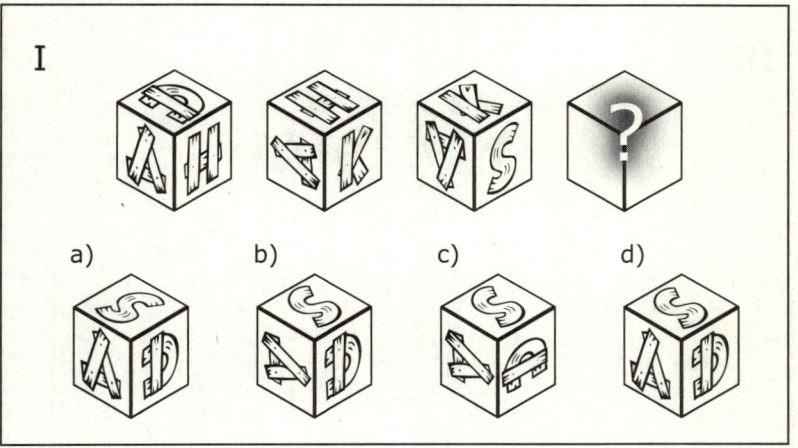

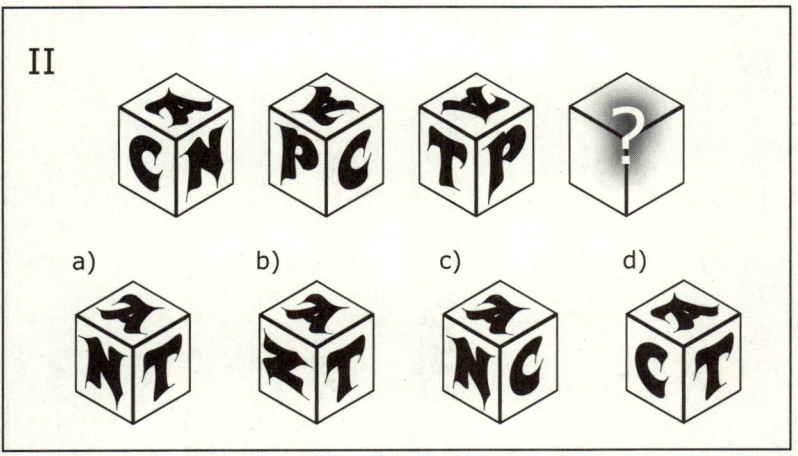

V17 Welche Würfelansicht setzt die Reihe fort?

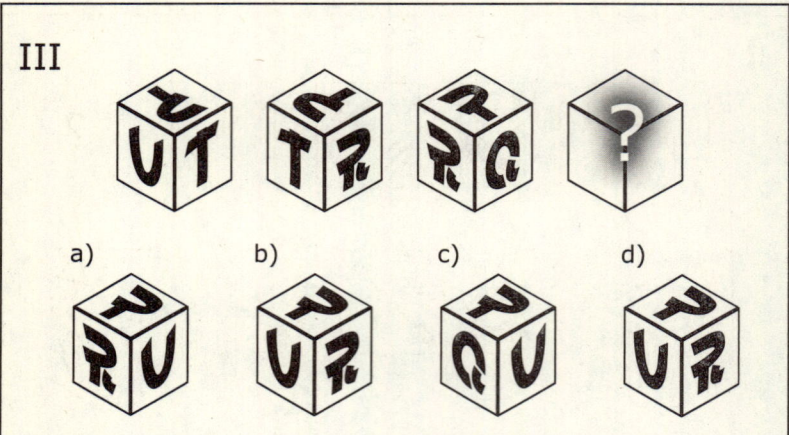

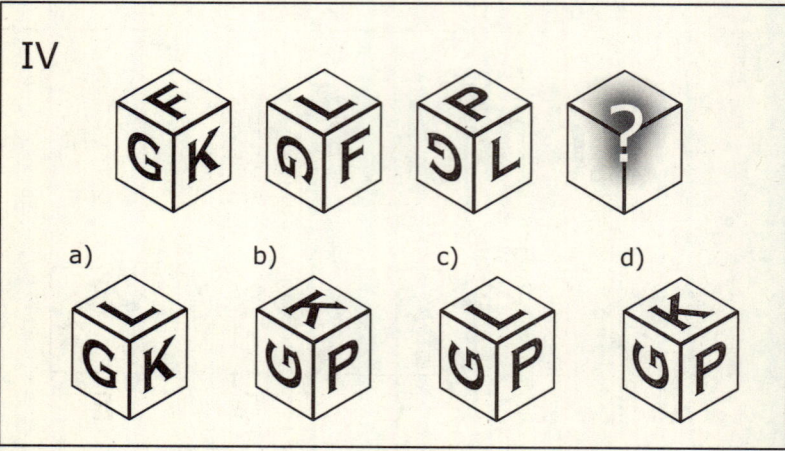

V18

Mit welcher der unten zur Auswahl stehenden Grafiken geht die Reihe jeweils weiter?

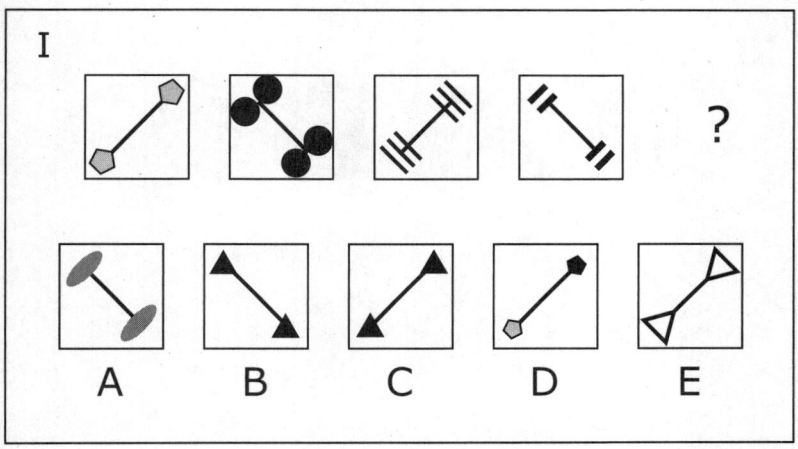

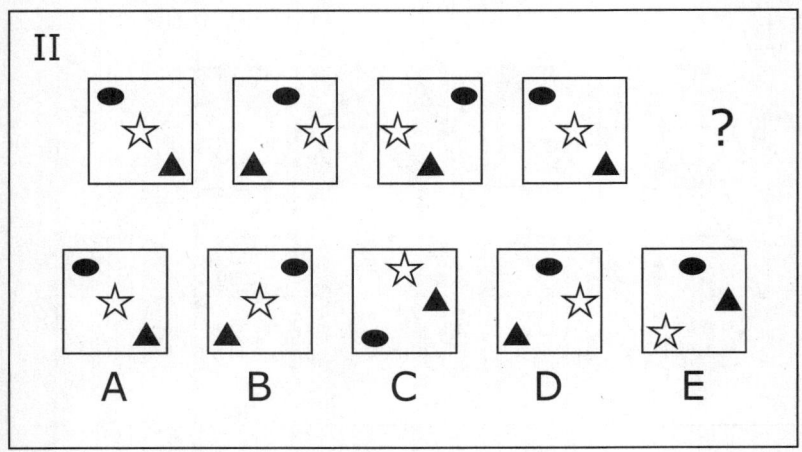

V18

Mit welcher der unten zur Auswahl stehenden Grafiken geht die Reihe jeweils weiter?

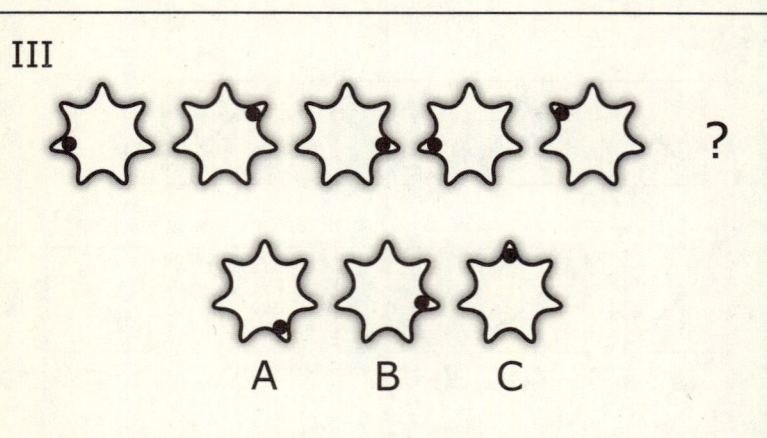

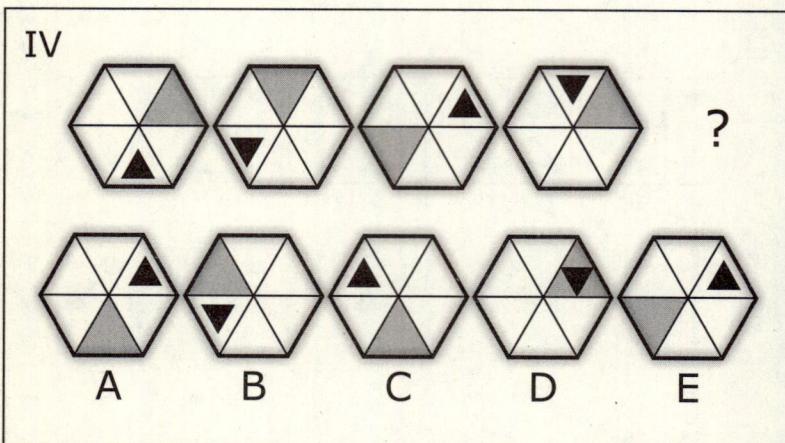

V19

Mit welcher der unten zur Auswahl stehenden Grafiken geht die Reihe jeweils weiter?

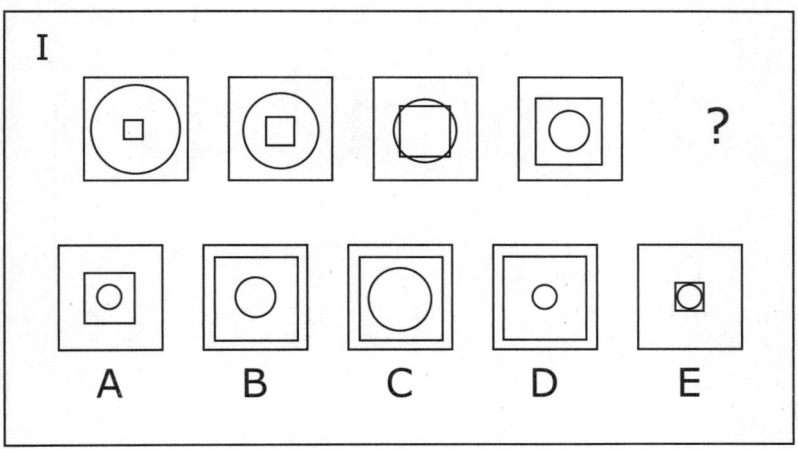

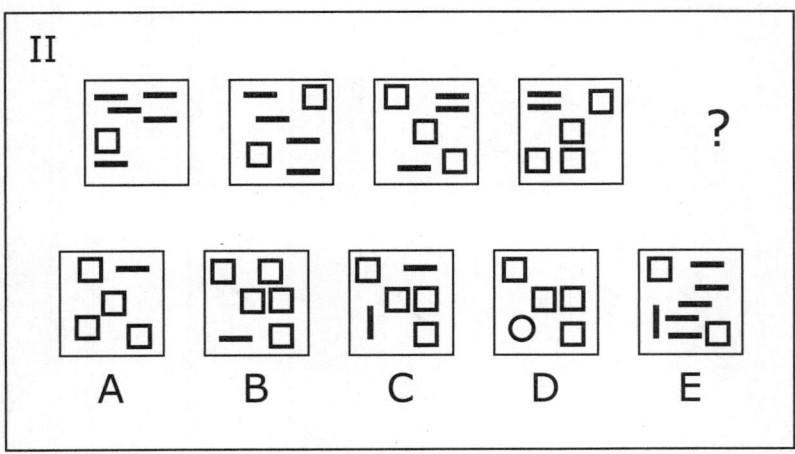

V19 Mit welcher der unten zur Auswahl stehenden Grafiken geht die Reihe jeweils weiter?

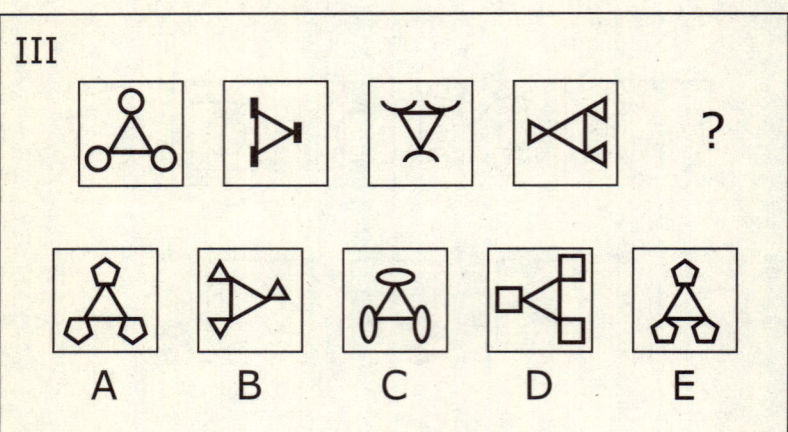

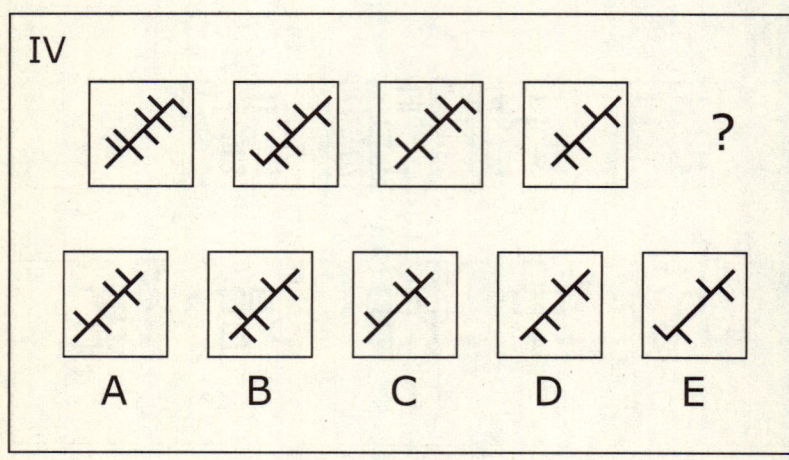

V20

Welches Bild gehört jeweils nicht in die Reihe?

I

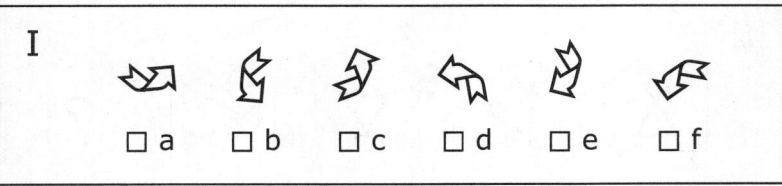

☐ a   ☐ b   ☐ c   ☐ d   ☐ e   ☐ f

II

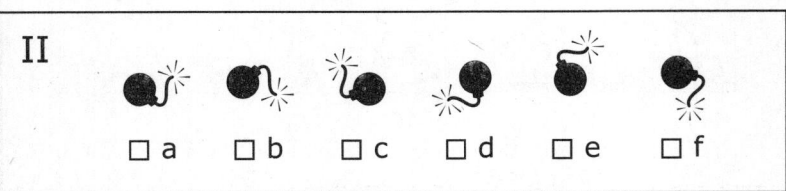

☐ a   ☐ b   ☐ c   ☐ d   ☐ e   ☐ f

III

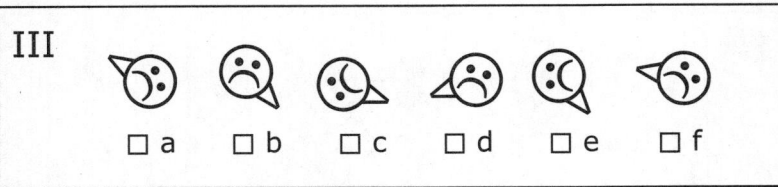

☐ a   ☐ b   ☐ c   ☐ d   ☐ e   ☐ f

IV

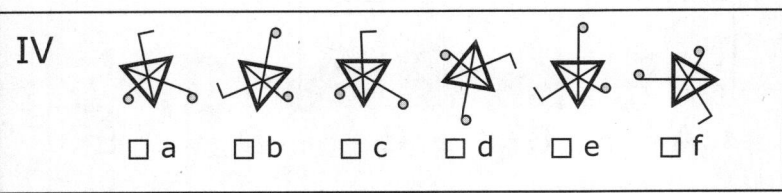

☐ a   ☐ b   ☐ c   ☐ d   ☐ e   ☐ f

V20 Welches Bild gehört jeweils nicht in die Reihe?

V

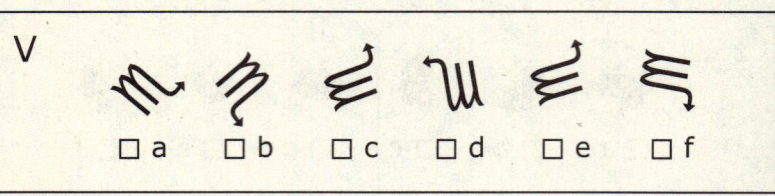

☐ a ☐ b ☐ c ☐ d ☐ e ☐ f

VI

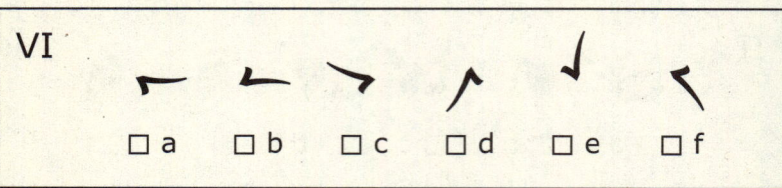

☐ a ☐ b ☐ c ☐ d ☐ e ☐ f

VII

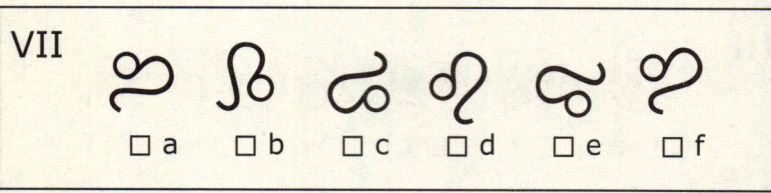

☐ a ☐ b ☐ c ☐ d ☐ e ☐ f

VIII

☐ a ☐ b ☐ c ☐ d ☐ e ☐ f

V21 Welches Bild gehört jeweils nicht in die Reihe?

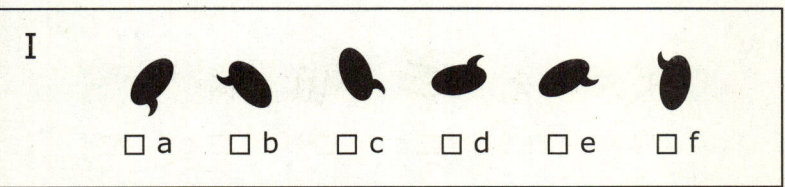

I □ a □ b □ c □ d □ e □ f

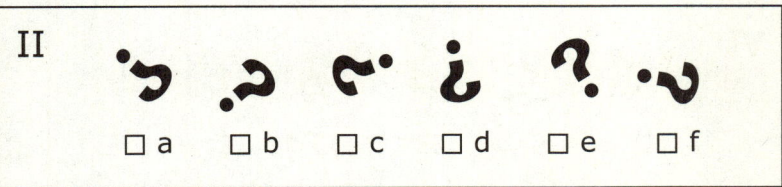

II □ a □ b □ c □ d □ e □ f

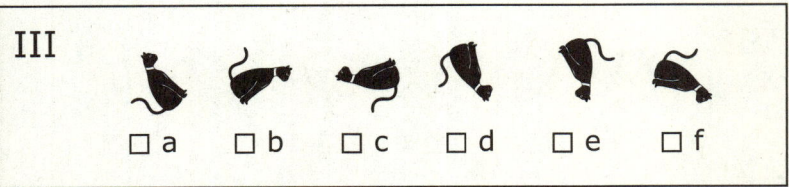

III □ a □ b □ c □ d □ e □ f

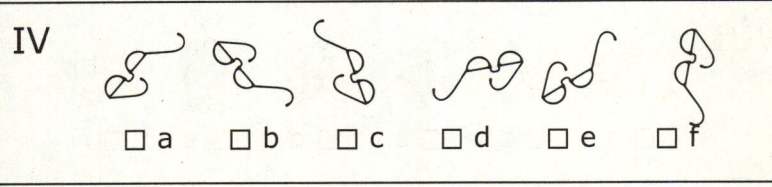

IV □ a □ b □ c □ d □ e □ f

V21 Welches Bild gehört jeweils nicht in die Reihe?

V

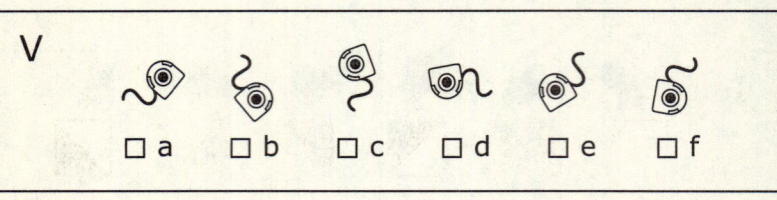

☐ a   ☐ b   ☐ c   ☐ d   ☐ e   ☐ f

VI

☐ a   ☐ b   ☐ c   ☐ d   ☐ e   ☐ f

VII

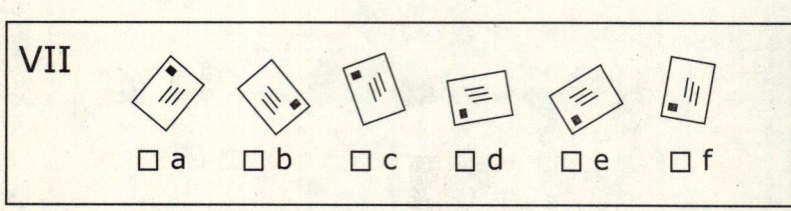

☐ a   ☐ b   ☐ c   ☐ d   ☐ e   ☐ f

VIII

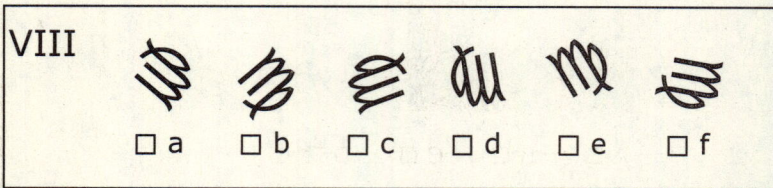

☐ a   ☐ b   ☐ c   ☐ d   ☐ e   ☐ f

V22

Setzen Sie die sechs Mosaikbausteine entsprechend dem Plan rechts gedanklich zusammen. Vergleichen Sie dies mit der Vorgabe links. In welchem Bereich (A bis D) steckt ein Fehler?

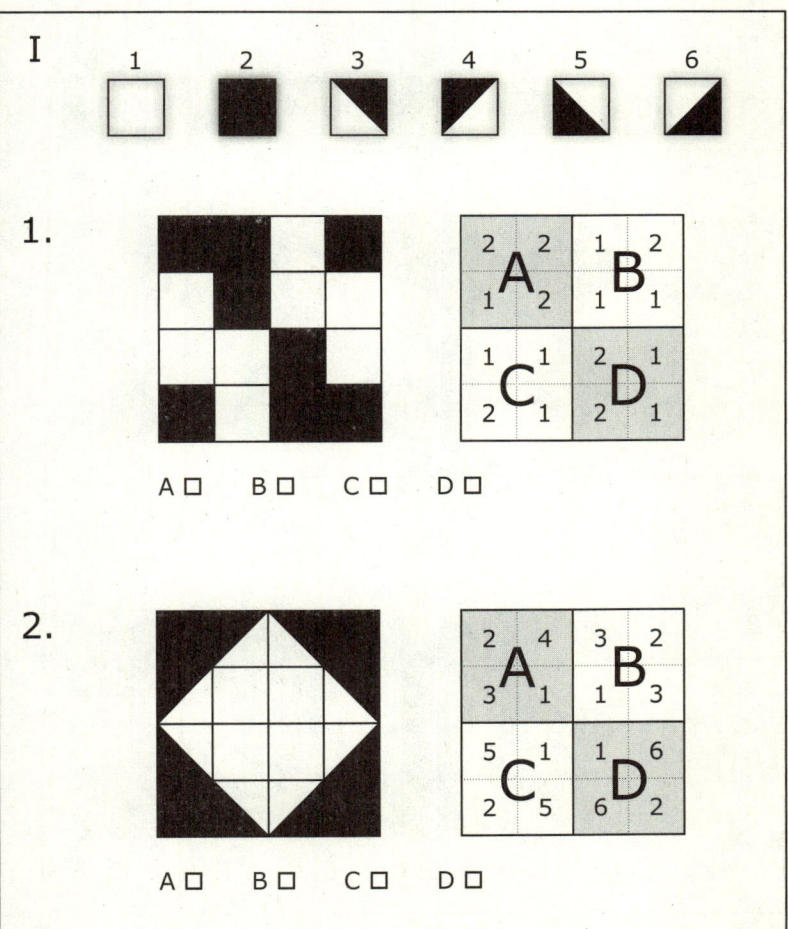

V22

Setzen Sie die sechs Mosaikbausteine entsprechend dem Plan rechts gedanklich zusammen. Vergleichen Sie dies mit der Vorgabe links. In welchem Bereich (A bis D) steckt ein Fehler?

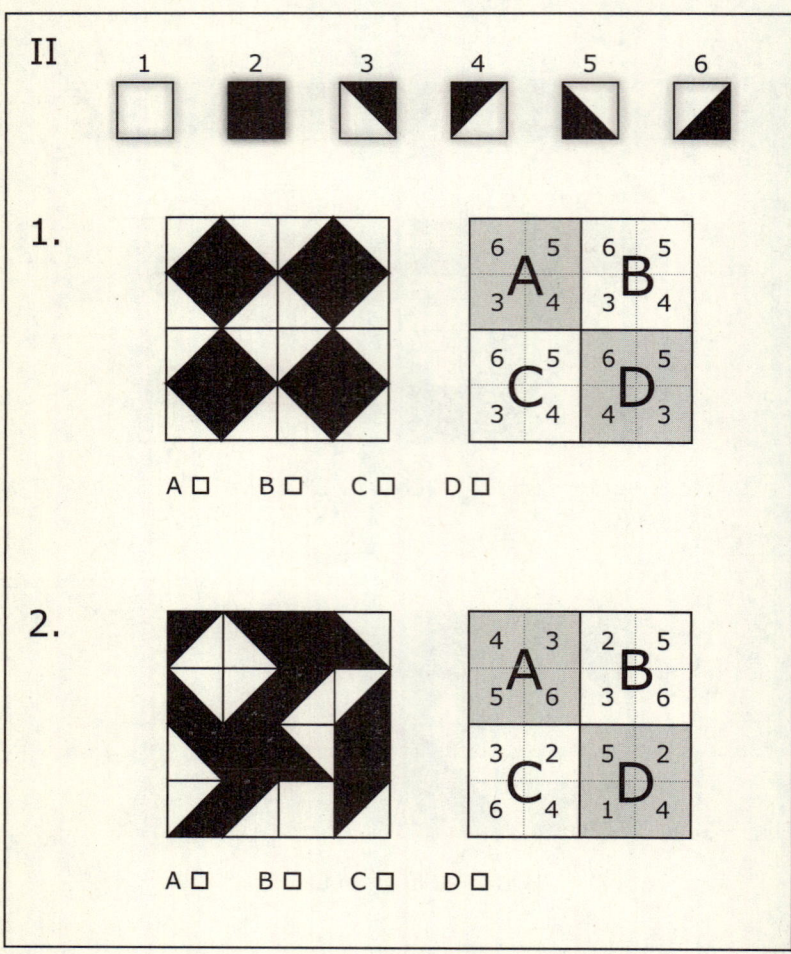

V23

Links und rechts des Gleichheitszeichens sollen sich Grafik-Paare gegenüberstehen, die in einem analogen Verhältnis zueinander stehen.
Welche Grafik (A bis E) ersetzt das Fragenzeichen?

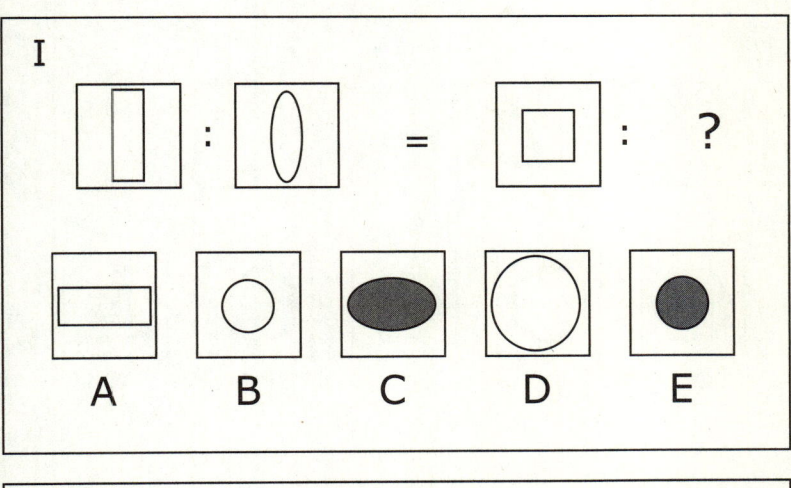

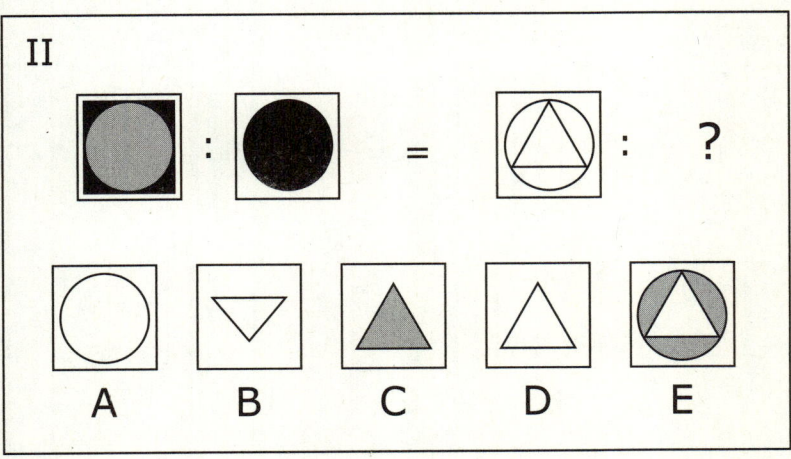

V23

Links und rechts des Gleichheitszeichens sollen sich Grafik-Paare gegenüberstehen, die in einem analogen Verhältnis zueinander stehen.
Welche Grafik (A bis E) ersetzt das Fragezeichen?

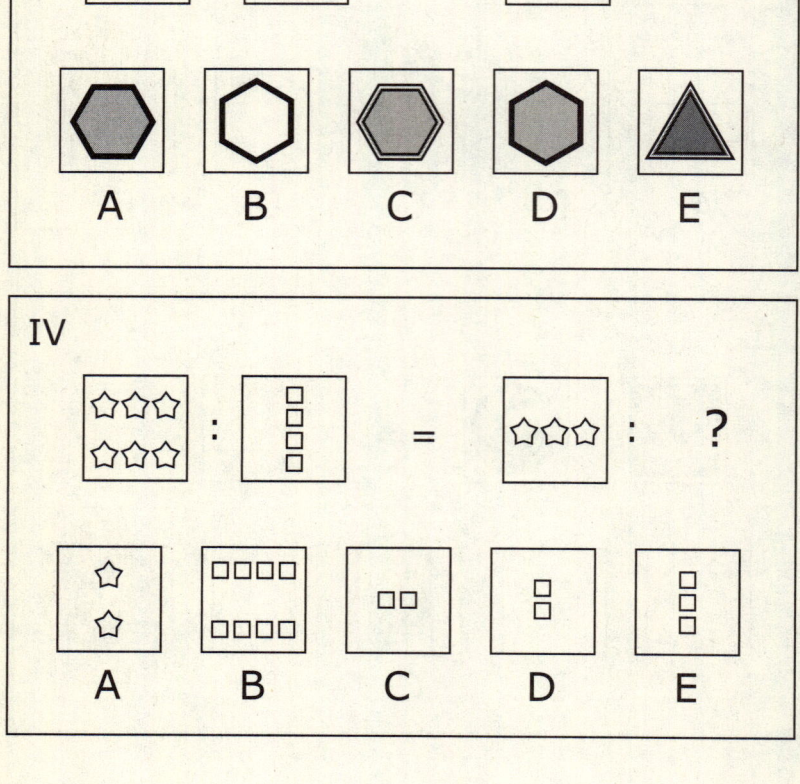

V24

Welcher der Würfel A bis C könnte aus der Abwicklung gefaltet worden sein?

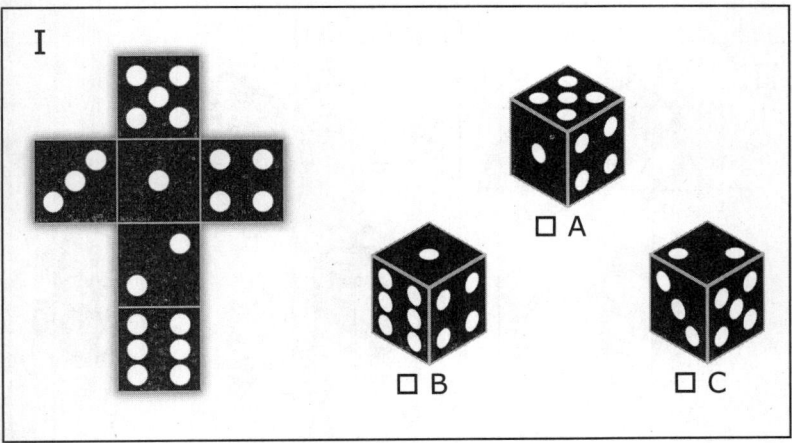

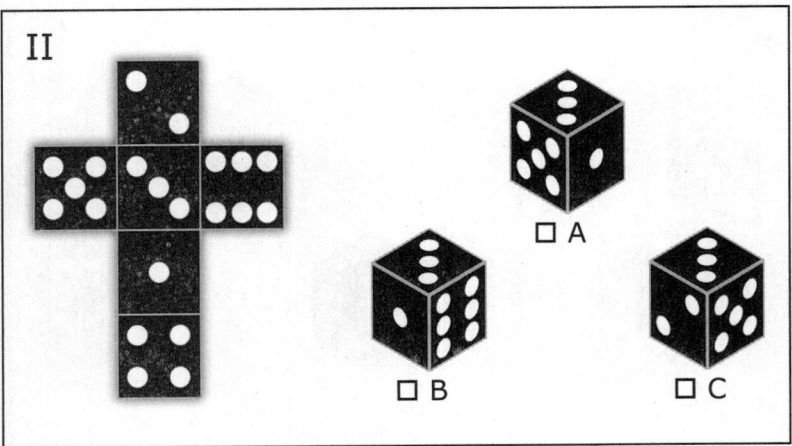

V24

Welcher der Würfel A bis C könnte aus der Abwicklung gefaltet worden sein?

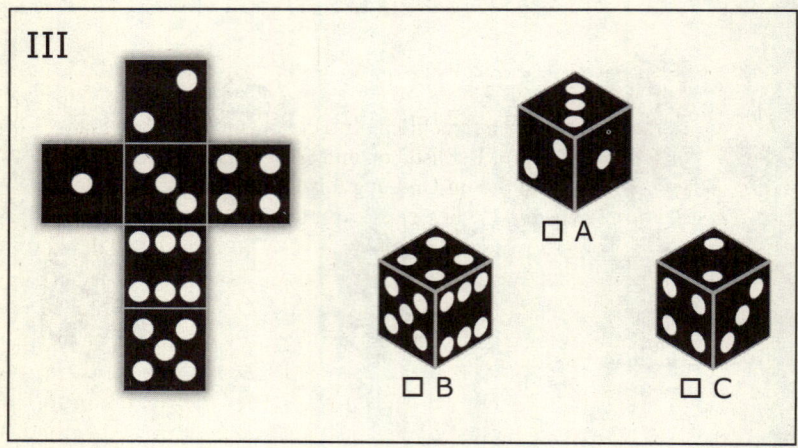

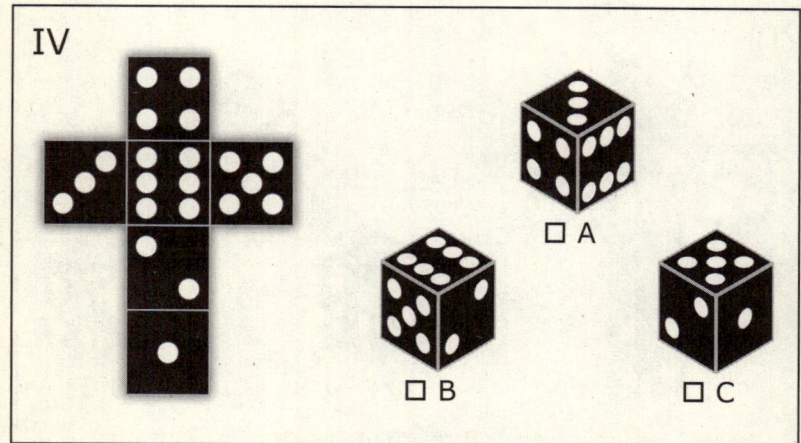

IQ-TRAININGSAUFGABEN FÜR SPRACHLICHE INTELLIGENZ

Dieses Kapitel über sprachliche Intelligenz enthält Übungsaufgaben mit Wörtern, Buchstaben und Sätzen. Hier sollen Sie zeigen, wie vertraut Sie im Umgang mit Wörtern sind. Je größer der Wortschatz und je besser das Wortverständnis, desto besser sind allgemeine Sprachfertigkeiten sowie die Ausdrucksfähigkeit – dieser Zusammenhang ist zumindest statistisch belegt. Wenn Sie also in EATZK die Katze erkennen, beweisen Sie einen wachen, aktiven Wortschatz, der ein starkes Indiz für Sprachkompetenz ist.

Sie können dieses Kapitel daher auch als Wortschatztraining auffassen. Die meisten der 20 unterschiedlichen Aufgabentypen sind leicht zu verstehen. Etwas näher eingehen wollen wir aber auf einige wichtige.

Bedeutungszwitter

Vorgegeben sind zwei Wörter unterschiedlicher Bedeutung. Und dennoch können beide ein und denselben Begriff ersetzen. Diesen Begriff sollen Sie finden. Es ist eine typische Wortschatzaufgabe. Je größer dieser ist, desto leichter kommen Sie auf die Lösung.

Feuer – Passion:

Die Lösung für unser Beispiel ist „Leidenschaft", wobei sich „Feuer" eher auf die Leidenschaft in der Liebe bezieht und „Passion" dagegen in Bezug auf Sammelleidenschaften, außergewöhnliches Interesse o. Ä. verwendet wird.

Redensarten und Sprichwörter

Redensarten sind ein beliebtes Aufgabengebiet. Die Möglichkeit der Auswertung und damit Messbarkeit der sprachlichen Intelligenz ist hier jedoch etwas umstritten, da es regionale Unterschiede im Gebrauch von Redensarten gibt. Dennoch sollten Ihnen die allermeisten geläufig sein und leicht von den Lippen kommen.

Als Beispiel sei hier diese Variante dargestellt:
Setzen Sie im nachfolgenden Satz den fehlenden redensartlichen Ausdruck ein.

> ## Wenn es gerade bei Kleinigkeiten große Probleme geben kann, dann steckt der _____ im Detail.
>
> *(- ein Wort -)*

Die Lösung ist hier „Teufel".

Training des sprachlichen IQ

20 Aufgabenarten warten hier auf Sie, in denen Sie Ihr sprachliches, wortgebundenes Denken IQ-spezifisch trainieren können. Viele dieser Übungen haben einen hohen Unterhaltungswert. Wir wünschen daher viel Spaß beim fleißigen Trainieren.

S1

Finden Sie ein Wort, das dieselbe Bedeutung haben kann wie die beiden vorgegebenen.

I

Wiese – Flitzen

_____

II

Tanz – Kugel

_____

III

Beschuss – Brand

_____

IV

Vergnügen – Tritt

_____

S1

Finden Sie ein Wort, das dieselbe Bedeutung haben kann wie die beiden vorgegebenen.

V

Verkehrszeichen – Abwehrmittel

_____

VI

Banner – Alkoholgeruch

_____

VII

Geschenk – Fähigkeit

_____

VIII

Schienenfahrzeug – Schneise

_____

S2

Welches Wort passt nicht zu den anderen?

I

- ☐ a) U-Boot
- ☐ b) Taucher
- ☐ c) Fisch
- ☐ d) Kanu

II

- ☐ a) Nadel
- ☐ b) Säge
- ☐ c) Messer
- ☐ d) Schere

III

- ☐ a) Delfin
- ☐ b) Hai
- ☐ c) Fasan
- ☐ d) Schnabeltier

IV

- ☐ a) Tabak
- ☐ b) Kobold
- ☐ c) Indiz
- ☐ d) Kurier

S2   Welches Wort passt nicht zu den anderen?

V

☐ a) Streit   ☐ b) Predigt

☐ c) Diskussion   ☐ d) Unterhaltung

VI

☐ a) Fuß   ☐ b) Kinn

☐ c) Ohr   ☐ d) Lunge

VII

☐ a) Baum   ☐ b) Auto

☐ c) Flucht   ☐ d) Pullover

VIII

☐ a) Treppe   ☐ b) Weg

☐ c) Straße   ☐ d) Ausgang

S3

Einer der jeweils vier Sätze drückt keine Meinung, sondern eine Tatsache aus.

I

☐ a) Zu Rindfleisch passt am besten roter Wein.

☐ b) Bei einem Wetterumschwung bekommen viele Menschen Kopfschmerzen.

☐ c) Die Wirtschaft stagniert, weil viele Menschen zu wenig verdienen.

☐ d) Der Gebrauch von Computern führt zu sozialer Verarmung.

II

☐ a) Kunststoffe im Haushalt sind ein Indiz für unnatürliche Lebensweise.

☐ b) Alle Drogen zerstören die Psyche.

☐ c) Delfine lieben Kinder.

☐ d) Irgendwann wird Leben auf dem Mars möglich sein.

S3

Einer der jeweils vier Sätze drückt keine Meinung, sondern eine Tatsache aus.

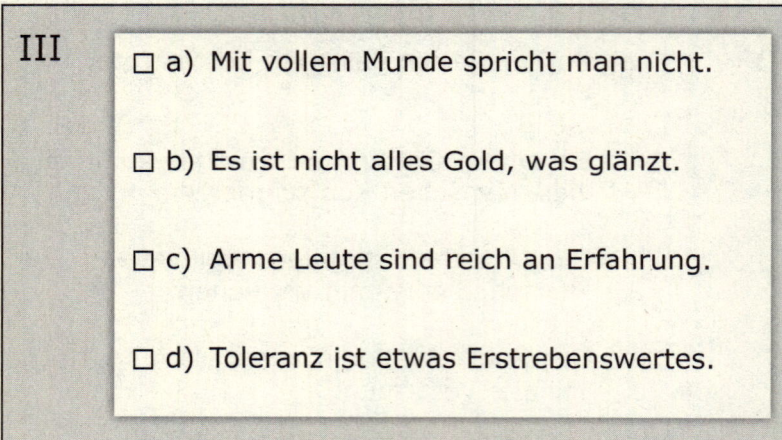

III

☐ a) Mit vollem Munde spricht man nicht.

☐ b) Es ist nicht alles Gold, was glänzt.

☐ c) Arme Leute sind reich an Erfahrung.

☐ d) Toleranz ist etwas Erstrebenswertes.

IV

☐ a) Wenn die Sonne scheint, ist das Wetter schön.

☐ b) Jemand, der taub und blind ist, kann nichts wahrnehmen.

☐ c) Fettige Sachen machen dick.

☐ d) Ein Vegetarier kann auch Fleisch essen.

S4

Welche Alternative passt?

I

In der Schule bekommt jeder Schüler eine ...

☐ a) SINE   ☐ b) EOTN

☐ c) WIZE   ☐ d) IRDE

II

Elektrische Leistung misst man in ...

☐ a) PMEEAR   ☐ b) MGRAM

☐ c) TREEM   ☐ d) TAWT

III

Im Winter gibt es viel ...

☐ a) HENSCE   ☐ b) NENOS

☐ c) GREEN   ☐ d) TIEHZ

S4 Welche Alternative passt?

IV

Ein Schreiner kann gut …

☐ a) SIPNLEN   ☐ b) BEHONL

☐ c) WNBEE   ☐ d) TUPEZN

V

… sieht man vor der Aufführung im Theater.

☐ a) NAGROHV   ☐ b) SUKSEIL

☐ c) LAPSUPA   ☐ d) SEULEFUOFS

VI

Die meisten Autos fahren mit …

☐ a) LÖ   ☐ b) MORST

☐ c) INNZBE   ☐ d) SERWSA

S5   Führen Sie die Sprichwörter richtig fort.

I

Wer anderen eine Grube gräbt …

☐ a) wird umso tiefer fallen.

☐ b) fällt selbst hinein.

☐ c) sollte einen guten Spaten mitnehmen.

☐ d) braucht keine Freunde.

II

Lieber den Spatz in der Hand als …

☐ a) die Henne auf dem Mist.

☐ b) das Nilpferd in der Achterbahn.

☐ c) den Papagei auf der Schulter.

☐ d) die Taube auf dem Dach.

S5

Führen Sie die Sprichwörter richtig fort.

III

Die Axt im Haus …

☐ a) erspart den Zimmermann.

☐ b) braucht Holz vor der Hütte.

☐ c) ist wie der Elefant im Porzellanladen.

☐ d) schwingt nur der Herr im Haus.

IV

Je später der Abend …

☐ a) desto dunkler die Nacht.

☐ b) desto früher ist's morgen.

☐ c) desto besser der Wein.

☐ d) desto schöner die Gäste.

S6 Finden Sie die beiden zusammengehörenden Begriffe.

I
- ☐ a) Athen
- ☐ b) Akropolis
- ☐ c) Mittelmeer
- ☐ d) Rom
- ☐ e) Kreta
- ☐ f) Atlantis

II
- ☐ a) Formular
- ☐ b) Beamter
- ☐ c) Geld
- ☐ d) Kuvert
- ☐ e) Zoll
- ☐ f) Briefmarke

III
- ☐ a) Rote Karte
- ☐ b) Kopfball
- ☐ c) Elfmeter
- ☐ d) Flanke
- ☐ e) Torwart
- ☐ f) Rasen

S6

Finden Sie die beiden zusammengehörenden Begriffe.

IV

☐ a) Efeu   ☐ b) Erdbeere

☐ c) Löwenzahn ☐ d) Basilikum

☐ e) Kartoffel ☐ f) Thymian

V

☐ a) Bleistift ☐ b) Füller

☐ c) Computer ☐ d) Filzstift

☐ e) Zettel   ☐ f) Drucker

VI

☐ a) Farbe   ☐ b) Ausstellung

☐ c) Leinwand ☐ d) Walze

☐ e) Palette   ☐ f) Rahmen

S7 Sie sehen jeweils zwei Begriffpaare. In der unteren Zeile fehlt ein Begriff – bitte ergänzen Sie entsprechend.

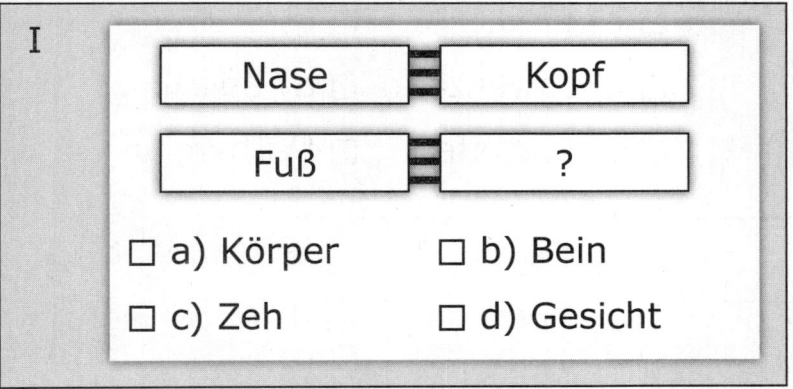

I

Nase ≡ Kopf

Fuß ≡ ?

☐ a) Körper   ☐ b) Bein

☐ c) Zeh   ☐ d) Gesicht

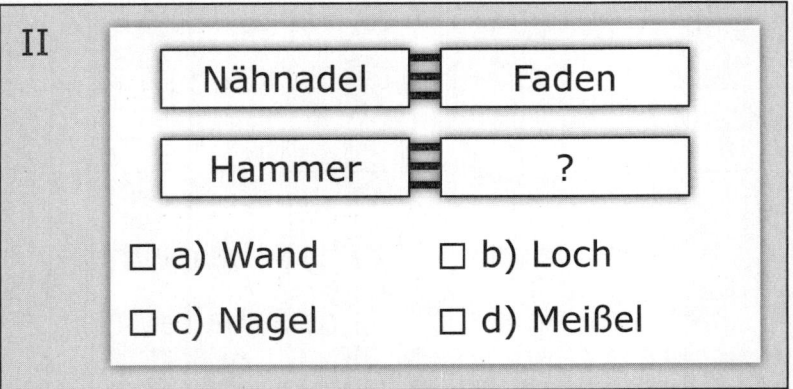

II

Nähnadel ≡ Faden

Hammer ≡ ?

☐ a) Wand   ☐ b) Loch

☐ c) Nagel   ☐ d) Meißel

S7

Sie sehen jeweils zwei Begriffpaare. In der unteren Zeile fehlt ein Begriff – bitte ergänzen Sie entsprechend.

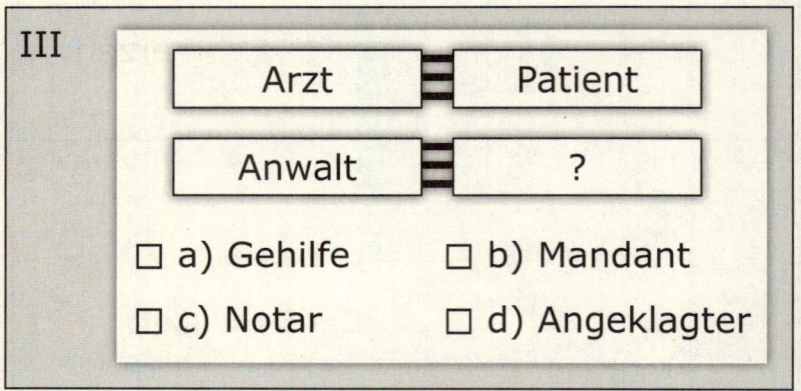

III

| Arzt | Patient |
| Anwalt | ? |

☐ a) Gehilfe   ☐ b) Mandant

☐ c) Notar   ☐ d) Angeklagter

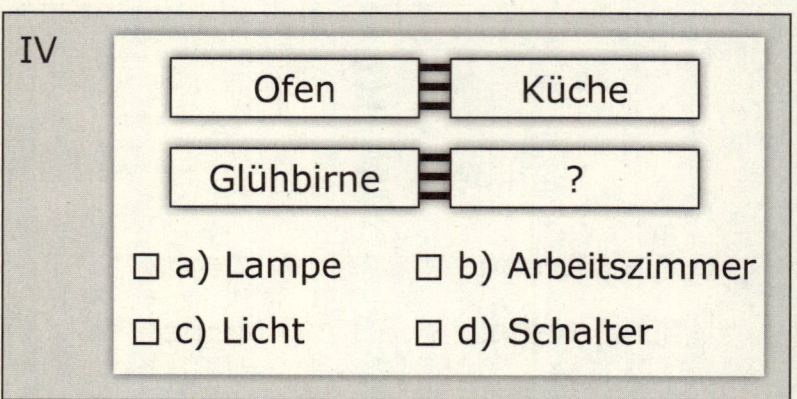

IV

| Ofen | Küche |
| Glühbirne | ? |

☐ a) Lampe   ☐ b) Arbeitszimmer

☐ c) Licht   ☐ d) Schalter

S8

In der Mitte fehlt ein Brückenwort, welches das erste Wort abschließt und das zweite beginnt. Ergänzen Sie.

I

Flaschen _____ Schmerzen

II

Kopf _____ Tuch

III

Sitz _____ Wolf

IV

Farben _____ Regel

S8

In der Mitte fehlt ein Brückenwort, welches das erste
Wort abschließt und das zweite beginnt. Ergänzen Sie.

V

Sand ☐ Haube

VI

Feld ☐ Kabel

VII

Schloss ☐ Bau

VIII

Ober ☐ Graf

S9

Finden Sie ein Wort, das den gemeinsamen Oberbegriff zu den beiden vorgegebenen Wörtern bildet.

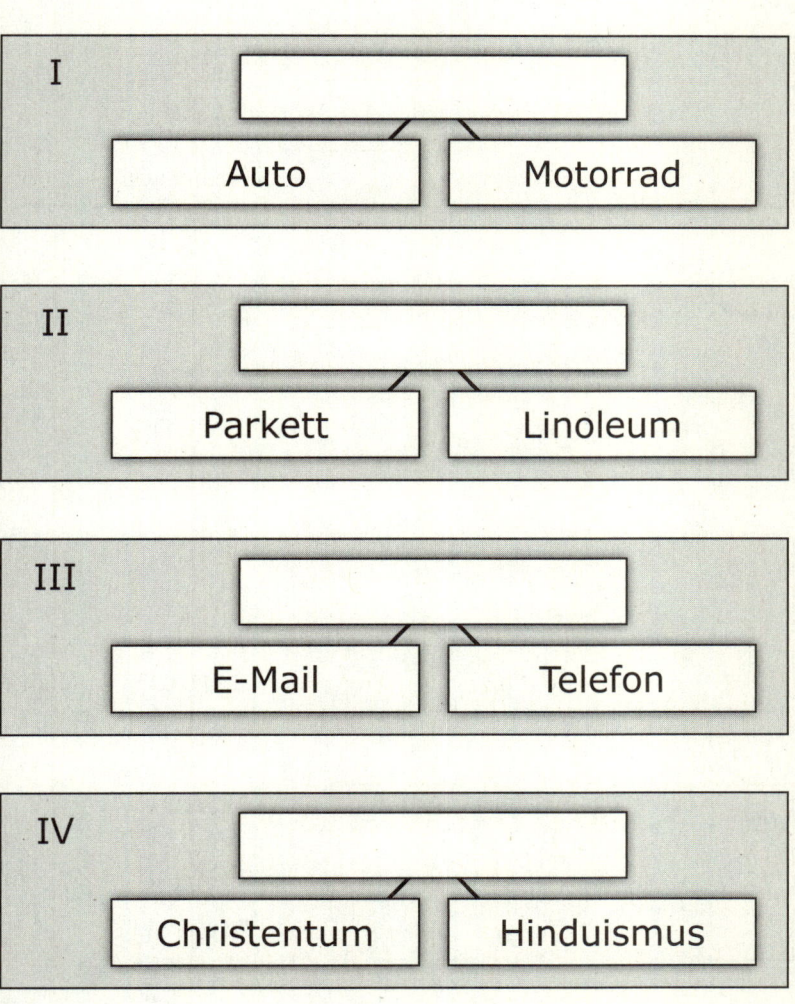

I

Auto	Motorrad

II

Parkett	Linoleum

III

E-Mail	Telefon

IV

Christentum	Hinduismus

S9

Finden Sie ein Wort, das den gemeinsamen Oberbegriff zu den beiden vorgegebenen Wörtern bildet.

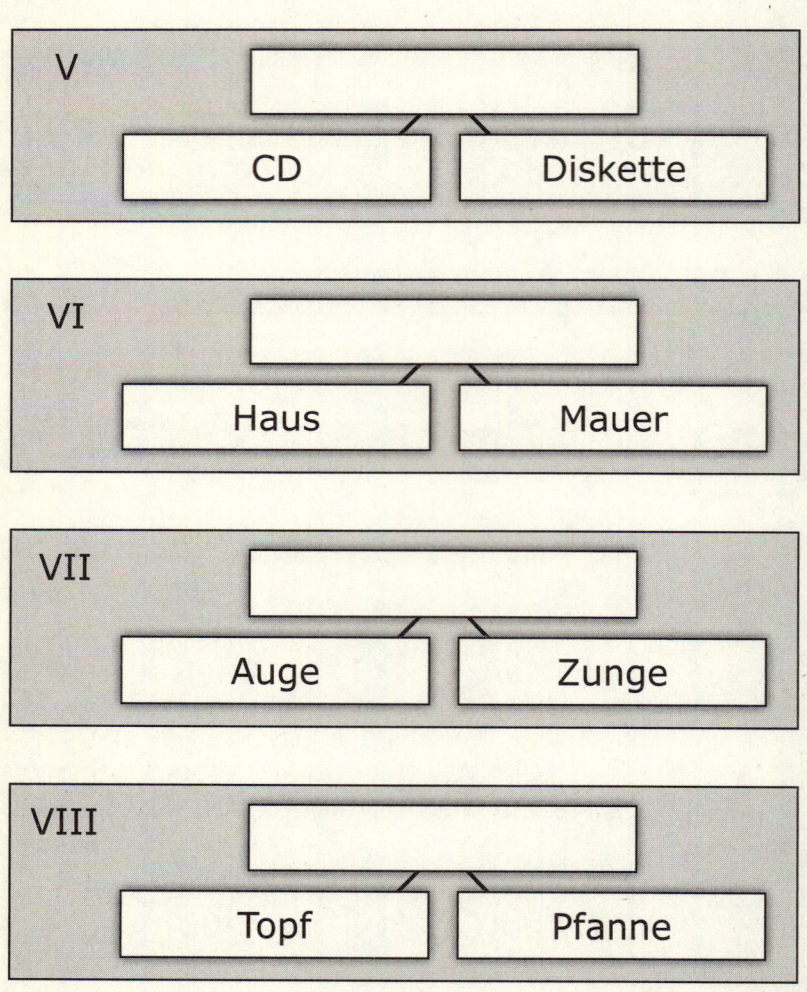

V

CD   Diskette

VI

Haus   Mauer

VII

Auge   Zunge

VIII

Topf   Pfanne

S10 Bei den folgenden Wörtern fehlen am Ende bzw. am Anfang dieselben Buchstaben. Ergänzen Sie sie!

I

Ach _ adel

II

Pla _ epp

III

Scheu _ _ ffe

IV

Oli _ _ ntil

S10

Bei den folgenden Wörtern fehlen am Ende bzw. am
Anfang dieselben Buchstaben. Ergänzen Sie sie!

V

Kas _ _ _ _ er

VI

Mör _ _ _ um

VII

Gat _ _ _ te

VIII

Ten _ _ bit

S11

Finden Sie den logisch richtigen nächsten Satz bzw. führen Sie den Satz logisch richtig fort.

I

Zuerst besuchten sie Anna. Dann fuhren sie weiter zu Berta. Danach waren sie bei Conrad.

☐ a) Tags darauf gingen sie zu Helga.

☐ b) Am Schluss fuhren sie zu Dieter.

☐ c) Zuvor hatten sie Doris besucht.

☐ d) Letztlich fuhren sie zu Hilde.

II

Dies waren ihre Geschenke: Karl hatte ein Fahrrad bekommen, Ludwig einen Golfschläger, Max ein Hemd und ...

☐ a) Oskar ein Instrument.

☐ b) Isidor eine Nähmaschine.

☐ c) Nora ein Schaukelpferd.

☐ d) Norbert ein Indianerzelt.

S11

Finden Sie den logisch richtigen nächsten Satz bzw. führen Sie den Satz logisch richtig fort.

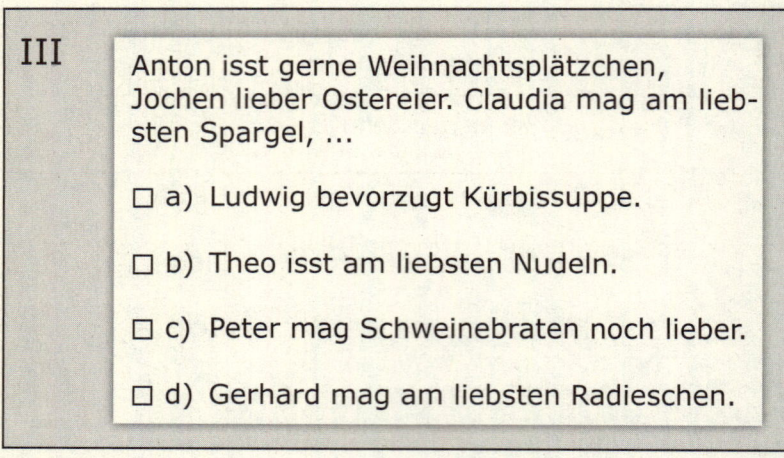

III

Anton isst gerne Weihnachtsplätzchen, Jochen lieber Ostereier. Claudia mag am liebsten Spargel, ...

☐ a) Ludwig bevorzugt Kürbissuppe.

☐ b) Theo isst am liebsten Nudeln.

☐ c) Peter mag Schweinebraten noch lieber.

☐ d) Gerhard mag am liebsten Radieschen.

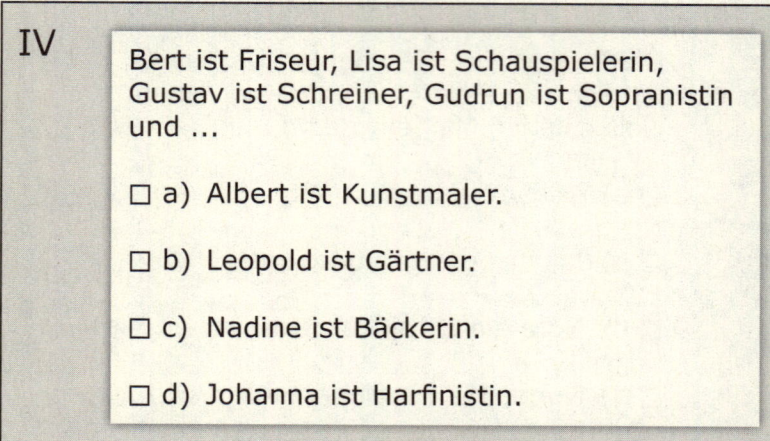

IV

Bert ist Friseur, Lisa ist Schauspielerin, Gustav ist Schreiner, Gudrun ist Sopranistin und ...

☐ a) Albert ist Kunstmaler.

☐ b) Leopold ist Gärtner.

☐ c) Nadine ist Bäckerin.

☐ d) Johanna ist Harfinistin.

S12 Tragen Sie das fehlende Wort in die Klammer ein.

I

K + (_____) = Gelenk
zu keiner Zeit

II

F + (_____) = Kälte
Korrosion

III

S + (_____) = Stockung
Niederschlag

IV

F + (_____) = Festlichkeit
Gelege

S12 Tragen Sie das fehlende Wort in die Klammer ein.

V

B + (_____) = Laib

Signalfarbe

VI

St + (_____) = Posse

wohlhabend

VII

P + (_____) = Bündnis

Nacktmalerei

VIII

K + (_____) = enges Tal

Schaf

S13 Welches Wortende kann all diesen Wortanfängen hinten angesetzt werden?

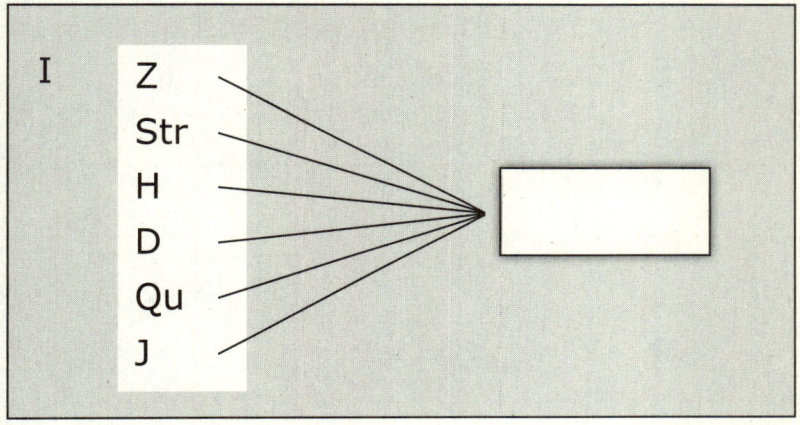

I
Z
Str
H
D
Qu
J

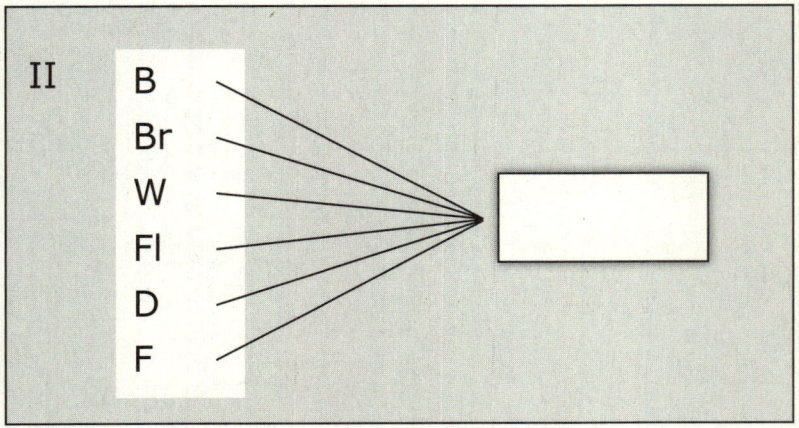

II
B
Br
W
Fl
D
F

S13

Welches Wortende kann all diesen Wortanfängen hinten angesetzt werden?

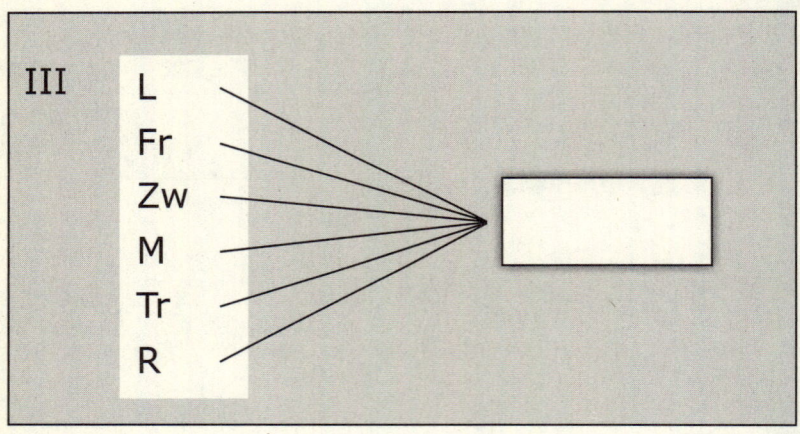

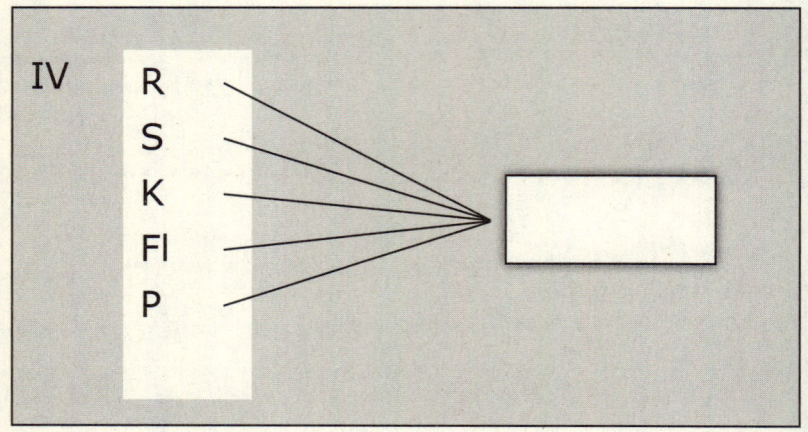

S14 Welcher Begriff ähnelt dem Vorgegebenen am meisten?

I

eindeutig

☐ a) unmissverständlich ☐ b) sicher
☐ c) einheitlich ☐ d) zutreffend

II

Expansion

☐ a) Auslieferung ☐ b) Entwicklung
☐ c) Forschungsreise ☐ d) Ausdehnung

III

Vorwand

☐ a) Notlüge ☐ b) Einspruch
☐ c) Scheingrund ☐ d) Ausflucht

S14 Welcher Begriff ähnelt dem Vorgegebenen am meisten?

IV Gleichmut

- ☐ a) Gelassenheit
- ☐ b) Gleichgültigkeit
- ☐ c) Verständnis
- ☐ d) Frohmut

V reduzieren

- ☐ a) zuweisen
- ☐ b) haushalten
- ☐ c) verringern
- ☐ d) dosieren

VI kontinuierlich

- ☐ a) beständig
- ☐ b) gemeinsam
- ☐ c) fundiert
- ☐ d) fortdauernd

S15 Welche Satzalternative ist wahr?

I
Alle Bücher ....

- ☐ a) sind lesenswert
- ☐ b) sind aus Papier
- ☐ c) haben einen Autor
- ☐ d) haben Kapitel

II
Jeder Engländer ....

- ☐ a) ist auch Brite
- ☐ b) spricht englisch
- ☐ c) lebt in England
- ☐ d) zahlt mit Pfund

III
Autos haben immer ....

- ☐ a) vier Räder
- ☐ b) ein Dach
- ☐ c) einen Kofferraum
- ☐ d) einen Motor

S15 Welche Satzalternative ist wahr?

IV

Gedichte bestehen immer ....

- ☐ a) aus Reimen
- ☐ b) aus Versen
- ☐ c) aus Buchstaben
- ☐ d) aus Worten

V

Zum Schreiben braucht man ....

- ☐ a) Buchstaben
- ☐ b) Papier
- ☐ c) Stift
- ☐ d) Bildung

VI

Söhne sind immer ... als ihre Väter.

- ☐ a) schlauer
- ☐ b) erfolgreicher
- ☐ c) jünger
- ☐ d) kleiner

S16 Setzen Sie die jeweils gesuchte redensartliche Ausdrucksweise ein.

I

Wer jemandem die Macht entreißt, der nimmt ihm das _____ aus der Hand.

II

Wer den Kernpunkt erfasst, der trifft den Nagel _____ _____ _____.

III

Das Wesentliche einer Sache ist das _____ und _____.

S16 Setzen Sie die jeweils gesuchte redensartliche Ausdrucksweise ein.

IV

Wer sehr offen ist, der trägt das _____ auf der Zunge.

V

Wenn das Kind den Eltern nacheifert, dann fällt der _____ _____ _____ vom Stamm.

VI

Wer sich seiner Lebensgrundlage be-raubt, der _____ _____ _____ _____, auf dem er sitzt.

S17 Welcher Begriff drückt am treffendsten das Gegenteil vom vorgegebenen Wort aus?

I

logisch

- ☐ a) widersprüchlich
- ☐ b) unsicher
- ☐ c) uneinheitlich
- ☐ d) unzutreffend

II

unzulänglich

- ☐ a) bedeutend
- ☐ b) übertrieben
- ☐ c) zweckmäßig
- ☐ d) hinreichend

III

absurd

- ☐ a) richtig
- ☐ b) geschickt
- ☐ c) sinnvoll
- ☐ d) angemessen

S17 Welcher Begriff drückt am treffendsten das Gegenteil vom vorgegebenen Wort aus?

IV

Mühsal

☐ a) Gelassenheit   ☐ b) Müßiggang

☐ c) Nachlässigkeit   ☐ d) Leichtigkeit

V

behutsam

☐ a) schlampig   ☐ b) unvorsichtig

☐ c) gewissenlos   ☐ d) mutig

VI

rar

☐ a) zahlreich   ☐ b) oft

☐ c) immer   ☐ d) bekannt

S18 Welcher Wortanfang kann all diesen Wortenden vorne angesetzt werden?

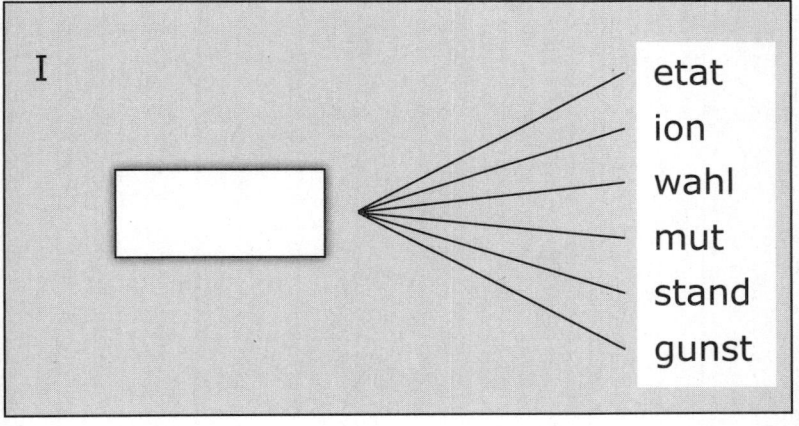

I

etat
ion
wahl
mut
stand
gunst

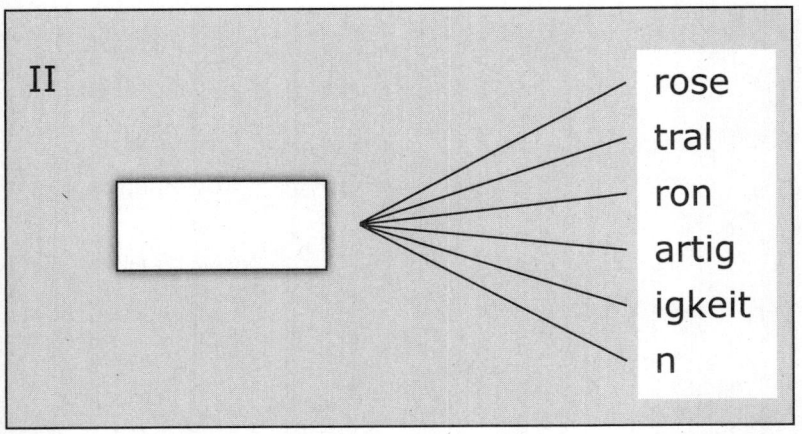

II

rose
tral
ron
artig
igkeit
n

S18

Welcher Wortanfang kann all diesen Wortenden vorne angesetzt werden?

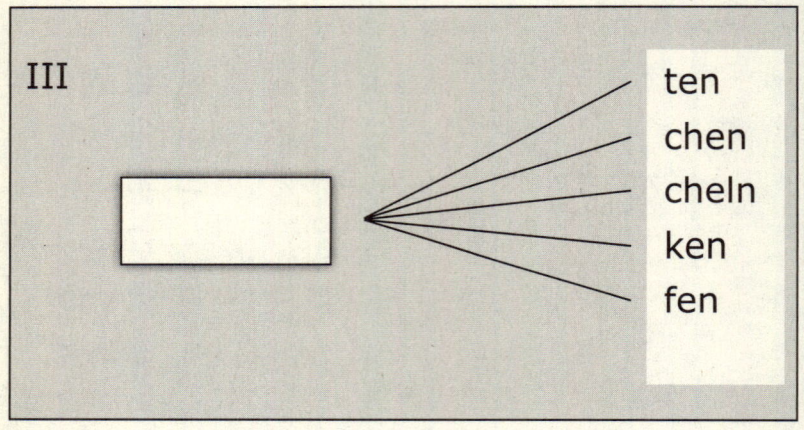

III

- ten
- chen
- cheln
- ken
- fen

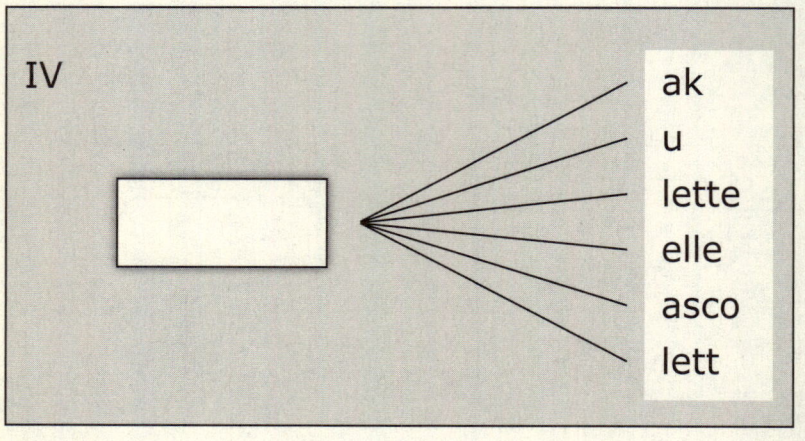

IV

- ak
- u
- lette
- elle
- asco
- lett

S19 Welche Buchstaben stehen hinter den Symbolen?

I

⌘❖END
❖⌘N⌘NE
⌘N❖⌘U
⌘❖❖ITTE

⌘ = _____

❖ = _____

II

❖R⌘I
❖AUN⌘
⌘❖⌘LW⌘ISS
❖⌘SAST⌘R

⌘ = _____

❖ = _____

III

❖⌘ST
⌘❖ER
❖⌘NY
⌘❖ERATI⌘N

⌘ = _____

❖ = _____

S19 Welche Buchstaben stehen hinter den Symbolen?

IV

B⌘AU❖
❖U⌘
⌘ASE❖
⌘E❖❖E❖

⌘ = _____

❖ = _____

V

⌘CH❖AU
❖O⌘
❖A⌘⌘O
⌘A❖TO

⌘ = _____

❖ = _____

VI

❖UR⌘E⌘
⌘O❖
❖U⌘⌘EL
❖O⌘⌘E

⌘ = _____

❖ = _____

S20

Welche zwei Formulierungen haben eine ähnliche Bedeutung?

I

☐ a) etwas zum Ausdruck bringen
☐ b) unter die Gürtellinie schlagen
☐ c) sich im Ton vergreifen
☐ d) den Gürtel enger schnallen
☐ e) über die Stränge schlagen

II

☐ a) nehmen, was einem zusteht
☐ b) sich etwas zu Herzen nehmen
☐ c) das Herz auf der Zunge tragen
☐ d) ein goldenes Herz haben
☐ e) offenherzig sein

III

☐ a) den Vogel abschießen
☐ b) frei wie ein Vogel sein
☐ c) einen Vogel haben
☐ d) auf der Abschussliste stehen
☐ e) größte Triumphe feiern

S20 Welche zwei Formulierungen haben eine ähnliche Bedeutung?

IV

- ☐ a) ein offenes Ohr finden
- ☐ b) Watte in den Ohren haben
- ☐ c) Wer nicht hören will, muss fühlen
- ☐ d) nicht hören wollen
- ☐ e) jemanden in Watte packen

V

- ☐ a) ein Brett vor dem Kopf haben
- ☐ b) eine treulose Tomate sein
- ☐ c) auf Treu und Glauben vertrauen
- ☐ d) Tomaten auf den Augen haben
- ☐ e) Augen wie ein Adler haben

VI

- ☐ a) tief in den Becher schauen
- ☐ b) stille Wasser sind tief
- ☐ c) dem Wein zusprechen
- ☐ d) mit allen Wassern gewaschen sein
- ☐ e) reinen Wein einschenken

IQ-ÜBUNGSTESTS FÜR INTELLIGENZ-KERNBEREICHE

Sich auf IQ-Tests vorzubereiten, indem man diese anhand von Übungstests trainiert, kann zu einem besseren Abschneiden führen – und damit zu einem höheren IQ. Wie auch bei Tests in anderen Lebensbereichen (etwa Schulprüfungen) hat der Fleißige einen legitimen Vorteil.

Training anhand konkreter IQ-Tests

Fünf unterschiedliche, aus einem Aufgabenmix bestehende IQ-Tests warten hier auf Sie. Sie sollten bei allen Aufgaben – unter Beachtung eines Zeitlimits – Ihr Bestes geben, um den Trainingseffekt zu maximieren. Allerdings kann aus dem jeweils erreichten Punktwert kein Rückschluss auf Ihren IQ gezogen werden (denn dafür wäre eine aufwendige empirische Untersuchung notwendig, aus deren Ergebnis die statistische Punkteverteilung abzulesen wäre). Sie werden wahrscheinlich in jedem dieser fünf Übungstests einen anderen Punktwert erzielen, da jeder Test andere Aufgaben und Schwierigkeitsgrade enthält. Vielleicht werden Sie auch nur einen kleinen Anteil der Fragen richtig beantworten, was aber dennoch Ausdruck eines hohen IQ sein könnte.

All das sei hier nebensächlich. Das Positive und Wichtigste, auf das Sie sich hier konzentrieren sollen, ist, dass Sie im Nachhinein besser sind als zuvor!

IQ-ÜBUNGSTEST 1

Umfang: 32 Aufgaben
Zeit: 20 Minuten

1.1   Welche Grafik A bis D ersetzt das Fragezeichen?

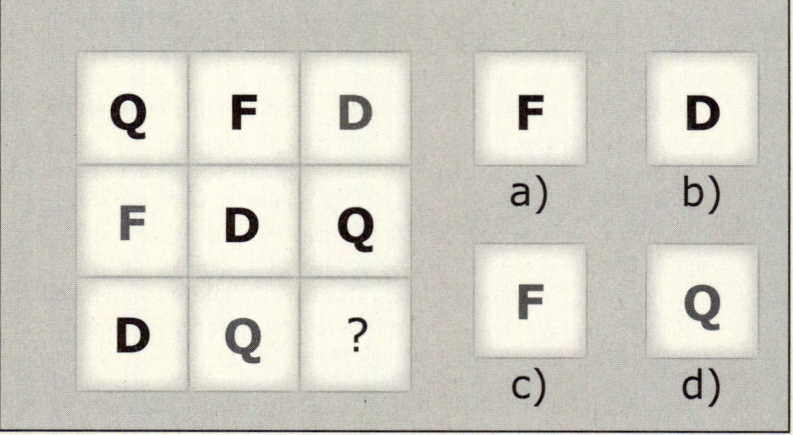

1.2 Welche der rechts zur Auswahl stehenden Zahlen passt in das Feld?

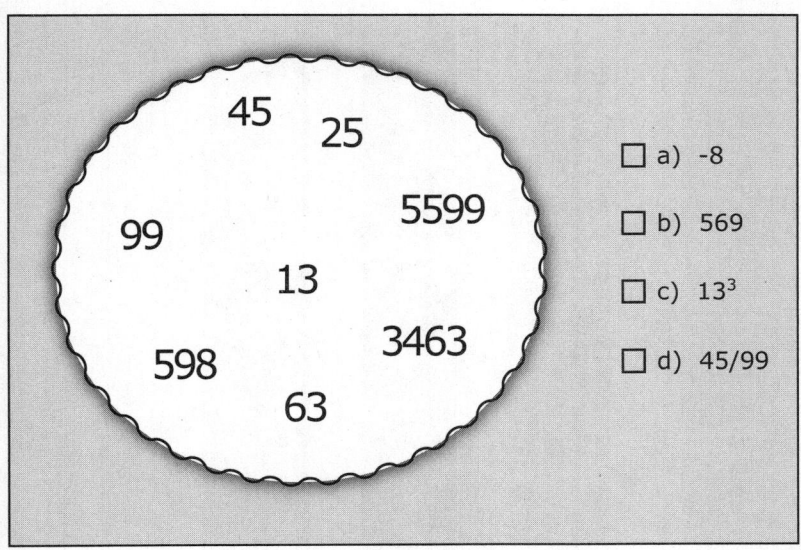

☐ a) -8

☐ b) 569

☐ c) 13^3

☐ d) 45/99

1.3 Finden Sie ein Wort, das dieselbe Bedeutung haben kann wie die beiden vorgegebenen.

Dienstantritt – Punkteausgleich

_____

1.4 Welcher Dominostein passt?

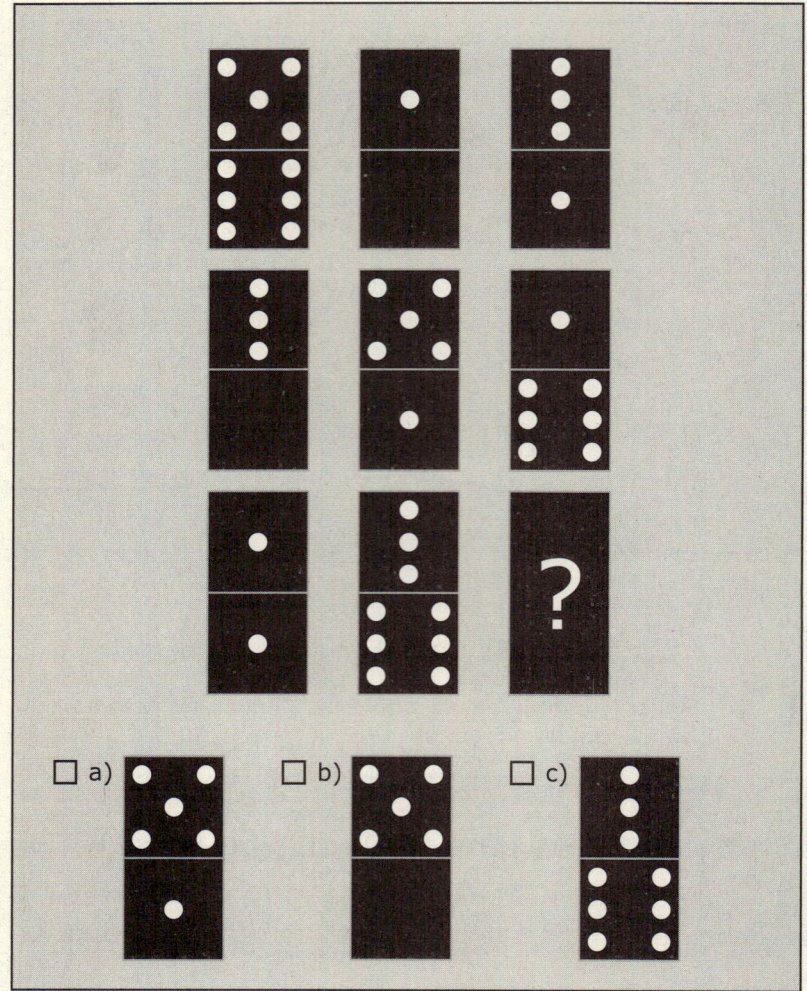

1.5 Welche Grafik A bis D ersetzt das Fragezeichen?

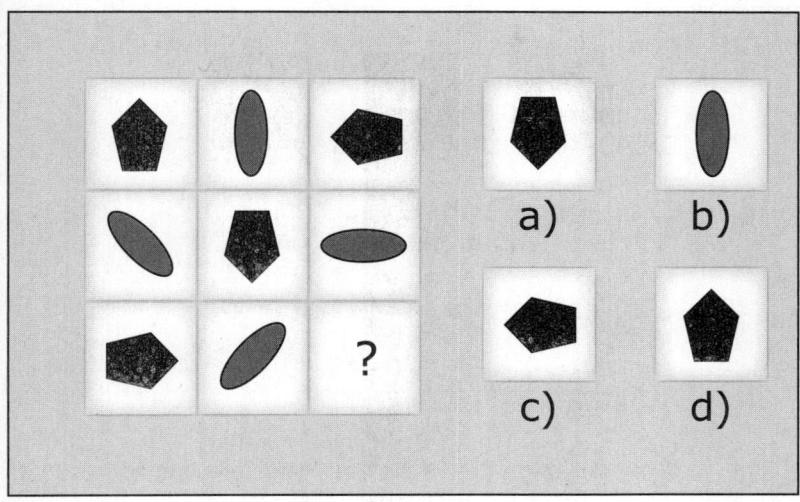

1.6 Welches Wort passt nicht zu den anderen?

☐ a) Muster   ☐ b) Vorbild

☐ c) Modell   ☐ d) Grafik

1.7 Einer der jeweils vier Sätze drückt keine Meinung, sondern eine Tatsache aus.

□ a) Haustiere sind gut für die Entwicklung von Kindern.

□ b) Arbeitszimmer müssen ruhig sein.

□ c) Grünpflanzen brauchen Licht, um wachsen zu können.

□ d) Kaffee trinken macht durstig.

1.8 Was müsste an der Stelle des Fragezeichens stehen?

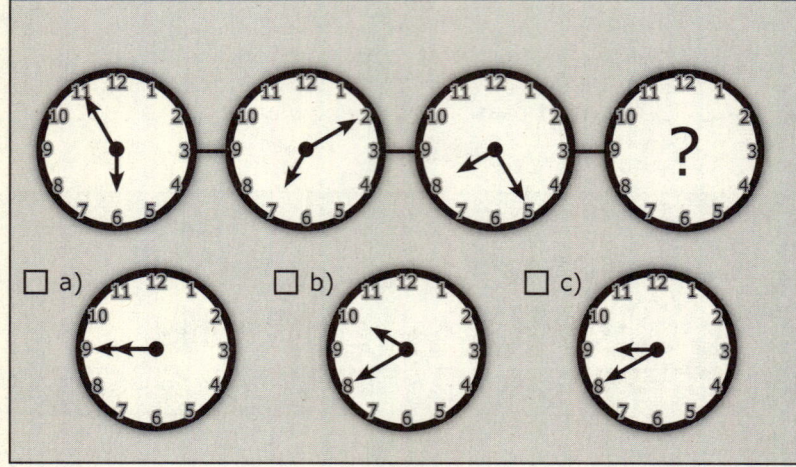

1.9 Nach welcher Zahl ist jeweils gefragt?

Zwei Väter bauen zwei Sand-
burgen in zwei Stunden.
Wie viele Sandburgen bauen drei
Väter in zwei Stunden?

Antwort: ☐ Sandburgen

1.10 Welche Grafik A bis D ersetzt das Fragezeichen?

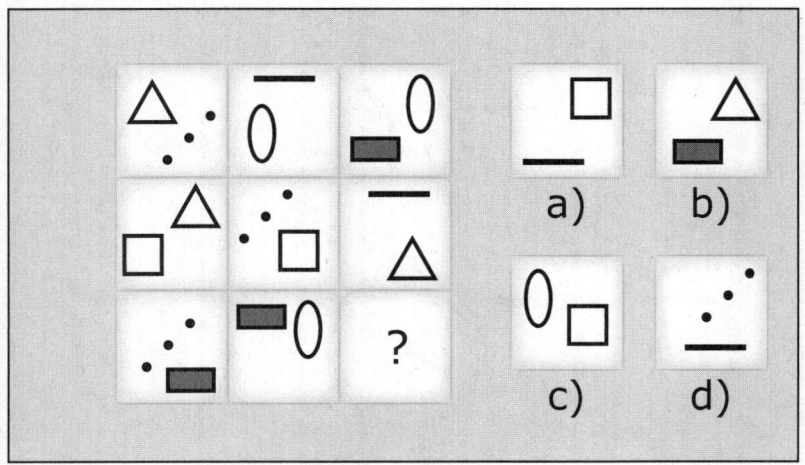

1.11 Welche Zahl vervollständigt das System?

☐ a) 5   ☐ b) 7   ☐ c) 9   ☐ d) 15

1.12 Welche Alternative passt?

Mein Bekannter ist bekennender …

☐ a) HISCTR   ☐ b) TEMISER

☐ c) MCENSH   ☐ d) FARREPR

1.13 Welche Grafik A bis D ersetzt das Fragezeichen?

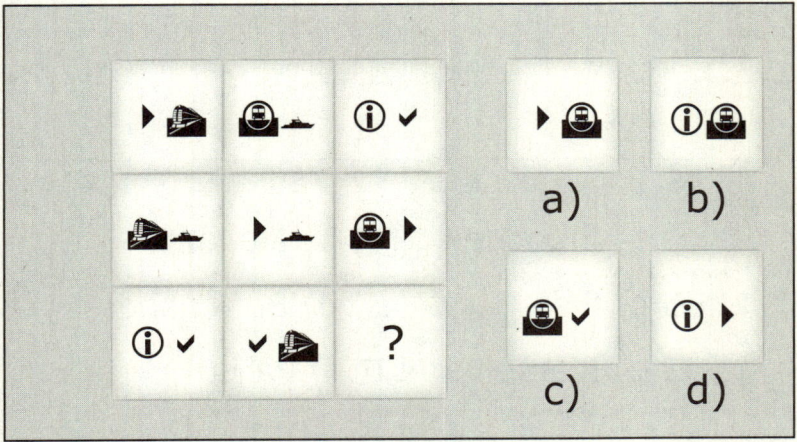

1.14 Führen Sie das Sprichwort richtig fort.

Man soll den Tag ...

☐ a) nutzen, denn man lebt nur einmal.

☐ b) leben, als wäre es der letzte.

☐ c) nicht vor dem Abend loben.

☐ d) nicht ohne Abendessen beenden.

1.15 Finden Sie die beiden zusammengehörenden Wörter.

☐ a) München ☐ b) Mailand

☐ c) Pisa ☐ d) Bodensee

☐ e) Marseille ☐ f) Paris

1.16 Welche Grafik ist die passende Ergänzung?

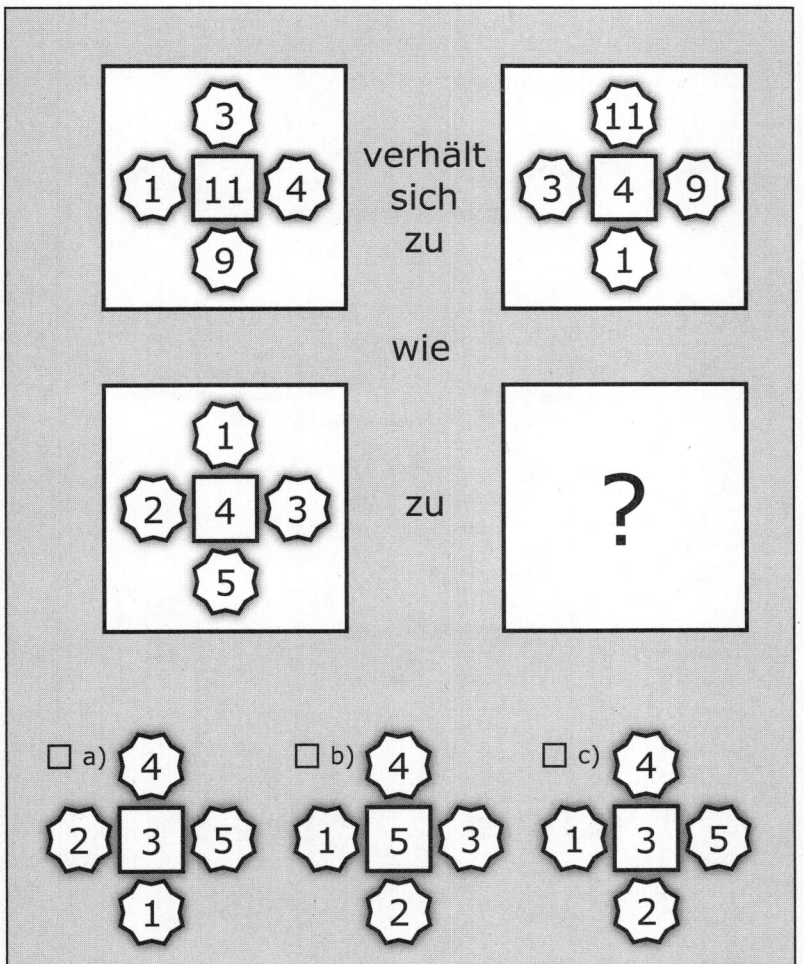

1.17 Mit welcher Menge bringen Sie die letzte Waage ins Gleichgewicht?

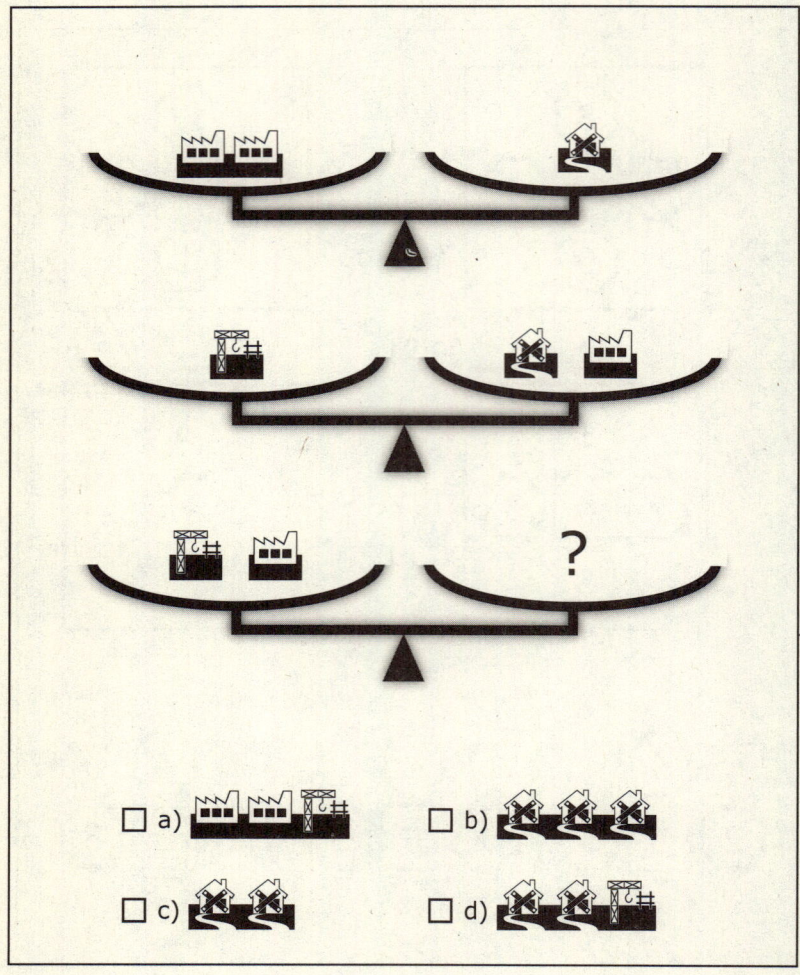

1.18

Was unterscheidet Gruppe A von Gruppe B?
Ordnen Sie jede die unteren Grafiken 1 bis 4 der jeweils
passenden Gruppe zu.

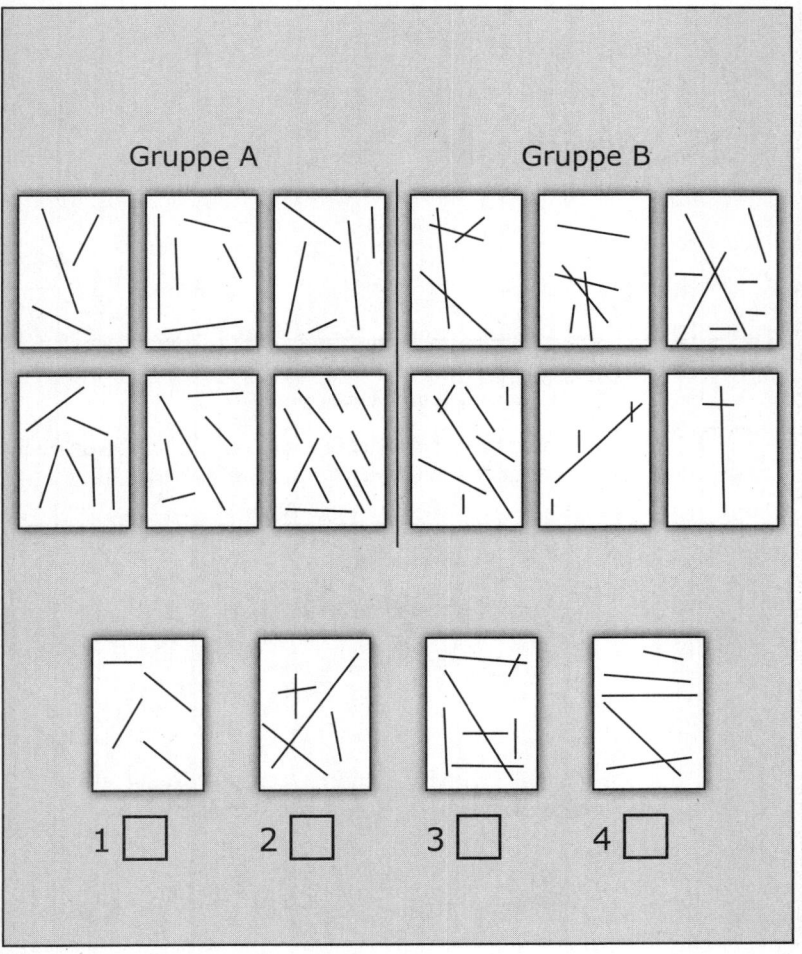

1.19 Nach welchem Wochentag wird gefragt?

Gestern war es 15 Tage vor dem 11. Tag. Welcher Tag war vorgestern, wenn der 3. Tag ein Montag ist?

☐ Mo ☐ Di ☐ Mi ☐ Do ☐ Fr ☐ Sa ☐ So

1.20 Sie sehen jeweils zwei Begriffspaare. In der unteren Zeile fehlt ein Begriff – bitte ergänzen Sie entsprechend.

Haar – Haut

Grashalm – _____

☐ a) Rasen ☐ b) Wurzel

☐ c) Wiese ☐ d) Erde

1.21 Welche Würfelansicht setzt die Reihe fort?

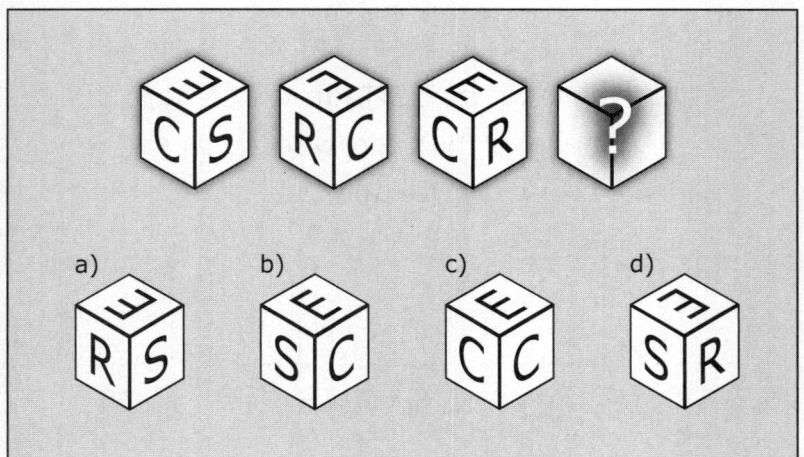

a) b) c) d)

1.22 In der Mitte fehlt ein Brückenwort, mit dem das erste Wort abschließt und das zweite beginnt.

Jäger _____ Amerika

1.23 Mit welcher der unten zur Auswahl stehenden Grafiken geht die Reihe jeweils weiter?

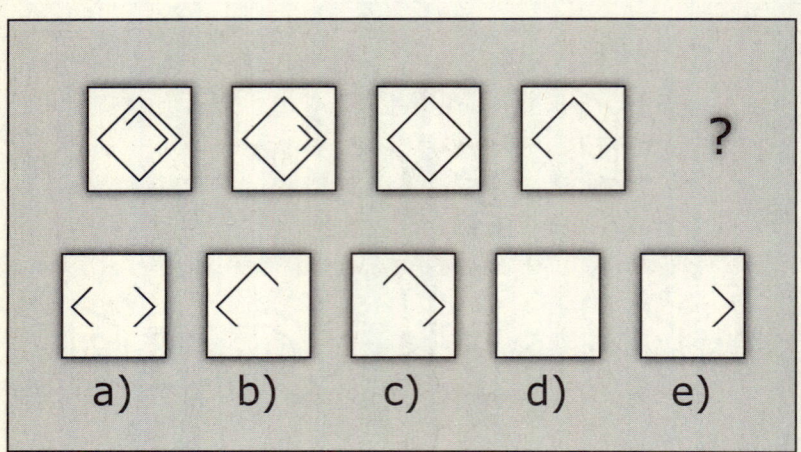

1.24 Finden Sie ein Wort, das den gemeinsamen Oberbegriff zu den beiden vorgegebenen Wörtern bildet.

Baumwolle – Leinen

_____

1.25 Welcher Buchstabe gehört ins leere Feld?

☐ a) F   ☐ b) Y   ☐ c) W   ☐ d) J

1.26 Ersetzen Sie das Fragezeichen.

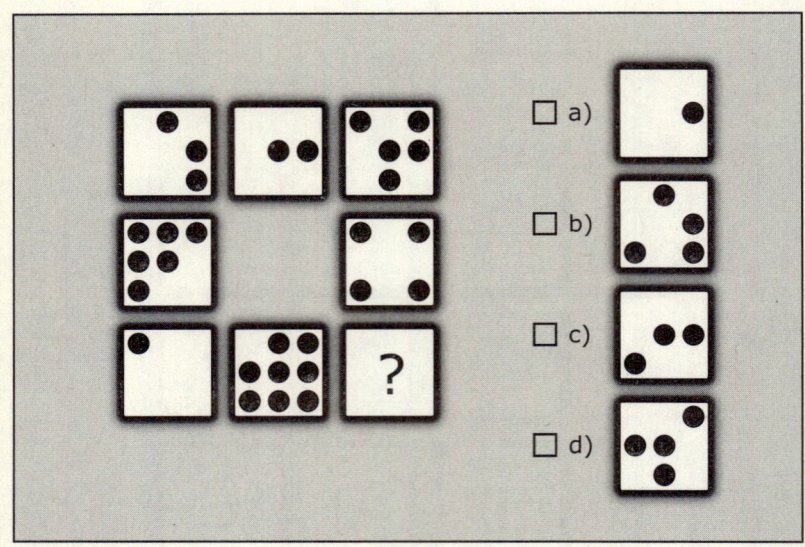

1.27 Welches Bild gehört jeweils nicht in die Reihe?

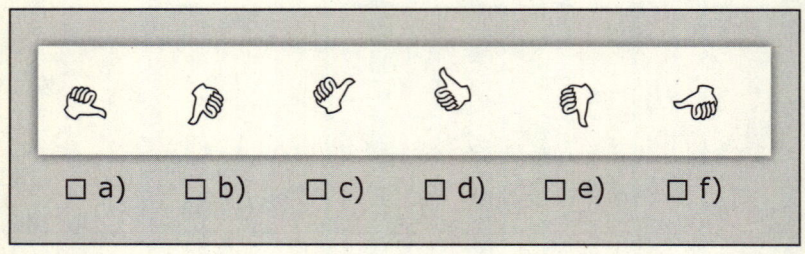

1.28 Bei den folgenden Wörtern fehlt am Ende bzw. am Anfang ein Buchstabe. Ergänzen Sie ihn!

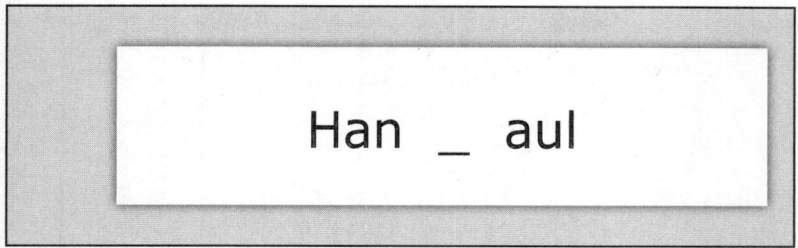

Han _ aul

1.29 Welches Element muss in das leere Feld?

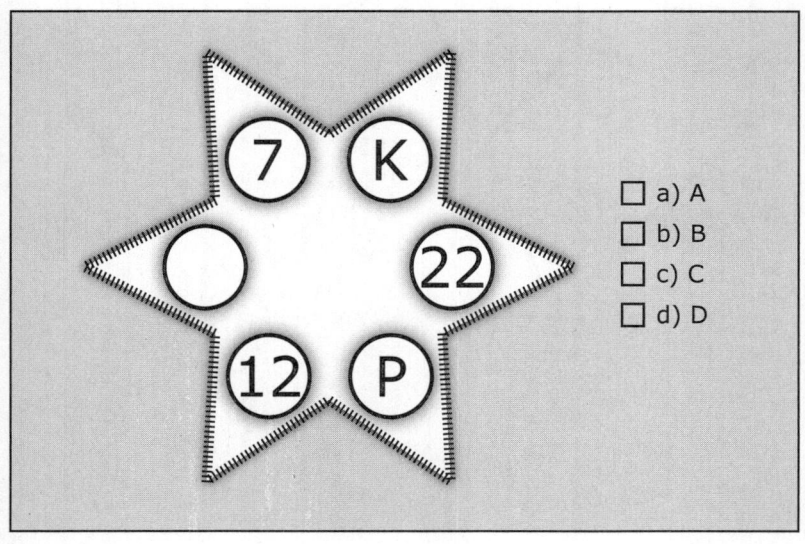

☐ a) A
☐ b) B
☐ c) C
☐ d) D

1.30 Welche Zahl gehört an die Stelle des Fragezeichens?

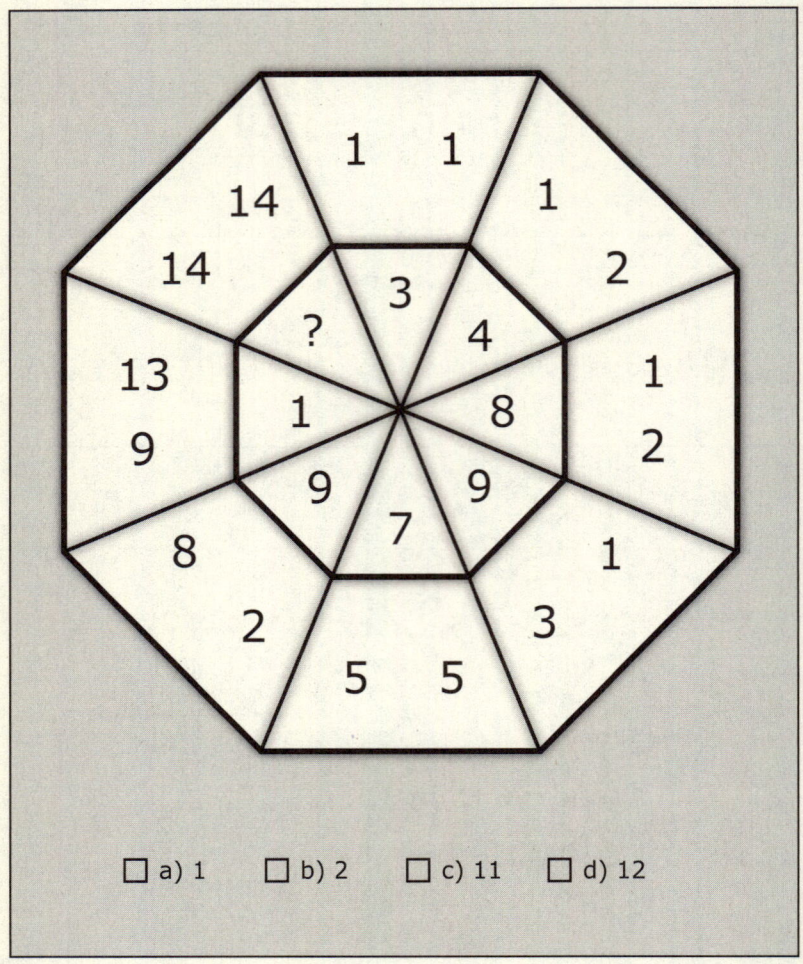

☐ a) 1   ☐ b) 2   ☐ c) 11   ☐ d) 12

1.31 Links und rechts des Gleichheitszeichens sollen sich Grafik-Paare gegenüberstehen, die in einem analogen Verhältnis zueinander stehen.
Welche Grafik (A bis E) ersetzt das Fragezeichen?

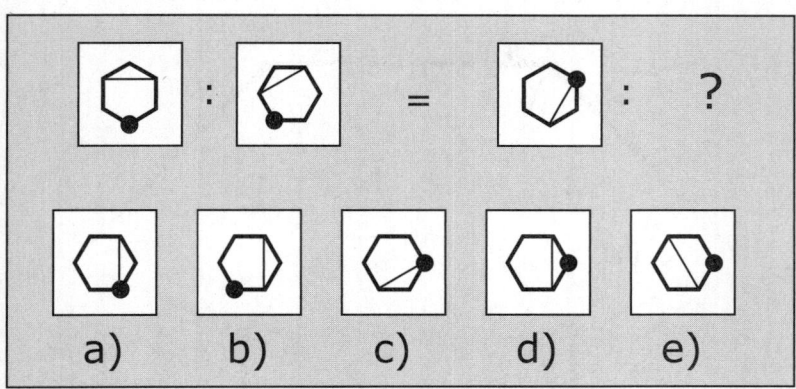

a)　　　b)　　　c)　　　d)　　　e)

1.32 Tragen Sie das fehlende Wort in die Klammer ein.

L + (_____) = Bürde

verwachsener Rücken

ERGEBNIS 1

Tragen Sie hier die Anzahl der richtig gelösten Aufgaben ein.

IQ-ÜBUNGSTEST 2

Umfang: 38 Aufgaben
Zeit: 30 Minuten

2.1 Welcher der Würfel A bis C könnte aus der Abwicklung gefaltet worden sein?

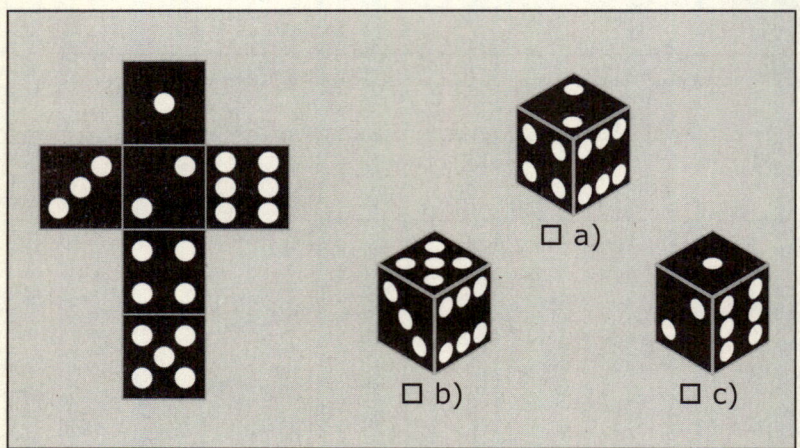

2.2 Welche der rechts zur Auswahl stehenden Zahlen passen an die Stellen der Fragezeichen?

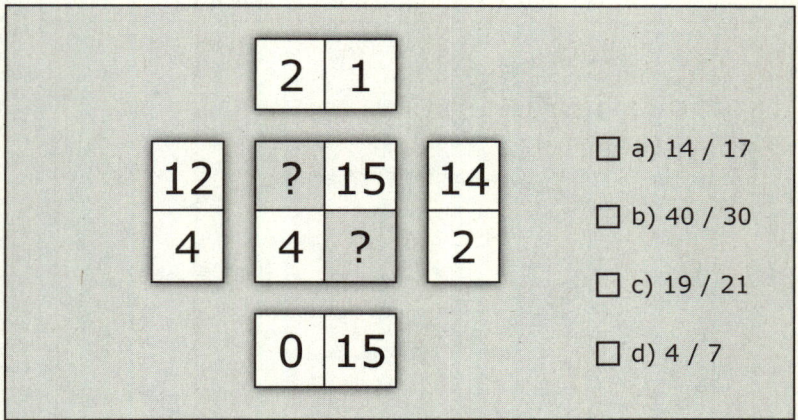

□ a) 14 / 17

□ b) 40 / 30

□ c) 19 / 21

□ d) 4 / 7

2.3 Welches Wortende kann all diesen Wortanfängen hinten angesetzt werden?

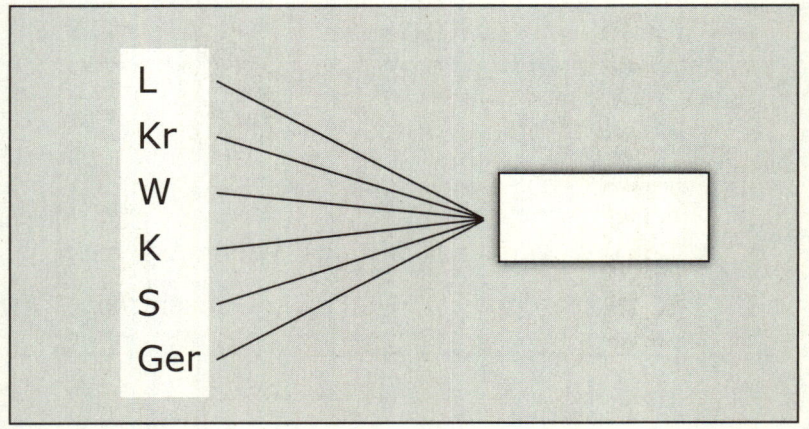

2.4 Welche Zahl gehört ins jeweils leere Feld?

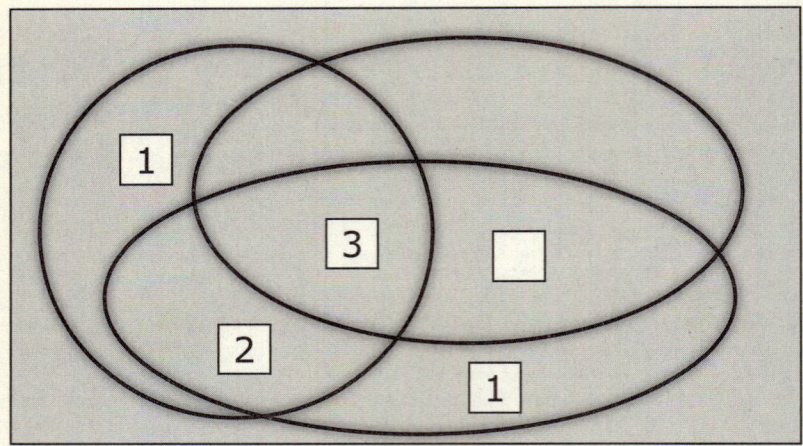

2.5 Welcher Begriff ähnelt dem vorgegebenen am meisten?

konfus

☐ a) verwirrt   ☐ b) schlampig

☐ c) korrupt   ☐ d) unkonzentriert

2.6 Links und rechts des Gleichheitszeichens sollen sich Grafik-Paare gegenüberstehen, die in einem analogen Verhältnis zueinander stehen.
Welche Grafik (A bis E) ersetzt das Fragenzeichen?

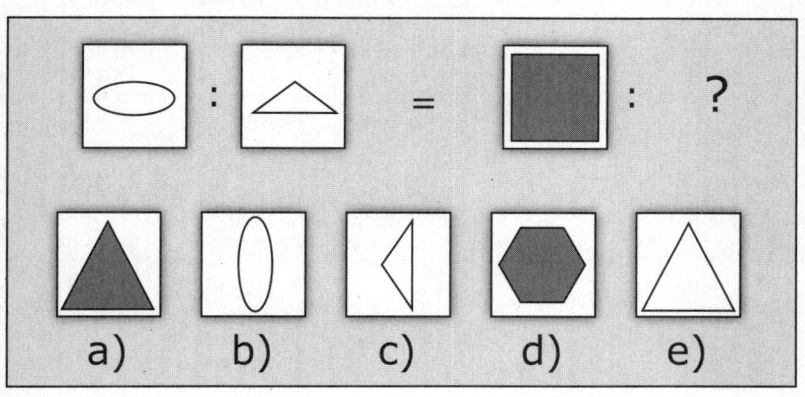

2.7 Welche der Zahlen neben a) bis d) passt ins leere Feld?

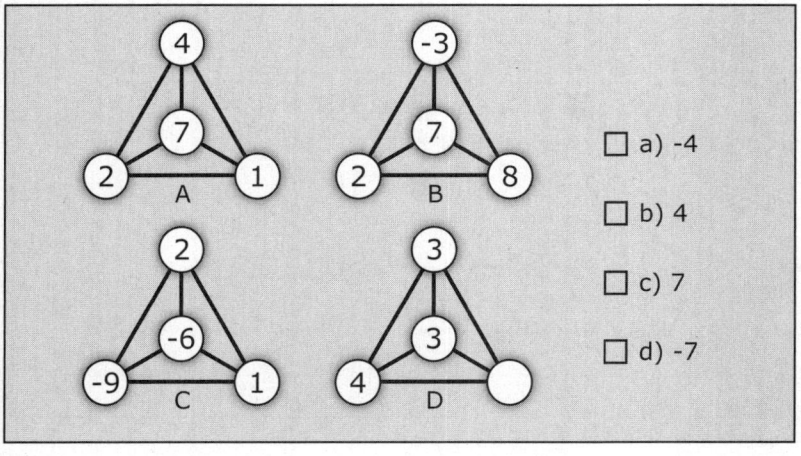

☐ a) -4

☐ b) 4

☐ c) 7

☐ d) -7

2.8 Welcher Satz ist richtig?

Bio-Gemüse ist immer ...

□ a) vitaminreich.   □ b) frisch.

□ c) natürlich erzeugt. □ d) gesund.

2.9 Welche Zahl gehört an die Stelle des Fragezeichens?

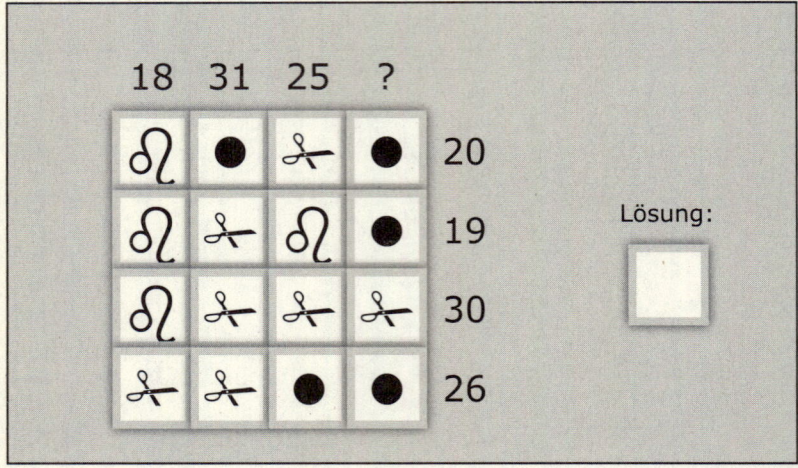

Lösung:

2.10 Markieren Sie die fehlende Zahl.

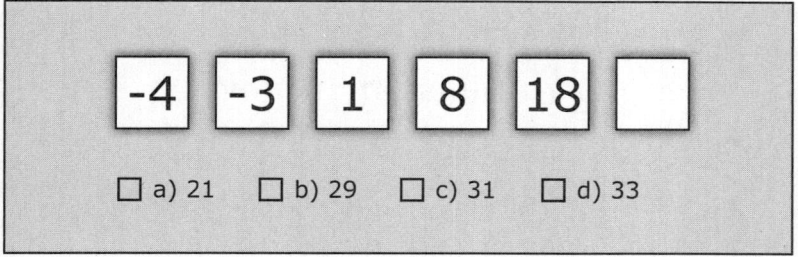

| -4 | -3 | 1 | 8 | 18 | |

☐ a) 21   ☐ b) 29   ☐ c) 31   ☐ d) 33

2.11 Setzen Sie die sechs Mosaikbausteine entsprechend dem Plan rechts gedanklich zusammen. Vergleichen Sie dies mit der Vorgabe links. In welchem Bereich (A bis D) steckt ein Fehler?

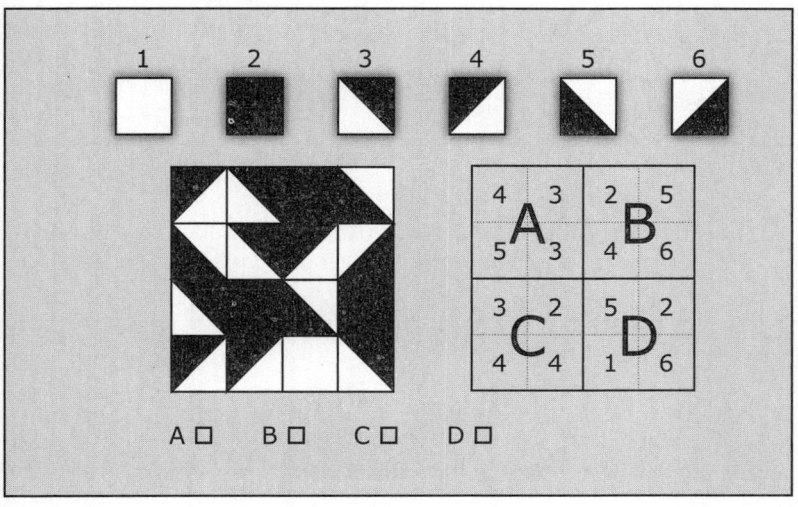

A ☐   B ☐   C ☐   D ☐

2.12 Finden Sie die Zahl, die in das leere Feld gehört.

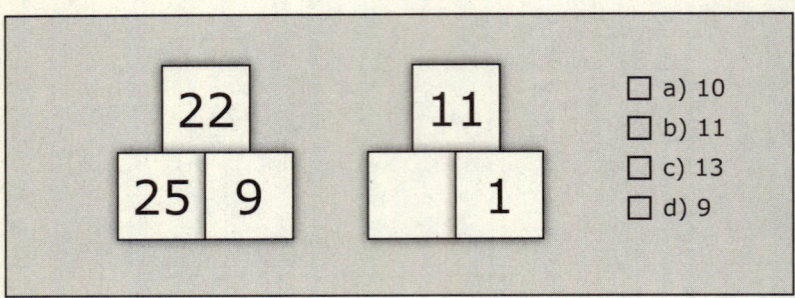

☐ a) 10
☐ b) 11
☐ c) 13
☐ d) 9

2.13 Welches Bild gehört jeweils nicht in die Reihe?

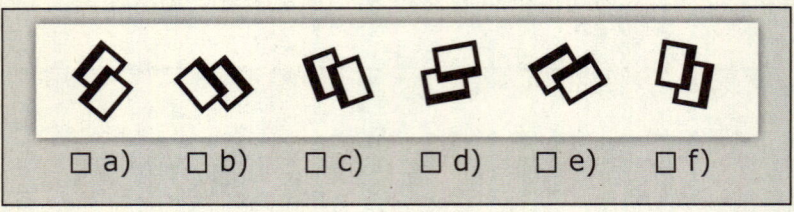

☐ a)　　☐ b)　　☐ c)　　☐ d)　　☐ e)　　☐ f)

2.14 Bei den folgenden Wörtern fehlen am Ende bzw. am Anfang drei Buchstaben. Ergänzen Sie sie!

Na _ _ _ le

2.15 Setzen Sie die jeweils gesuchte redensartliche Ausdrucksweise ein.

Wenn jemand übertrieben gründlich vorgeht, dann schüttet er das _____ _____ _____ _____ aus.

2.16 Welcher Bruch setzt die Reihe fort?

3	5	11	-2	4	?
9	7	1	14	8	

☐ a) $\dfrac{-5}{17}$ ☐ b) $\dfrac{4}{15}$ ☐ c) $\dfrac{-7}{14}$ ☐ d) $\dfrac{-3}{11}$

2.17 Welches Wortende kann all diesen Wortanfängen hinten angesetzt werden?

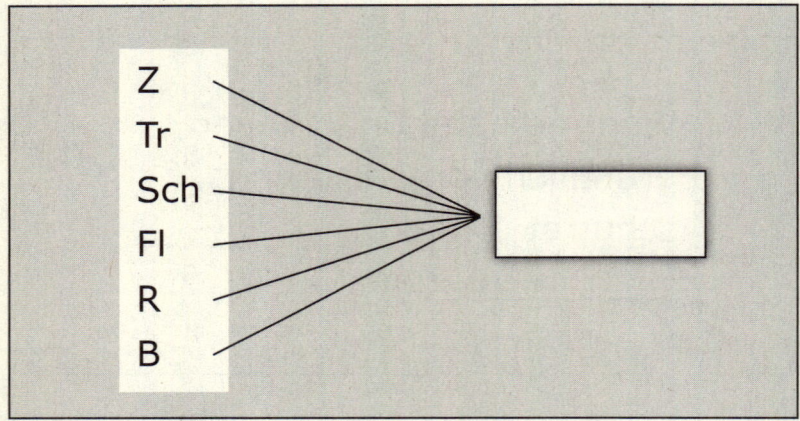

2.18 Mit welcher der unten zur Auswahl stehenden Grafiken geht die Reihe jeweils weiter?

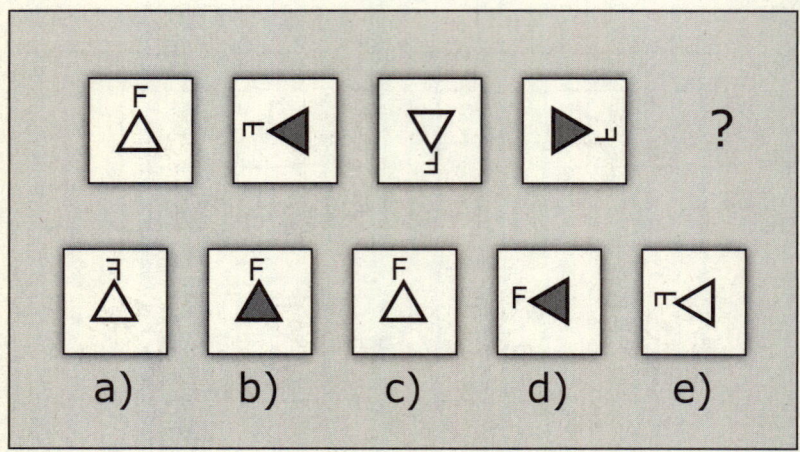

2.19 Welche ist die jeweils fehlende Zahl?

☐ a) 5
☐ b) 8
☐ c) 12
☐ d) 14

2.20 Welche Würfelansicht setzt die Reihe fort?

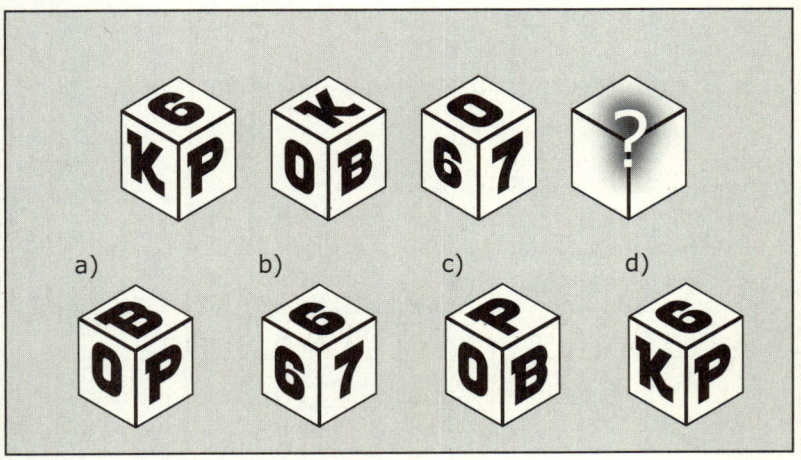

2.21 Welches Zahlentripel passt?

2.22 Welcher Begriff ähnelt dem Vorgegebenen am meisten?

galant

□ a) ehrenvoll   □ b) höflich

□ c) schmeichlerisch □ d) taktvoll

2.23 Welcher Wortanfang kann all diesen Wortenden vorne angesetzt werden?

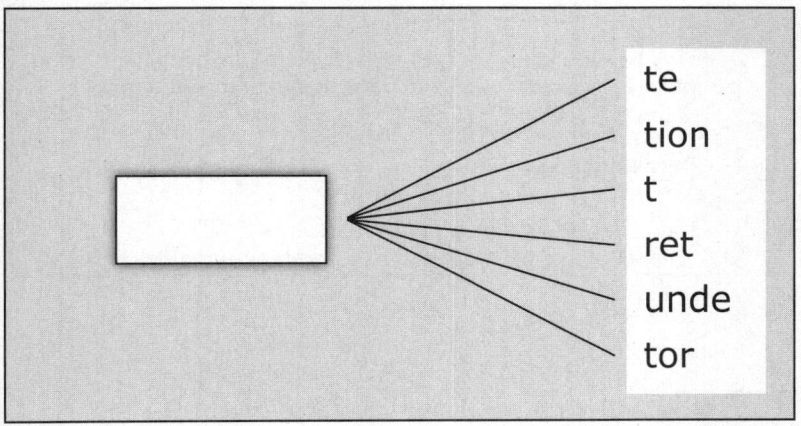

2.24 Welche Zahl eignet sich als vierte im Bunde?

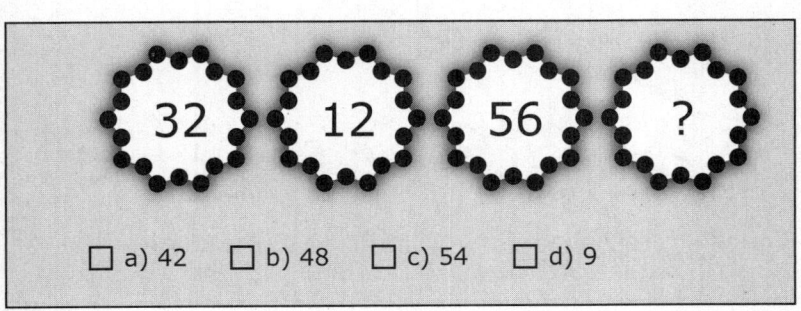

2.25 Welcher Begriff drückt am treffendsten das Gegenteil vom vorgegebenen Wort aus?

frisch

- ☐ a) defekt
- ☐ b) gebraucht
- ☐ c) zerstört
- ☐ d) verdorben

2.26 Was verbirgt sich hinter dem Fragezeichen?

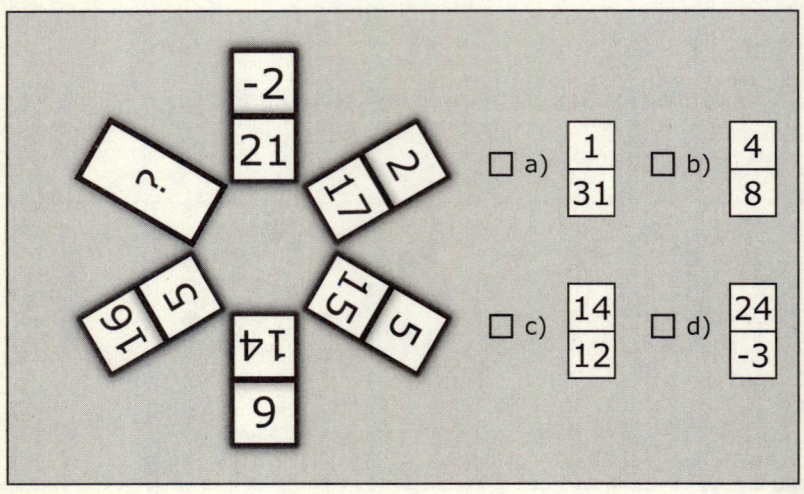

- ☐ a) $\dfrac{1}{31}$
- ☐ b) $\dfrac{4}{8}$
- ☐ c) $\dfrac{14}{12}$
- ☐ d) $\dfrac{24}{-3}$

2.27 Was unterscheidet Gruppe A von Gruppe B?
Ordnen Sie jede die unteren Grafiken 1 bis 4 der jeweils
passenden Gruppe zu.

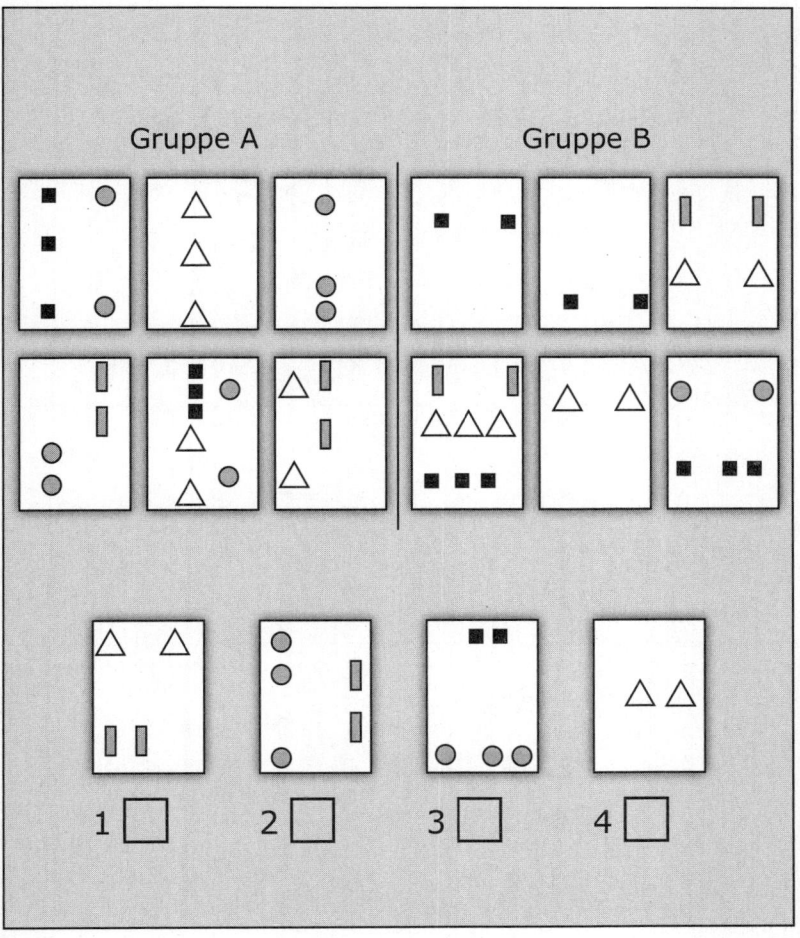

2.28 Welche der zur Auswahl stehenden Zahlen vervollständigt die Anordnung?

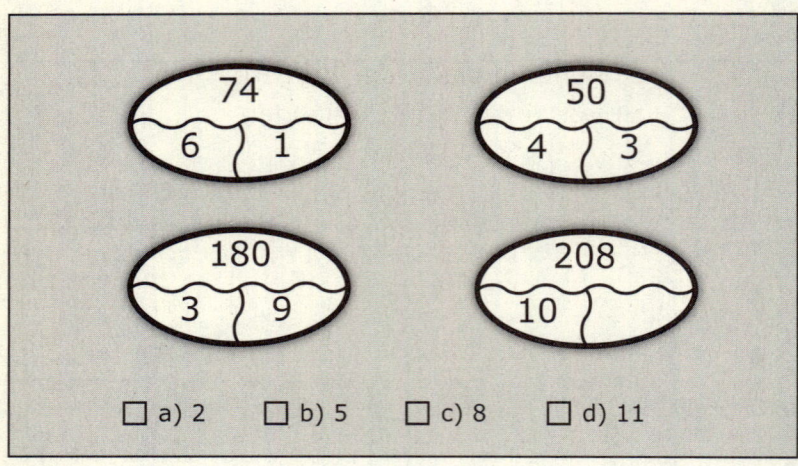

☐ a) 2   ☐ b) 5   ☐ c) 8   ☐ d) 11

2.29 Welche Buchstaben stehen hinter den Symbolen?

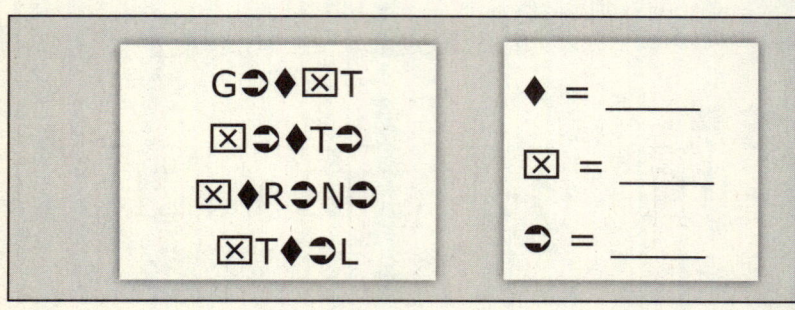

2.30 Welche zwei Formulierungen haben eine ähnliche Bedeutung?

☐ a) jemand platzt der Kragen
☐ b) es wird eng für jemanden
☐ c) jemandes Zeit ist gekommen
☐ d) jemand muss sich zusammenreißen
☐ e) es geht jemandem an den Kragen

2.31 Tragen Sie in die vier leeren Felder die Rechensymbole +, −, x oder : ein, sodass das Ergebnis am Ende stimmt. Rechnen Sie dabei der Reihe nach ohne Beachtung der Regel „Punktrechnung vor Strichrechnung".

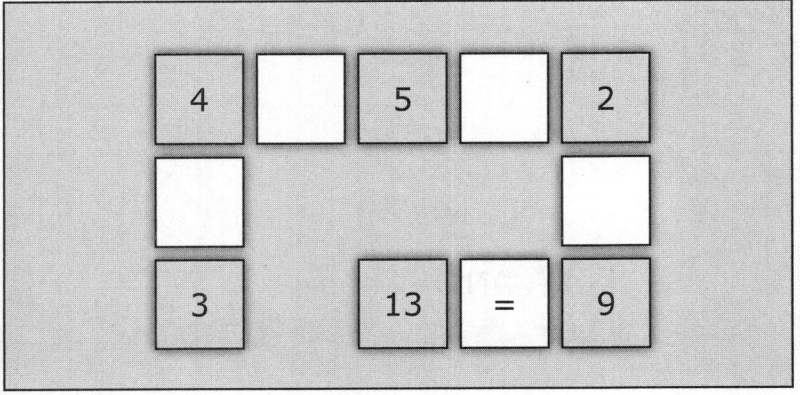

2.32 Welcher Zusammenhang besteht zwischen der jeweiligen Obstsorte (Fantasiename) und deren Vitamingehalt?
Wählen Sie die passende Zahl.

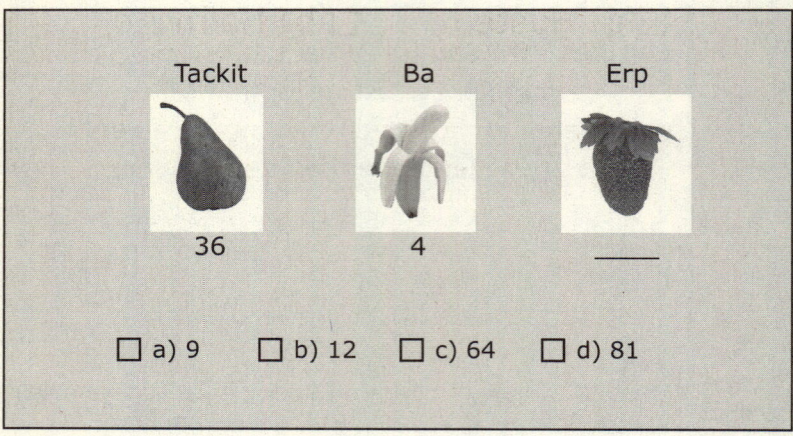

Tackit   Ba   Erp

36   4   _____

☐ a) 9   ☐ b) 12   ☐ c) 64   ☐ d) 81

2.33 Finden Sie ein Wort, das dieselbe Bedeutung haben kann wie die beiden vorgegebenen.

Verbotsliste – Register

_____

2.34 Welches Wort passt nicht zu den anderen?

☐ a) Husten   ☐ b) Halm

☐ c) Relief   ☐ d) Biotop

2.35 Welche Grafik A bis D ersetzt das Fragezeichen?

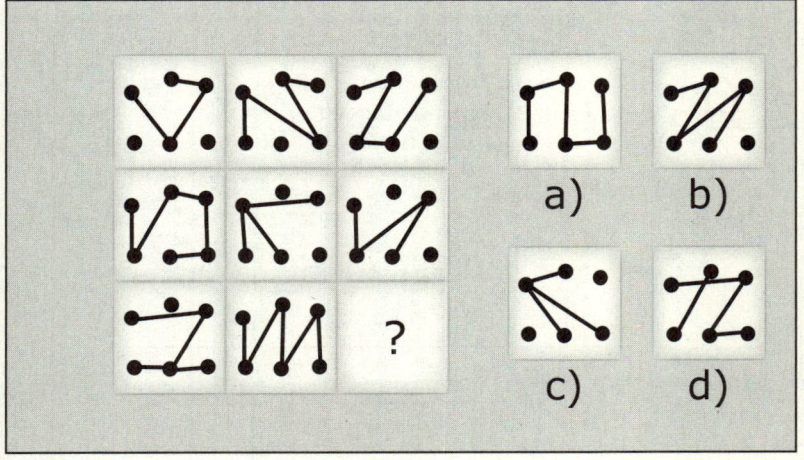

2.36 Für welche Zahl steht das Fragezeichen?

☐ a) 42 ☐ b) 36 ☐ c) 16 ☐ d) 45

2.37 Welche Grafik A bis D ersetzt das Fragezeichen?

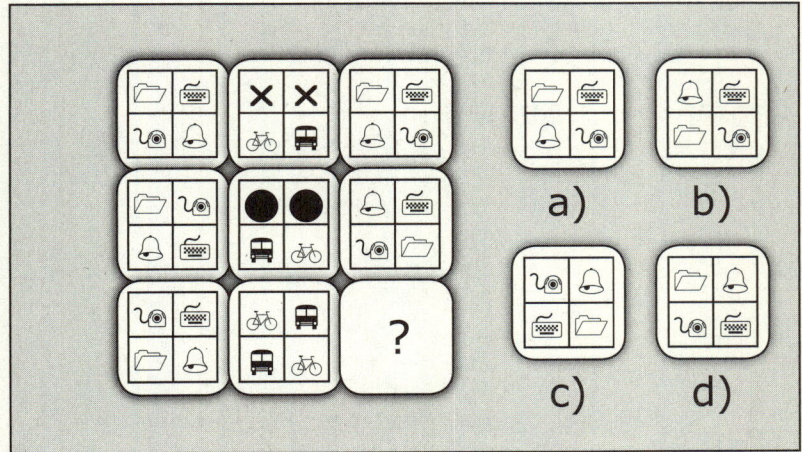

2.38 In der Mitte fehlt ein Brückenwort, welches das erste Wort abschließt und das zweite beginnt. Ergänzen Sie.

Rumpf _____ Haft

ERGEBNIS 2

Tragen Sie hier die Anzahl der richtig gelösten Aufgaben ein.

IQ-ÜBUNGSTEST 3

Umfang: 33 Aufgaben
Zeit: 30 Minuten

3.1 Welche Grafik A bis D ersetzt das Fragezeichen?

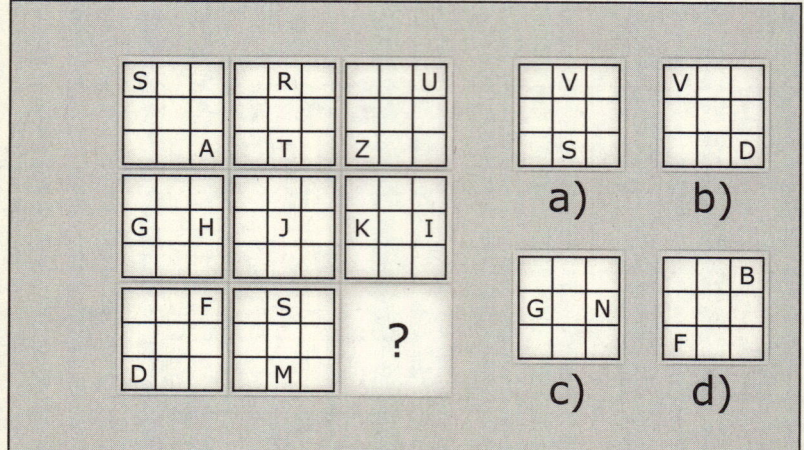

3.2 Treffen Sie die richtige Entscheidung.

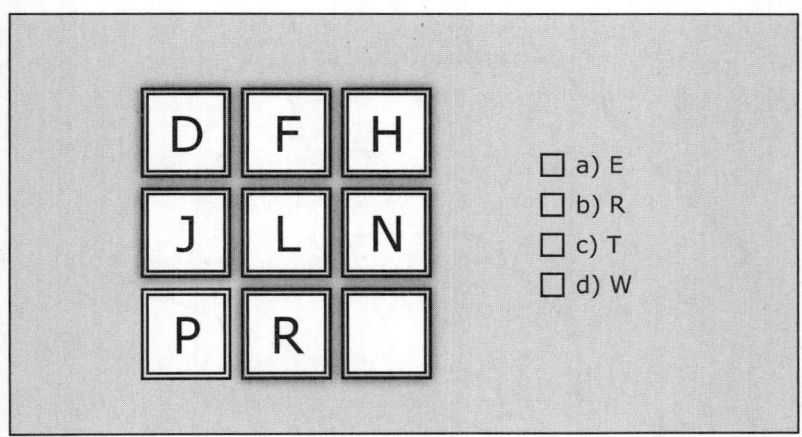

- [ ] a) E
- [ ] b) R
- [ ] c) T
- [ ] d) W

3.3 Finden Sie ein Wort, das den gemeinsamen Oberbegriff zu den beiden vorgegebenen Wörtern bildet.

Limonade – Wein

_____

3.4 Welche Zahl gehört an die Stelle des Fragezeichens?

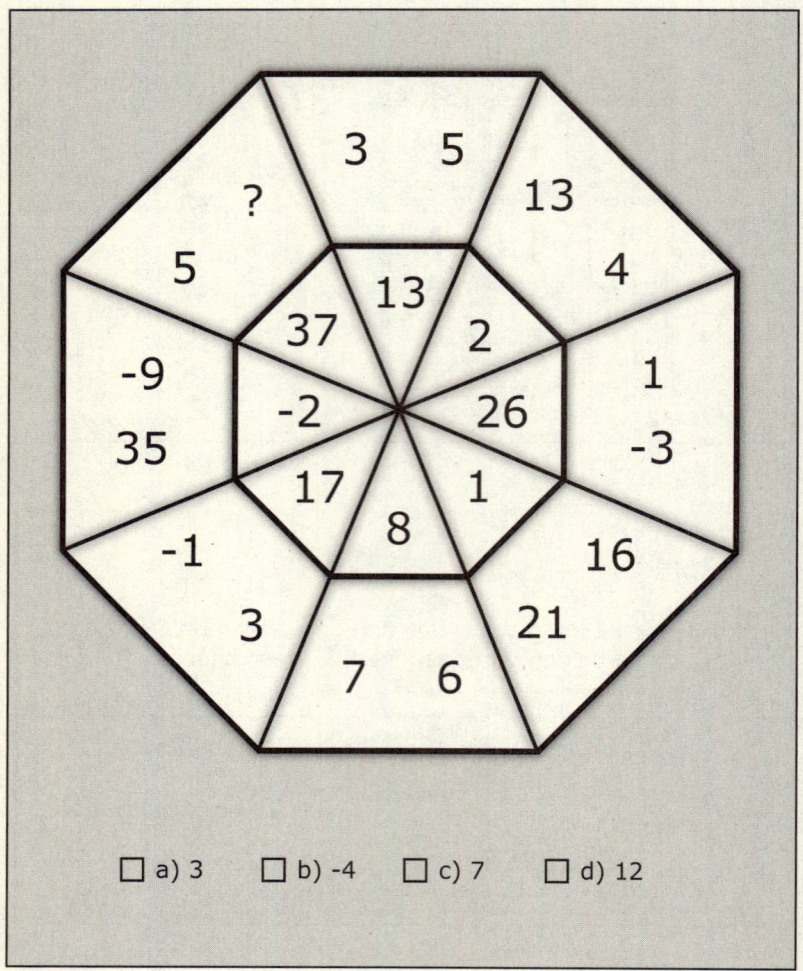

☐ a) 3   ☐ b) -4   ☐ c) 7   ☐ d) 12

3.5

Bei den folgenden Wörtern fehlt am Ende bzw. am Anfang ein Buchstabe. Ergänzen Sie ihn!

Lei _ unst

3.6

Welche Grafik A bis D ersetzt das Fragezeichen?

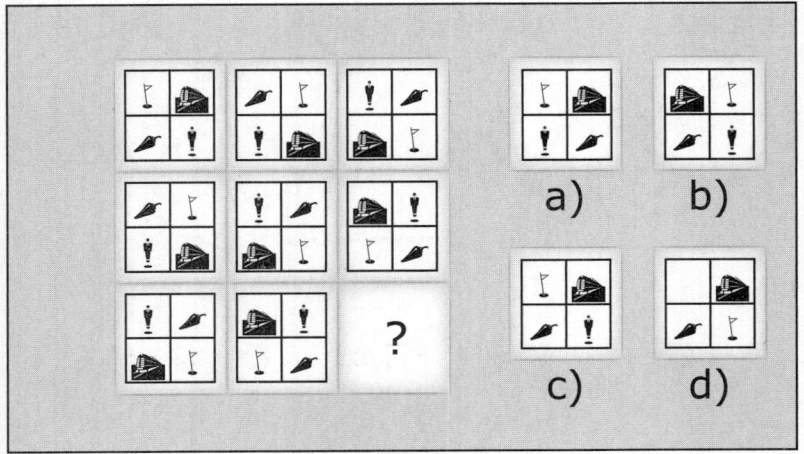

3.7 Bestimmen Sie das fehlende Element.

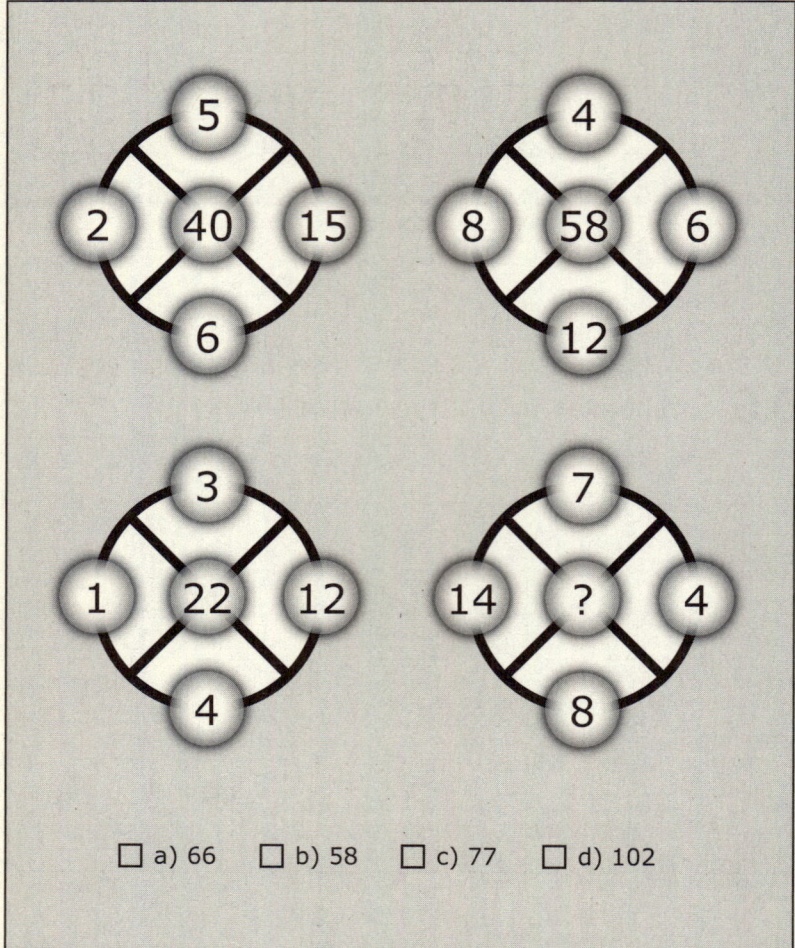

a) 66　　b) 58　　c) 77　　d) 102

3.8 Welche Grafik A bis D ersetzt das Fragezeichen?

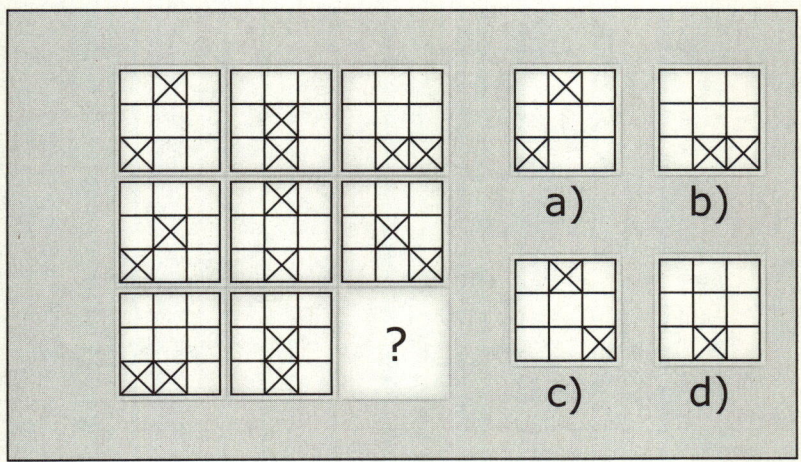

3.9 Tragen Sie das fehlende Wort in die Klammer ein.

K + (_____) = Eimer

sehr schlecht

3.10 Tragen Sie die fehlenden Zahlen ein.

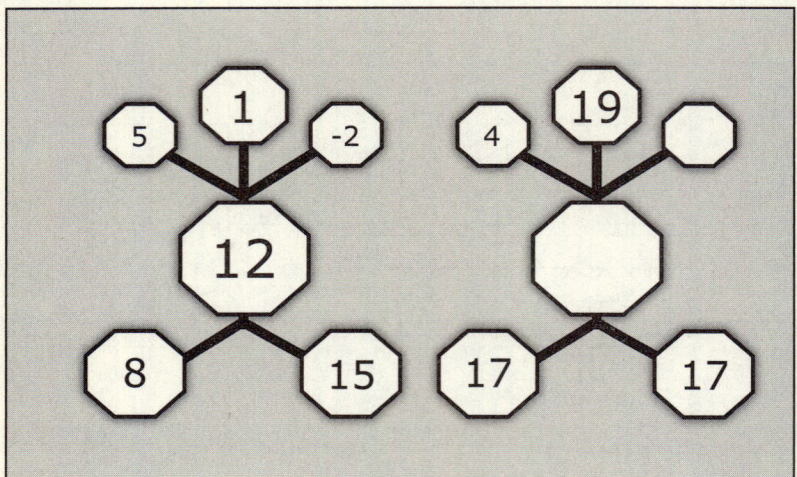

3.11 Finden Sie den logisch richtigen nächsten Satz bzw. führen Sie den Satz logisch richtig fort.

Leo lernt für den Hauptschulabschluss, Gerda fürs Abitur, Knut schreibt Staatsexamen, und ...

☐ a) Gregor macht den Realschulabschluss.

☐ b) Helmut schreibt seine Doktorarbeit.

☐ c) Bertram geht auf das Gymnasium.

☐ d) Julian lernt für eine Schularbeit.

3.12 Welches Wortende kann all diesen Wortanfängen hinten angesetzt werden?

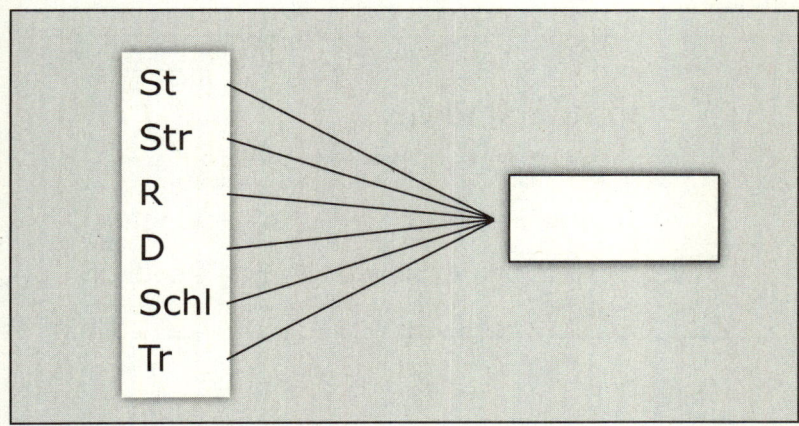

3.13 Welches Element muss in das leere Feld?

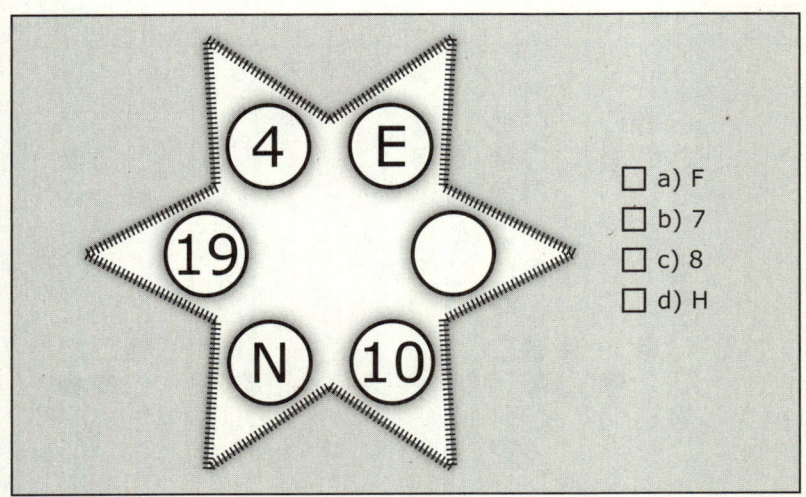

☐ a) F
☐ b) 7
☐ c) 8
☐ d) H

3.14 Welcher Satz ist richtig?

Märchen sind ...

☐ a) nur für Kinder. ☐ b) erfunden.

☐ c) stets phantasievoll. ☐ d) altmodisch.

3.15 Welche Grafik A bis D ersetzt das Fragezeichen?

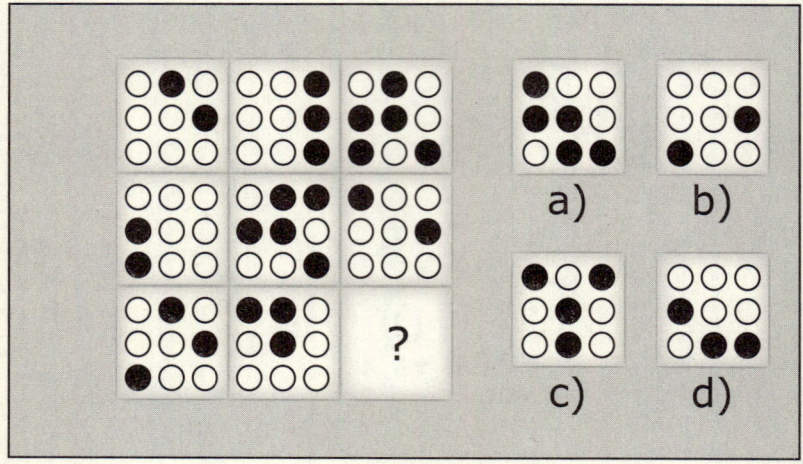

3.16 Ersetzen Sie das Fragezeichen.

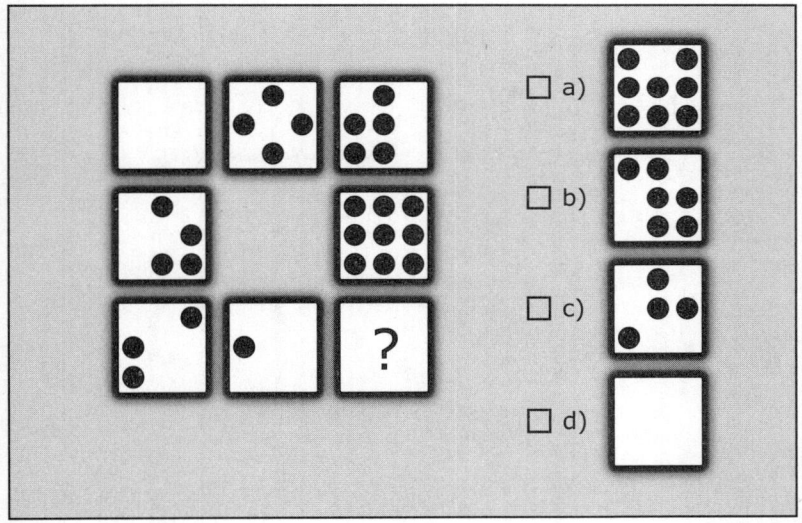

3.17 Welcher Begriff ähnelt dem vorgegebenen am meisten?

stetig

- [ ] a) immer
- [ ] b) zuverlässig
- [ ] c) fortwährend
- [ ] d) sicher

3.18 Welcher Buchstabe gehört ins leere Feld?

☐ a) U ☐ b) Q ☐ c) P ☐ d) L

3.19 Setzen Sie die jeweils gesuchte redensartliche Ausdrucksweise ein.

Wenn ein bestimmtes Vorgehen ohnehin nichts mehr ändert, dann macht es das Kraut _____ _____.

3.20 Nach welchem Wochentagen wird gefragt?

Welcher Wochentag war vor 235948 Tagen, wenn in 106002 Tagen ein Sonntag ist?

☐ Mo ☐ Di ☐ Mi ☐ Do ☐ Fr ☐ Sa ☐ So

3.21 Welche Grafik A bis D ersetzt das Fragezeichen?

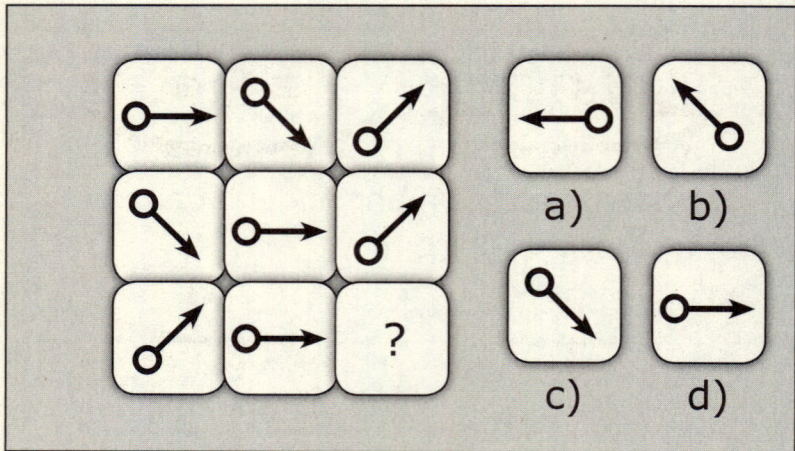

3.22 Welcher Begriff drückt am treffendsten das Gegenteil vom vorgegebenen Wort aus?

mitfühlend

☐ a) aggressiv ☐ b) herzlos

☐ c) gemein ☐ d) grob

3.23 Mit welcher Menge bringen Sie die letzte Waage ins Gleichgewicht?

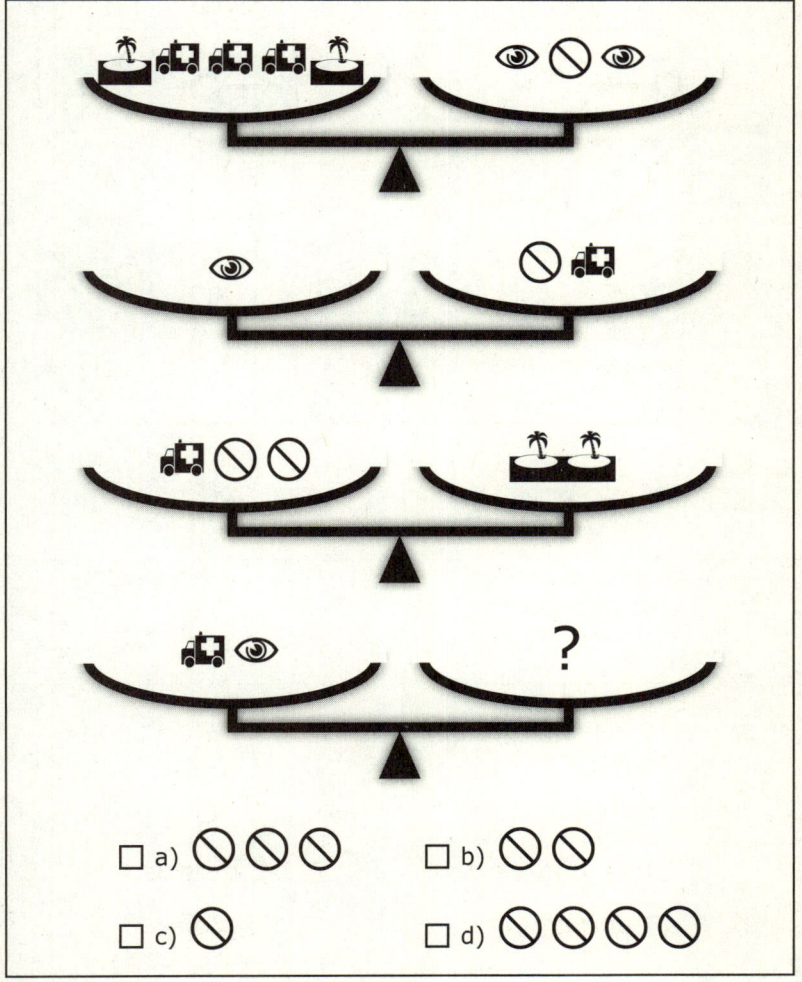

3.24 Welcher der Würfel A bis C könnte aus der Abwicklung gefaltet worden sein?

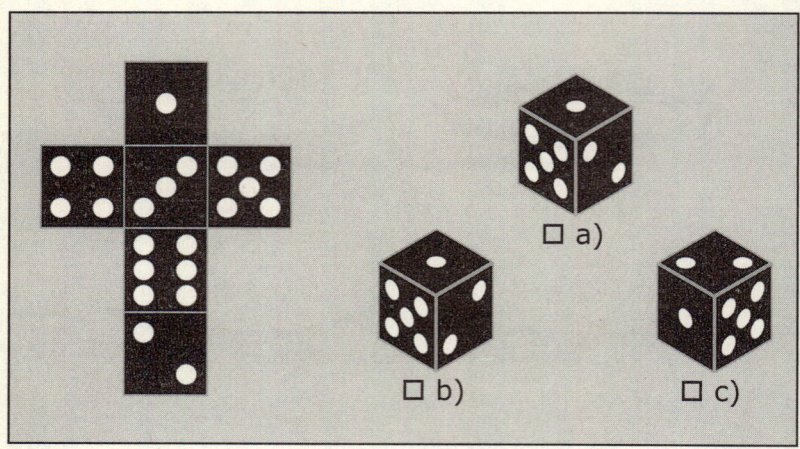

3.25 Welcher Wortanfang kann all diesen Wortenden vorne angesetzt werden?

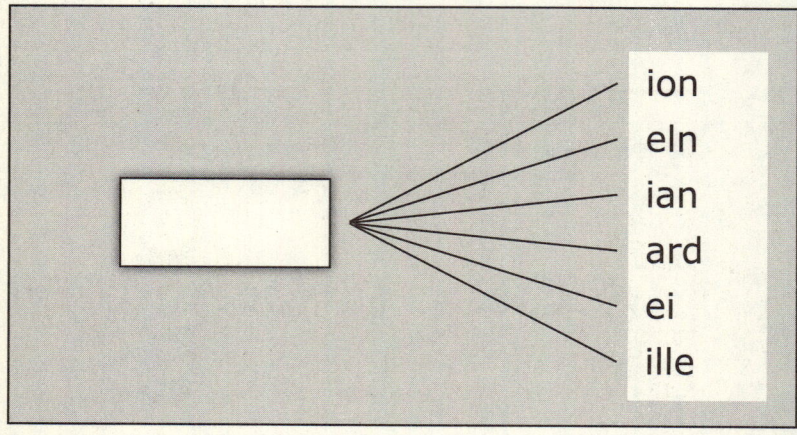

3.26 Welche Grafik ist die passende Ergänzung?

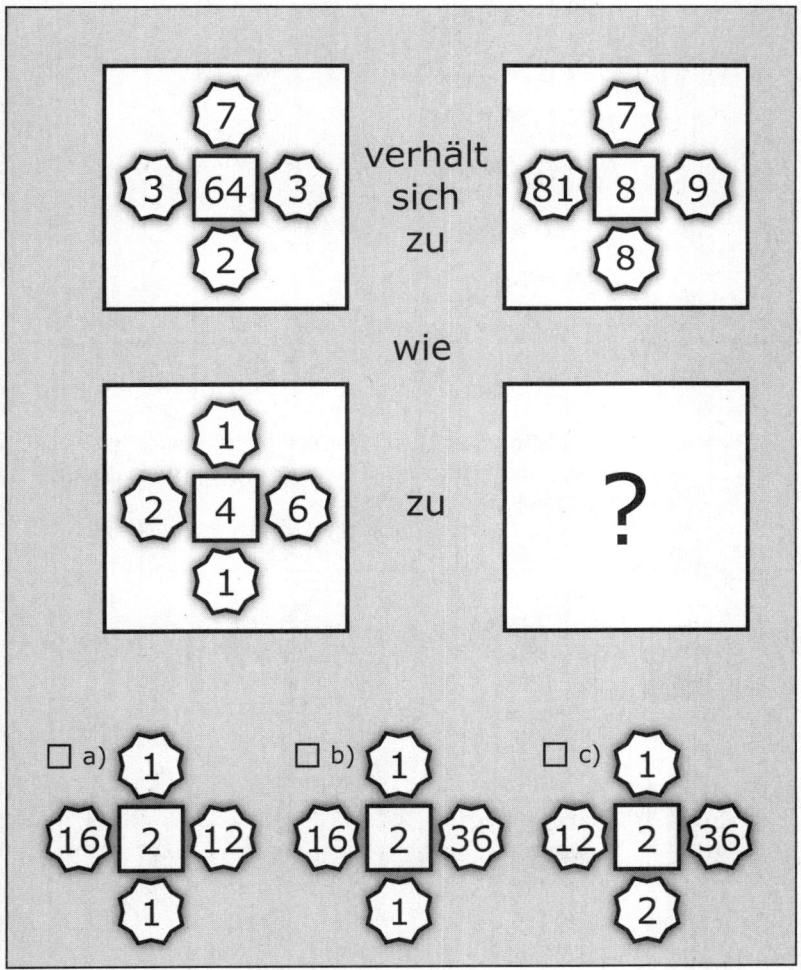

3.27 Welche Buchstaben stehen hinter den Symbolen?

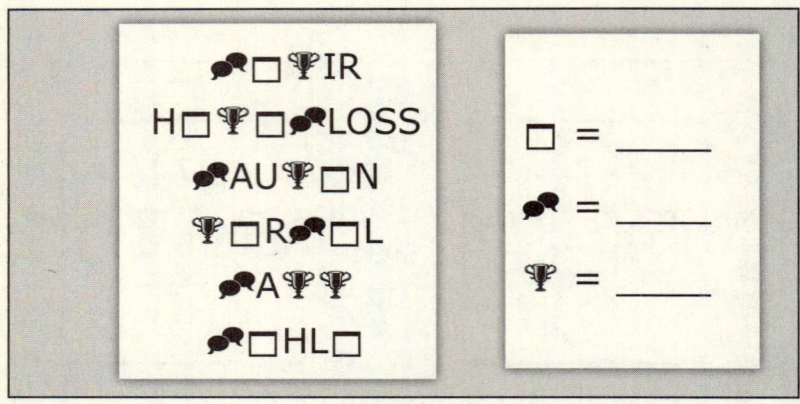

3.28 Links und rechts des Gleichheitszeichens sollen sich Grafik-Paare gegenüberstehen, die in einem analogen Verhältnis zueinander stehen.
Welche Grafik (A bis E) ersetzt das Fragenzeichen?

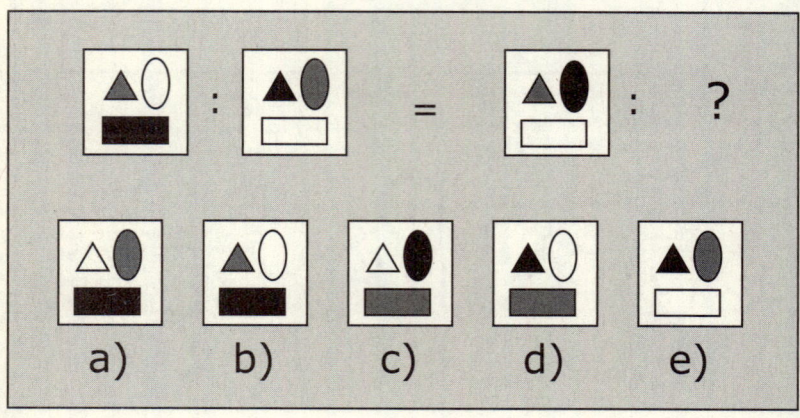

3.29 Welche Zahl vervollständigt das System?

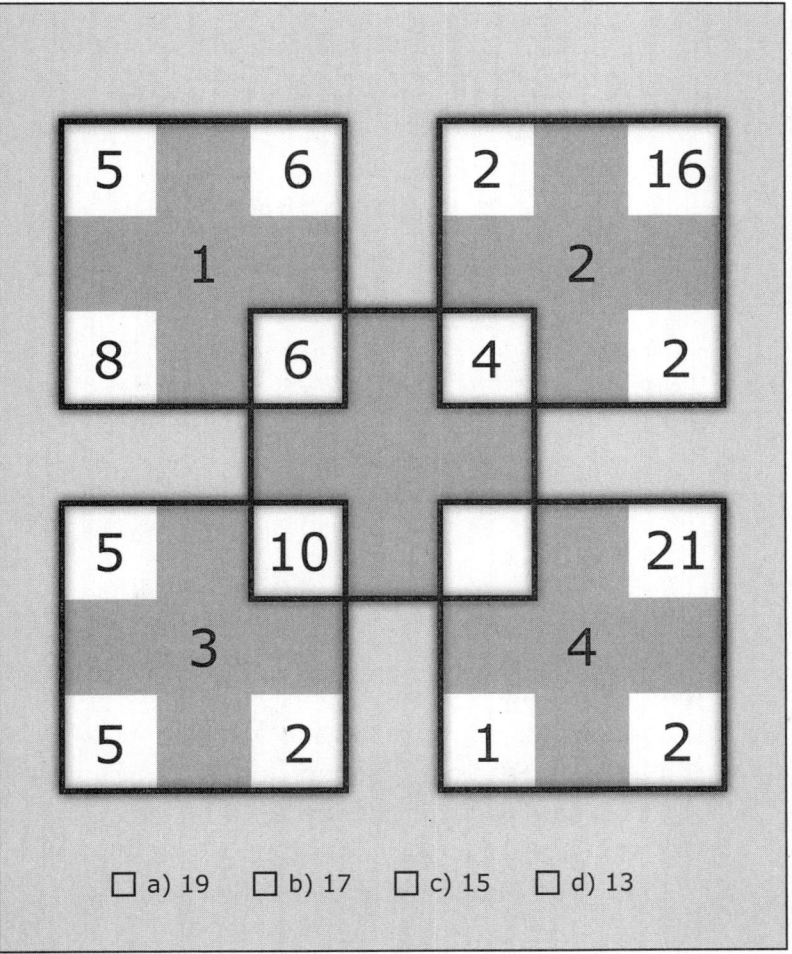

☐ a) 19   ☐ b) 17   ☐ c) 15   ☐ d) 13

3.30 Nach welcher Zahl wird gefragt?

600 Gäste tanzen 2400 Walzer in sechs Stunden.
Wie viele Walzer tanzen dann 1500 Gäste in drei Stunden?

Antwort: ☐☐☐☐ Walzer

3.31 Welche zwei Formulierungen haben eine ähnliche Bedeutung?

☐ a) einer Sache die Krone aufsetzen
☐ b) ein Fass ohne Boden sein
☐ c) dem Fass den Boden ausschlagen
☐ d) sich keinen Zacken aus der Krone brechen
☐ e) den Boden unter den Füßen verlieren

3.32 Mit welcher der unten zur Auswahl stehenden Grafiken geht die Reihe jeweils weiter?

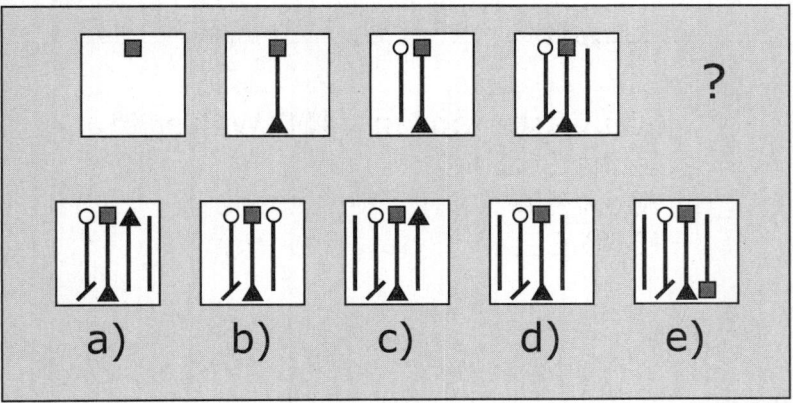

3.33 Welche Alternative passt?

Der/das ... ist kein fleischfressendes Tier

☐ a) GERTI

☐ b) ROWSASL

☐ c) DUNLOFSHW

☐ d) TAUMREIL

ERGEBNIS 3

Tragen Sie hier die Anzahl der richtig gelösten Aufgaben ein.

IQ-ÜBUNGSTEST 4

Umfang: 35 Aufgaben
Zeit: 30 Minuten

4.1   Was müsste an der Stelle des Fragezeichens stehen?

4.2 Mit welcher der unten zur Auswahl stehenden Grafiken geht die Reihe jeweils weiter?

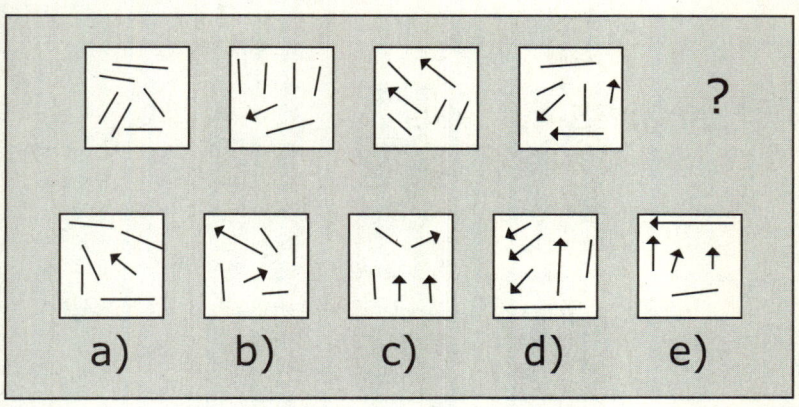

4.3 Einer der vier Sätze drückt keine Meinung, sondern eine Tatsache aus.

- ☐ a) Viele Menschen schlafen schlecht, weil sie unter Elektrosmog leiden.

- ☐ b) In einer Wüste gibt es nur selten Regen.

- ☐ c) Kaugummi kauen in der Schule gehört sich nicht.

- ☐ d) Heute haben wir ein tolles Wetter!

4.4 Welcher Dominostein passt?

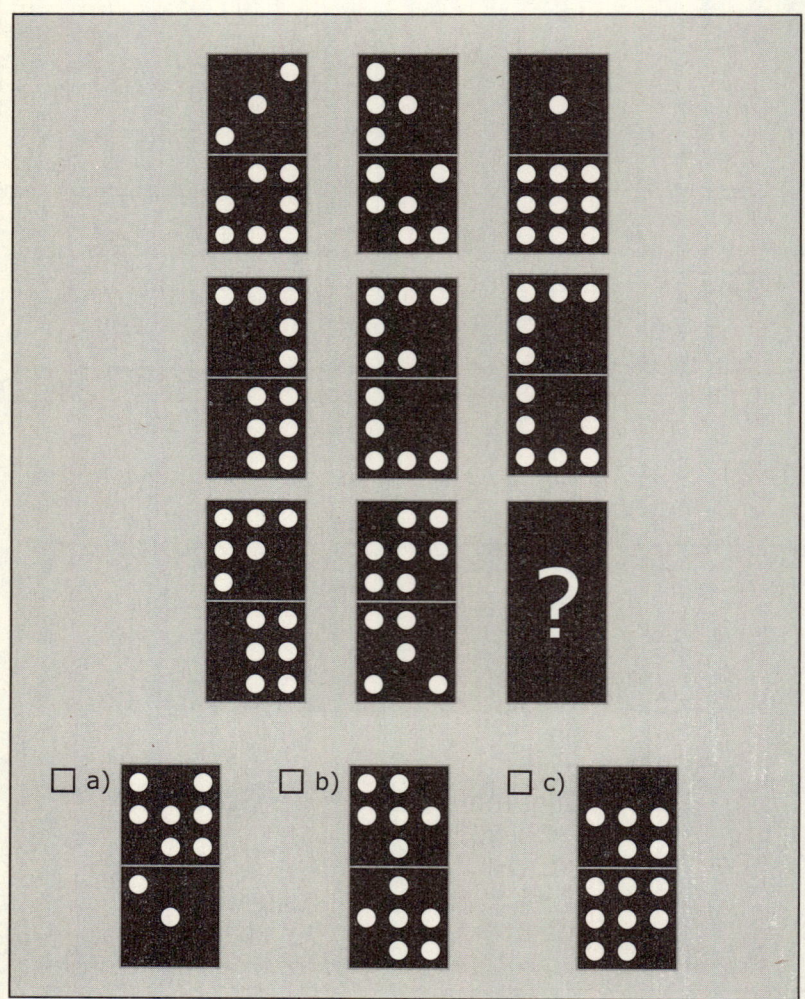

4.5 Welches Bild gehört nicht in die Reihe?

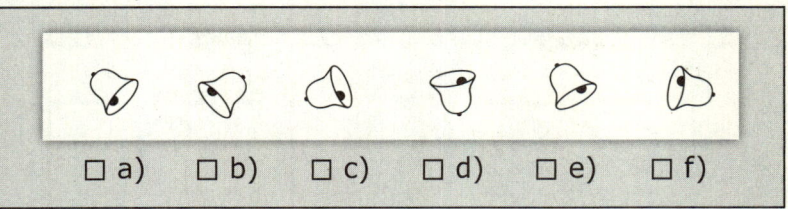

☐ a) ☐ b) ☐ c) ☐ d) ☐ e) ☐ f)

4.6 Welche Alternative passt?

Wer ... trinkt, bekommt leicht einen Schwips.

☐ a) PASAFLEAT ☐ b) SARSEW

☐ c) KETS ☐ d) FAEFEK

4.7 Welches Wort passt nicht zu den anderen?

☐ a) weinen ☐ b) lachen

☐ c) jubeln ☐ d) verlieren

4.8 Welche Grafik ist die passende Ergänzung?

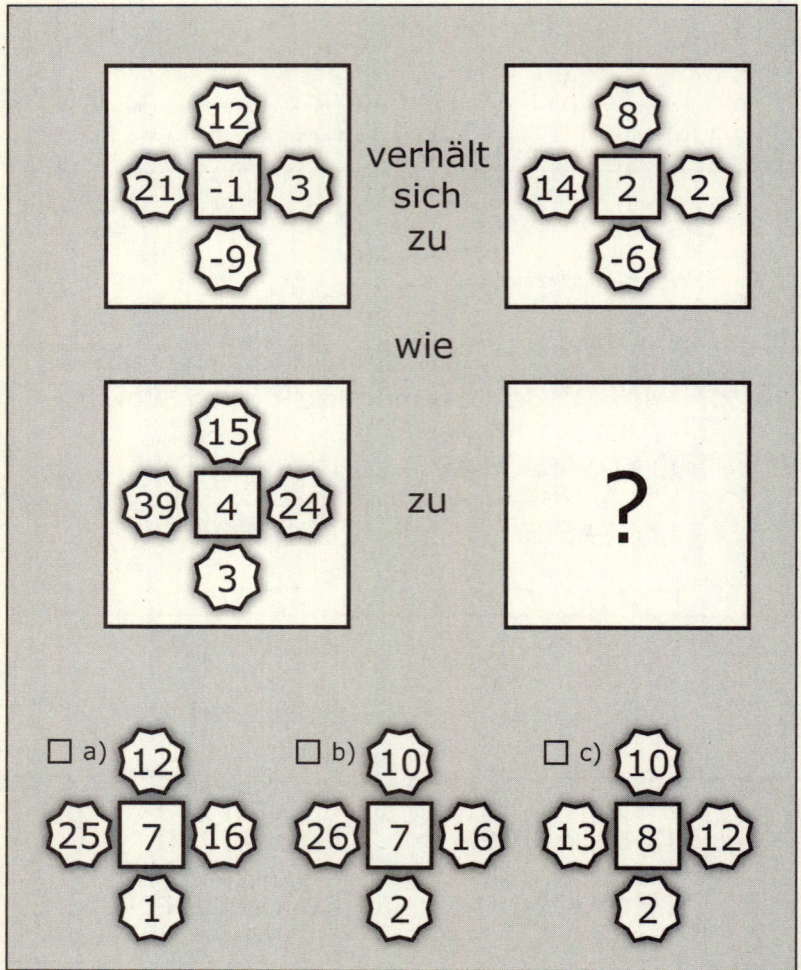

4.9 Finden Sie ein Wort, das dieselbe Bedeutung haben kann wie die beiden vorgegebenen.

Delle – Schwellung

_____

4.10 Setzen Sie die sechs Mosaikbausteine entsprechend dem Plan rechts gedanklich zusammen. Vergleichen Sie dies mit der Vorgabe links. In welchem Bereich (A bis D) steckt ein Fehler?

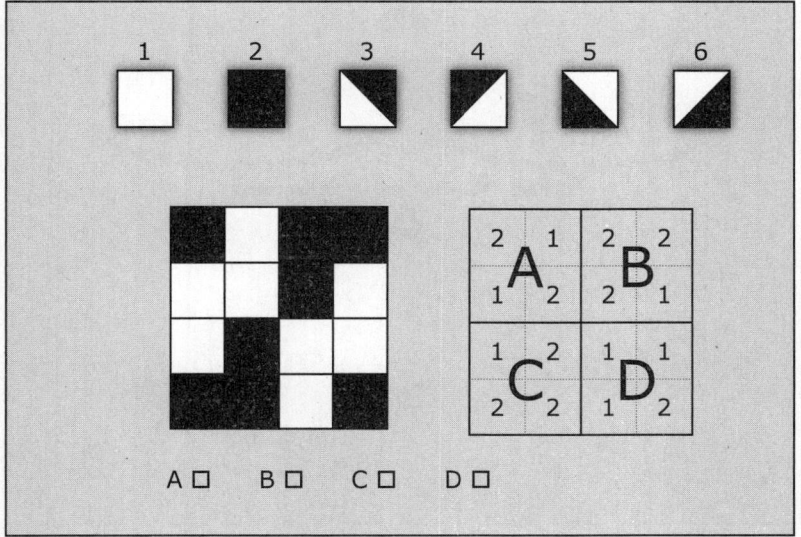

4.11 Mit welcher Menge bringen Sie die letzte Waage ins Gleichgewicht?

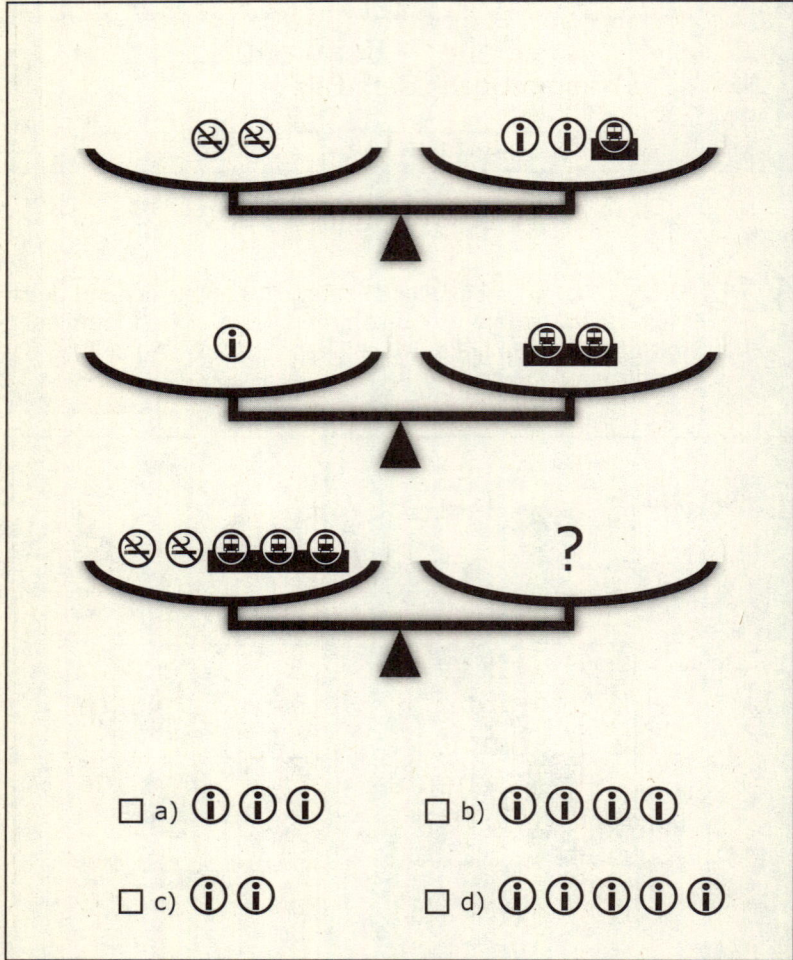

4.12 Führen Sie die Redensart richtig fort.

Armut ...

☐ a) kommt nach dem Fall.

☐ b) schändet nicht.

☐ c) ist ein scharfes Schwert.

☐ d) bringt Rosen.

4.13 Nach welchem Wochentag wird gefragt?

Gestern war es drei Tage vor einem Tag, der immer acht Tage nach einem Montag kommt.
Welcher Wochentag war vier Tage vor übermorgen?

☐ Mo ☐ Di ☐ Mi ☐ Do ☐ Fr ☐ Sa ☐ So

4.14 Finden Sie die beiden zusammengehörenden Begriffe.

☐ a) Hund   ☐ b) Katze

☐ c) Leopard   ☐ d) Star

☐ e) Boa   ☐ f) Robbe

4.15 Links und rechts des Gleichheitszeichens sollen sich Grafik-Paare gegenüberstehen, die in einem analogen Verhältnis zueinander stehen.
Welche Grafik (A bis E) ersetzt das Fragenzeichen?

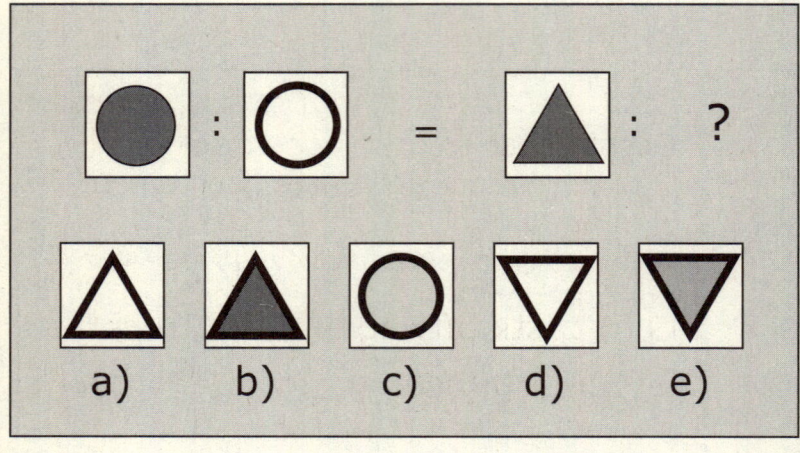

4.16 Ersetzen Sie das Fragezeichen.

4.17 Sie sehen jeweils zwei Begriffpaare. In der unteren Zeile fehlt ein Begriff – bitte ergänzen Sie entsprechend.

Radio – Rundfunkempfänger

Laster – _____

☐ a) Lastkraftwagen   ☐ b) Truck
☐ c) Kraftfahrzeug   ☐ d) Brummi

4.18 In der Mitte fehlt ein Brückenwort, welches das erste Wort abschließt und das zweite beginnt. Ergänzen Sie.

Freuden _____ Taufe

4.19 Welches Element muss in das leere Feld?

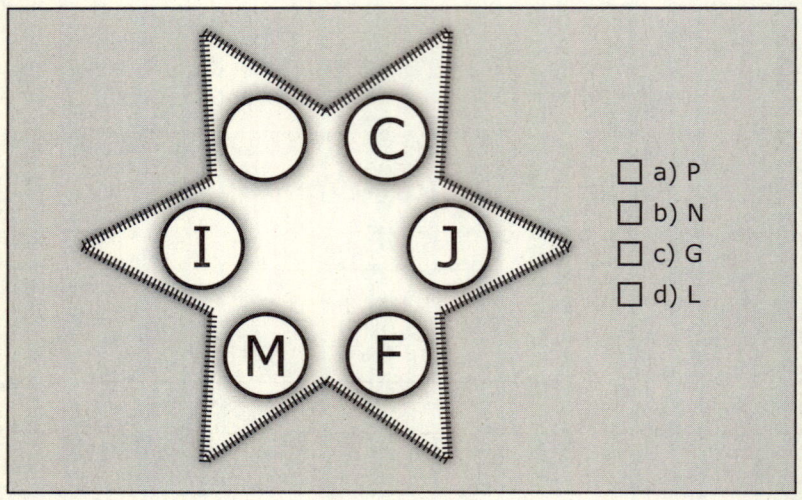

☐ a) P
☐ b) N
☐ c) G
☐ d) L

4.20 Welcher der Würfel A bis C könnte aus der Abwicklung gefaltet worden sein?

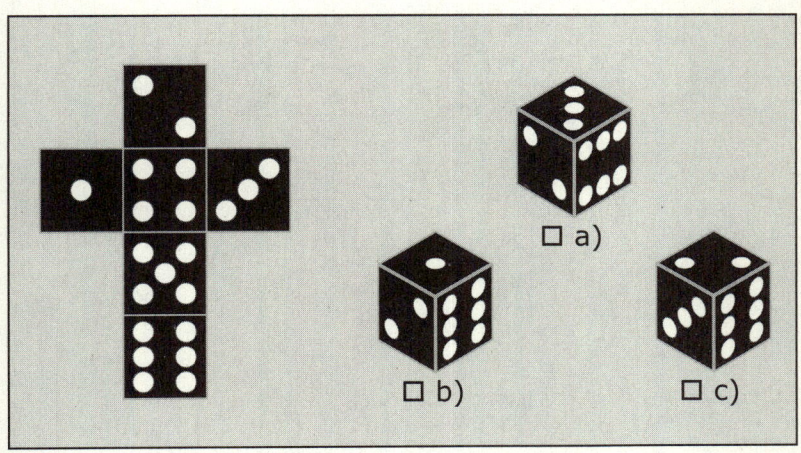

☐ a)

☐ b)

☐ c)

4.21 Finden Sie ein Wort, das den gemeinsamen Oberbegriff zu den beiden vorgegebenen Wörtern bildet.

Kino – Kegeln

_____

4.22 Welche Zahl fehlt?

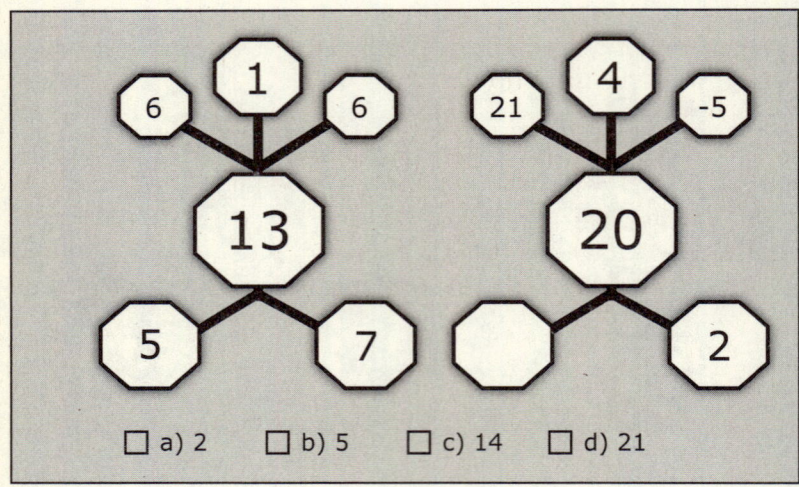

☐ a) 2 ☐ b) 5 ☐ c) 14 ☐ d) 21

4.23 Bei den folgenden Wörtern fehlen am Ende bzw. am Anfang zwei Buchstaben. Ergänzen Sie sie!

Gil _ _ kor

4.24 Finden Sie den logisch richtigen nächsten Satz bzw. führen Sie den Satz logisch richtig fort.

> Josefs Vater fährt einen Volvo, er selbst hat einen Audi und ...
>
> ☐ a) seine Tochter einen Alfa Romeo.
>
> ☐ b) sein Bruder einen Skoda.
>
> ☐ c) seine Mutter einen Renault.
>
> ☐ d) sein Sohn einen VW.

4.25 Welche Grafik A bis D ersetzt das Fragezeichen?

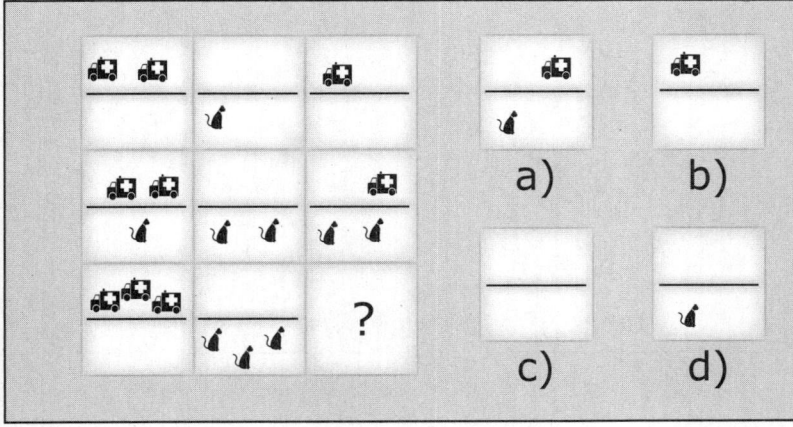

4.26 Bestimmen Sie das fehlende Element.

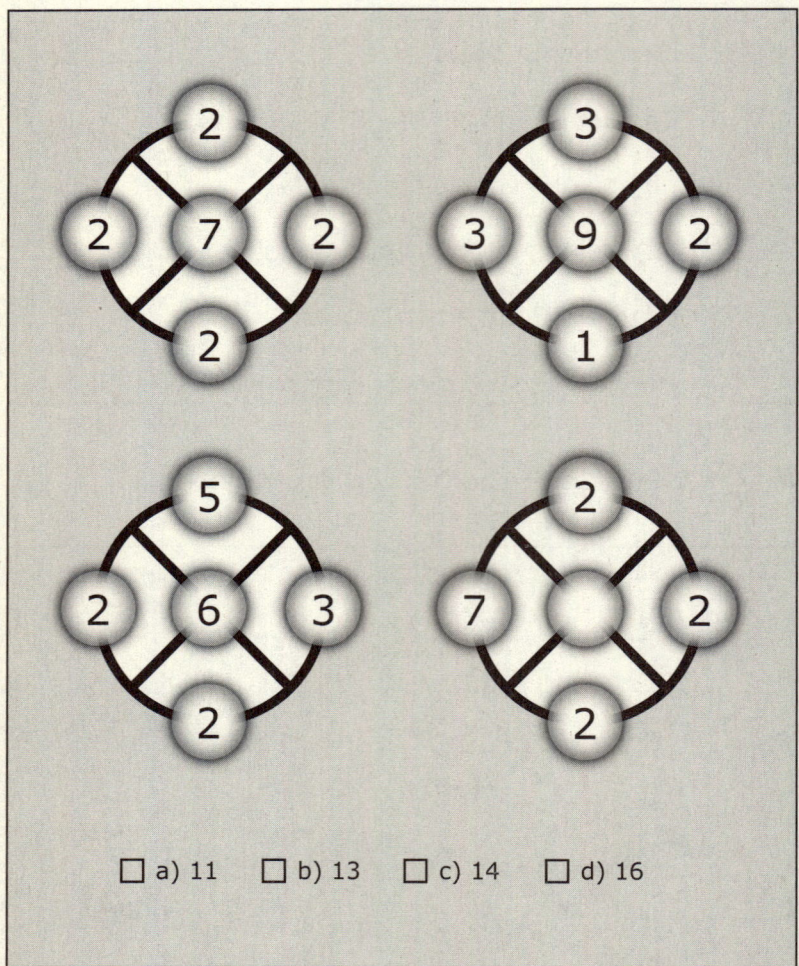

☐ a) 11   ☐ b) 13   ☐ c) 14   ☐ d) 16

4.27 Tragen Sie das fehlende Wort in die Klammer ein.

Sch + (_____) = flacher

Nadelbaum Zylinder

4.28 Welche Grafik A bis D ersetzt das Fragezeichen?

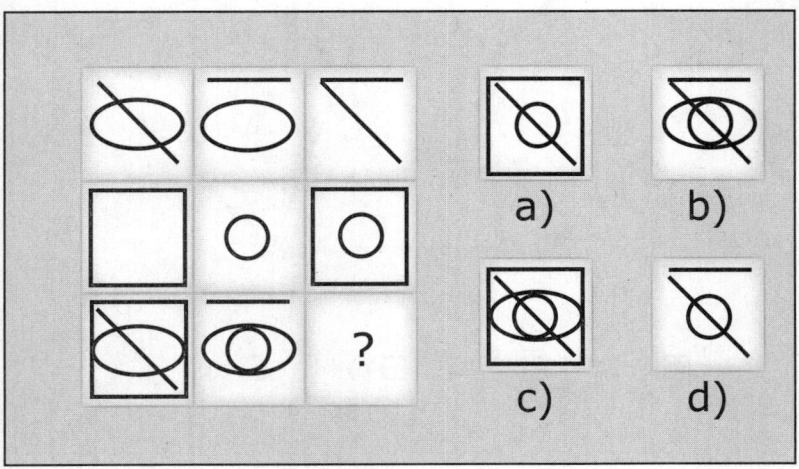

4.29 Welche Zahl gehört an die Stelle des Fragezeichens?

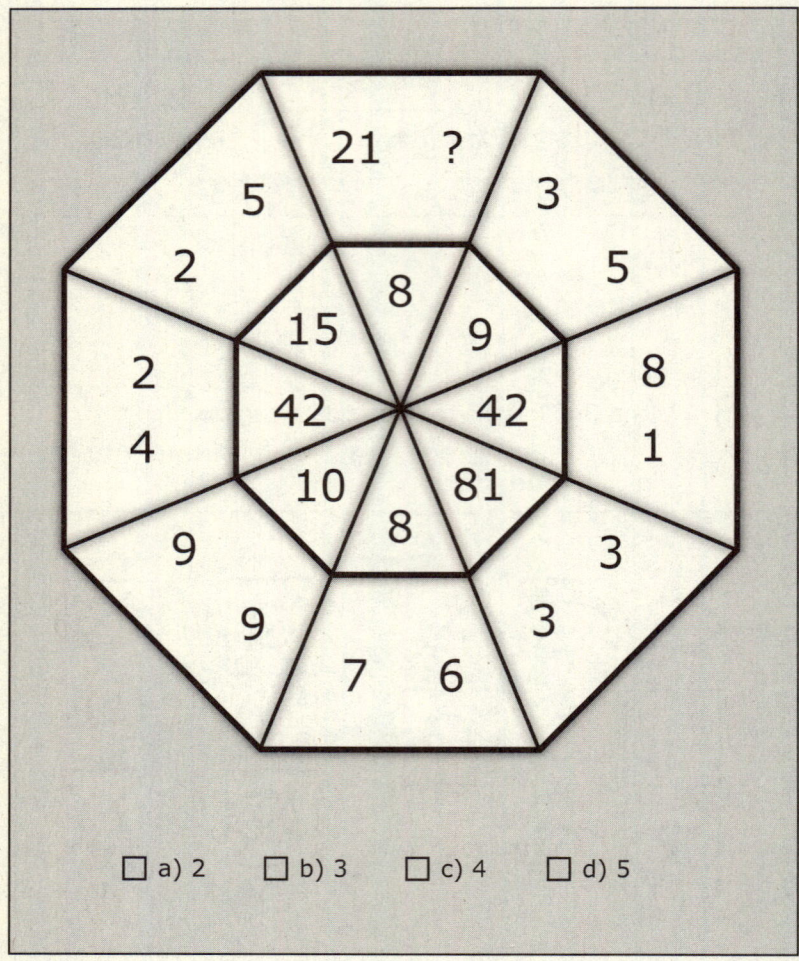

☐ a) 2   ☐ b) 3   ☐ c) 4   ☐ d) 5

4.30 Welches Wortende kann all diesen Wortanfängen hinten angesetzt werden?

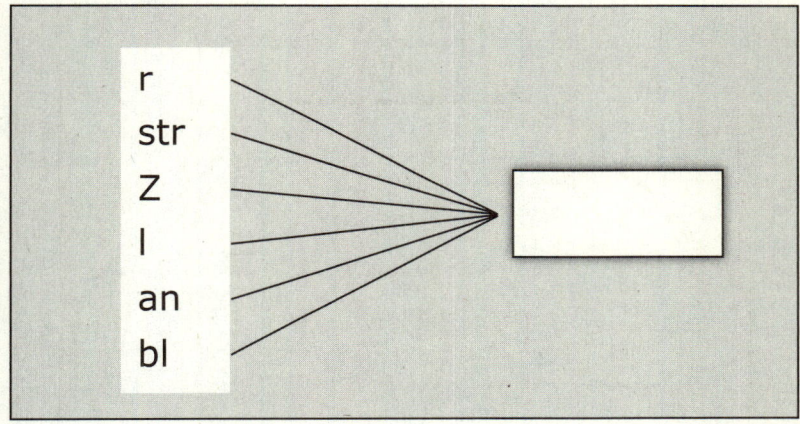

4.31 Welche Grafik A bis D ersetzt das Fragezeichen?

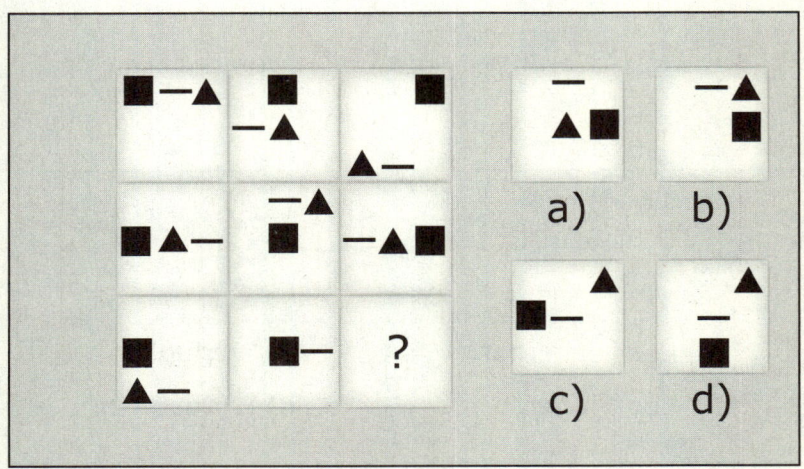

4.32 Welche Grafik A bis D ersetzt das Fragezeichen?

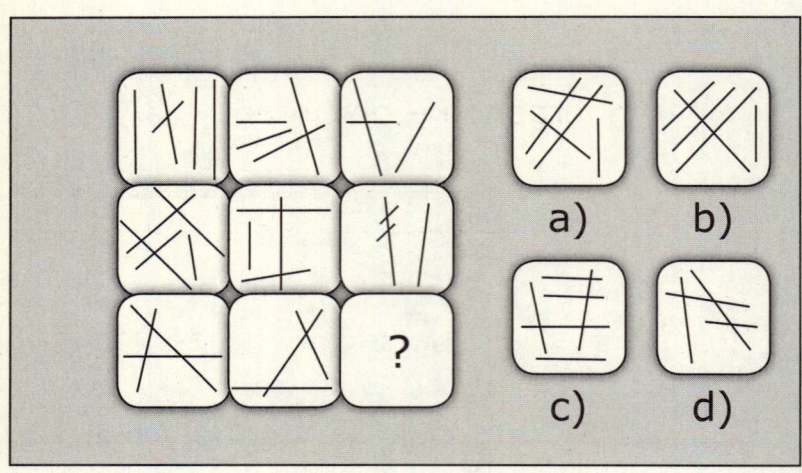

4.33 Welcher Begriff ähnelt dem Vorgegebenen am meisten?

disponibel

☐ a) lieferbar   ☐ b) verfügbar

☐ c) lagernd   ☐ d) vorhanden

4.34 Finden Sie ein Wort, das dieselbe Bedeutung haben kann wie die beiden vorgegebenen.

umhergehen – berühren:

_____

4.35 Treffen Sie die richtige Entscheidung.

☐ a) T
☐ b) M
☐ c) Z
☐ d) N

ERGEBNIS 4

Tragen Sie hier die Anzahl der richtig gelösten Aufgaben ein.

Lösungen mathematischer IQ

M1 - I
Lösung: a
Im Zahlenfeld befinden sich ausschließlich ganze, positive Zahlen.

M1 - II
Lösung: a
Im Zahlenfeld befinden sich ausschließlich positive, gerade Zahlen.

M1 - III
Lösung: b
Im Zahlenfeld befinden sich ausschließlich Quadratzahlen (von natürlichen Zahlen).

M1 - IV
Lösung: d
Im Zahlenfeld befinden sich ausschließlich Vielfache von 4, die eine Reihe von 8 bis 40 bilden. Als einzige Zahl fehlt dabei die 24.

M2 - I
Lösung: c
Die Zahlen im Innern sind jeweils die Summen der beiden benachbarten äußeren Zahlen.

M2 - II
Lösung: b
Die Anordnung enthält vier kleine mathematische Reihen mit der Regel „immer +2". Diese Reihe starten immer von einem inneren Feld, machen einen Schritt nach außen und dann einen Schritt nach rechts.

M2 - III
Lösung: a
Die Zahlen im Innern sind jeweils der Betrag der Differenz aus den beiden benachbarten äußeren Zahlen.

M2 - IV
Lösung: c
Die Zahlen im Innern sind jeweils die um Eins erhöhte Summe aus den beiden benachbarten äußeren Zahlen.

M3 - I
Lösung: 1
Die Zahlen stehen für die Anzahl der ovalen Flächen, die den Bereich, wo die Zahl steht, bedecken. Die gesuchte Zahl steht in einem Bereich, der nur von einer Fläche bedeckt wird.

M3 - II
Lösung: 2
Zwei Dreiecke überdecken den Bereich, in dem die gesuchte Zahl steht.

M3 - III
Lösung: 2
Das Feld steht in einem Bereich, in dem sich zwei Flächen überlappen.

M3 - IV
Lösung: 3
Das Feld steht in einem Bereich, in dem sich drei Flächen überlappen.

M4 - I
Lösung: c
In der Mitte steht die Summe aus den drei äußeren Zahlen.

M4 - II
Lösung: a
Die Summe der Zahlen in Spitze und Mitte ist gleich der Summe der beiden unteren Zahlen.

M4 - III
Lösung: d
Die Summe aus den drei äußeren Zahlen ist gleich dem Quadrat der Zahl in der Mitte.

M4 - IV
Lösung: a
In der Spitze steht die Differenz zwischen dem Produkt aus den beiden Zahlen links unten und in der Mitte einerseits und der Zahl rechts unten andererseits.

M5 - I
Lösung: 40
$\square$ = 13, $\blacklozenge$ = 9

M5 - II
Lösung: 15
$\mathcal{H}$ = 3, $\square$ = 6

M5 - III
Lösung: 23
💧 = 2, 💣 = 5, 🖹 = 8

M5 - IV
Lösung: 36
○ = 3, ⊠ = 11, 🖫 = 12

M6 - I
Lösung: b
Die Reihe folgt der rechnerischen
Regel: „immer +2".

M6 - II
Lösung: c
Die Reihe folgt der rechnerischen
Regel: „immer in einem Schritt
x2 –1".

M6 - III
Lösung: d
Die Reihe folgt der Regel: „abwech-
selnd +3 und –7".

M6 - IV
Lösung: b
Bei –2 beginnend wird nach jeder
Zahl die nächstgrößere Zahl subtra-
hiert. Also: –2, –3, –4, –5 usw.

M6 - V
Lösung: c
Bei +1 beginnend wird nach jedem
Schritt eine um 3 höhere Zahl
addiert.
Also: +1, +4, +7, +10 usw.

M6 -VI
Lösung: d
Bei jedem Schritt wird die links
daneben stehende Zahl addiert.
*Anmerkung: Diesem Prinzip
gehorcht auch die berühmte
Fibonacci-Folge.*

M7 - I
Lösung: b
Die Differenzen zwischen den drei
Zahlen bleiben gleich. So ist der
Unterschiedsbetrag zwischen der
Zahl links unten und der Zahl oben
9, der Unterschiedsbetrag zwischen
der Zahl oben und der Zahl rechts
unten 2, und der Unterschiedsbetrag
zwischen den unteren beiden Zahlen
ist 7.

M7 - II
Lösung: d
Die Zahl links unten ist das Produkt
aus den anderen beiden Zahlen.

M7 - III
Lösung: c
Die obere Zahl ist das verdoppelte
Produkt aus den unteren beiden
Zahlen.

M7 - IV
Lösung: b
Unten rechts steht das halbierte Pro-
dukt aus den anderen beiden Zahlen.

M7 - V
Lösung: d
Im oberen Feld steht die Quersumme
der Summe aus den unteren beiden
Zahlen.

M7 - VI
Lösung: a
Die obere Zahl ist die Quersumme
jeder der beiden unteren Zahlen.

M8 - I
Lösung: a
Die Zähler als auch die Nenner
erhöhen sich immer um 1.

M8 - II
Lösung: d
Die Zähler erhöhen sich immer um 2.
Die Bruchwerte bleiben dabei gleich;
d. h. die Nenner erhöhen sich hier
um je 4.

M8 - III
Lösung: c
Die „Brüche" bilden je eine obere
und eine untere Reihe. Oben gilt die
Regel „bei jedem Schritt 4 subtrahieren", unten „bei jedem Schritt 4
addieren".

M8 - IV
Lösung: d
Die „Zähler" verdoppeln sich bei
jedem Schritt. Die „Nenner" sind
jeweils die Quersumme der darüber
stehenden Zahl.

M9 - I
Lösung: c
Zeilenweise kann man hier eine
Reihe erkennen, die sich schritt-
weise um 2 erhöht.

M9 - II
Lösung: b
In der linken Spalte stehen die
Summen die Zahlen rechts daneben.

M9 - III
Lösung: a
In jeder Zeile und Spalte ist jeweils
eine 1, eine 4 und eine 9 enthalten.

M9 - IV
Lösung: b
In der zweiten Zeile stehen die
Quadratzahlen der Zahlen darüber.
Die dritte Zeile enthält die Summe
aus den beiden oberen Zahlen.

M10 - I
Lösung: d
Auf allen drei Ebenen läuft eine
Reihe nach dem Muster „abwech-
selnd x2 und –7".

M10 - II
Lösung: a
Die obere Reihe folgt dem Rhythmus „immer –8". Die mittlere Reihe
hat das Muster „abwechselnd –2 und
x3". Die untere Reihe hat die Regel
„abwechselnd –5 und +9".

M10 - III
Lösung: c
In der mittleren Spalte läuft eine Reihe
nach der Regel „jede Zahl ist die Summe der beiden Zahlen links neben ihr".
Die jeweilige Zahl darüber ist deren
Quersumme. Die unteren Zahlen
ergeben sich daraus, dass die Tripel-
summen immer 43 sind.

M10 - IV
Lösung: b
Generell kommen ausschließlich die
vier Zahlen 2, 4, 7 und 8 zum Ein-
satz.

M11 - I
Lösung: a
Nur gerade Zahlen.

M11 - II
Lösung: d
Nur positive, ungerade Zahlen.

M11 - III
Lösung: c
Nur ungerade Quadratzahlen.

M11 - IV
Lösung: a
Die Gruppe enthält nur Einsen
und Zweien.

M11 - V
Lösung: a
Diese Gruppe enthält nur Vielfache
von 4.

M11 - VI
Lösung: a
Nur Primzahlen.

M12 - I
Lösung: b
Es stehen sich immer verdoppelte
Zahlen gegenüber.

M12 - II
Lösung: a
Die äußeren Zahlen sind immer
Quadratzahlen. Im inneren Ring sind
immer zwei nebeneinander liegende
Zahlen gleich.

M12 - III
Lösung: b
Die ersten drei Karten weisen
zwischen ihren beiden Zahlen eine

Differenz von 11 auf. Bei den im
Uhrzeigersinn nachfolgenden drei
Karten ist die Differenz zwischen
den Zahlen immer 15.

M12 - IV
Lösung: b
Die inneren Zahlen bilden gegen
den Uhrzeigersinn eine Reihe, in der
immer die nächsthöhere Zahl addiert
wird, also +3, +4, +5, +6. Je nachdem, ob an der Stelle des Fragezeichens der Anfang oder das Ende der
Reihe ist, muss dort als innere Zahl
eine 1 oder eine 28 stehen. Von der
1 begänne die Reihe mit +2, bei 28
endete sie mit +7.
Die äußeren Zahlen gegen den
Uhrzeigersinn folgen dem mathematischen Rhythmus „abwechselnd +7
und x2". Diesmal kämen die 1 und
die 57 als äußere Zahl für die Frage-
zeichenkarte in Betracht.
Wäre das Fragezeichen der Anfang,
so müsste die Zahlenkombination 1
und 1 lauten; wäre es das Ende, so
lauteten die fehlenden Zahlen 28
und 57.
Im Angebot steht nur Ersteres zur
Auswahl.

M13 - I
Lösung: a
Die obere Zahl ist immer die Summe aus den beiden unteren Zahlen.

M13 - II
Lösung: b
Die Zahl links unten ist immer das Produkt aus der Zahl rechts unten und der Zahl oben.

M13 - III
Lösung: d
Die Zahl oben ist immer die um 3 erhöhte Summe aus den unteren beiden Zahlen.

M13 - IV
Lösung: c
Die Summe aus den drei Zahlen einer Grafik ist immer 16.

M14 - I
Lösung:
$3 \times 5 + 1 \times 2 + 3 = 35$

M14 - II
Lösung:
$2 + 8 \times 10 - 4 - 7 = 89$

M14 - III
Lösung:
$7 + 4 - 5 \times 7 + 8 = 50$

M14 - IV
Lösung:
$1 \times 3 \times 4 + 1 \times 3 = 39$

M15 - I
Lösung: a
Die Zahl entspricht der Anzahl der Buchstaben.

M15 - II
Lösung: d
Die Zahl steht für die Position des Anfangsbuchstabens im Alphabet.

M15 - III
Lösung: c
Die Zahl steht für die rückwärts gezählte Position des Anfangsbuchstabens im Alphabet.

M15 - IV
Lösung: b
Die Zahlen ergeben sich aus der Addition der Positionswerte der einzelnen Buchstaben im Alphabet.

M16 - I
Lösung: c
Von Grafik 1 bis Grafik 3 verdoppeln sich die Zahlen jeweils. Betrachtet werden dabei stets dieselben Positionen innerhalb der Anordnung.

M16 - II
Lösung: a
In der Anordnung 2 und 3 stehen die Zahlen aus der oberen Anordnung in der zweiten bzw. dritten Potenz. Es fehlt also „4 hoch 3" = 4 x 4 x 4 = 64.

M17 - I
Lösung: b
Die Buchstaben wandern um je zwei Stellen im Alphabet weiter.

M17 - II
Lösung: d
Die am Alphabet bemessenen Schritte erhöhen sich um je eine Stelle. Vom ersten zum zweiten Buchstaben ist es eine Stelle, vom zweiten zum dritten sind es zwei Stellen usw. Am Z angelangt geht es wieder beim A weiter.

M17 - III
Lösung: c
In der Mitte steht jeweils die Summe aus linker und rechter Zahl. (Die Zahlenwerte der jeweiligen Buchstaben entsprechen dabei immer den Positionen der einzelnen Buchstaben im Alphabet.)

M17 - IV
Lösung: b
In der mittleren Zeile steht jeweils das Produkt aus oberer und unterer Zahl. (Der Wert des jeweiligen Buchstabens entspricht dabei seiner Stufe im Alphabet.)

M18 - I
Lösung: a
Die Summe in jedem Kuchenstück (Achtel-Dreieck) beträgt 31.

M18 - II
Lösung: c
Addieren Sie die beiden Zahlen in einem äußeren Feld, und setzen Sie die Summe in das gegenüberliegende innere Feld.

M19 - I
Lösung: d
In der Mitte steht die Summe aus oberer und unterer Zahl. Es ist gleichfalls die Summe aus linker und rechter Zahl.

M19 - II
Lösung: a
Das Produkt aus oberer und rechter Zahl ist gleich dem Produkt aus linker und unterer Zahl. In der Mitte steht dieses um 2 reduzierte Produkt.

M20 - I
Lösung: 4 und 14
Die Summe der Hände steht im Kopf; die Summe der Füße im Bauch.

M20 - II
Lösung: 2
Die Summe aus Kopf und Händen ist gleich der Summe aus Füßen und Bauch.

M20 - III
Lösung: 3 und 5
Hier ergeben sich spaltenweise identische Summen (Rechte Hand + rechter Fuß, Kopf + Bauch, linke Hand + linker Fuß)

M20 - IV
Lösung: 3 und 18
Linke Hand x Kopf = rechte Hand, linker Fuß x Bauch = rechter Fuß (rechts bzw. links vom Betrachter aus gesehen).

M21 - I
Lösung: b
Es stehen sich immer eine Zahl und deren alphabetische Entsprechung gegenüber.

M21 - II
Lösung: d
Bei 1 beginnend wächst jede Zahl bzw. ihre alphabetische Entsprechung im Uhrzeigersinn um 2. Dabei wechseln sich Zahlen und Buchstaben nach jedem Schritt ab.

M21 - III
Lösung: b
Beim E beginnend wächst jede Zahl bzw. deren alphabetische Entsprechung um einen immer um 1 zunehmenden Wert.

M21 - IV
Lösung: a
Das Produkt zweier sich gegenüberstehenden Zahlen (bei Buchstaben zählen die alphabetischen Entsprechungen) ist immer 42.

M22 - I
Lösung: a
Von links nach rechts und von oben nach unten erhöht sich die Anzahl der Punkte jeweils um 1.

M22 - II
Lösung: c
In den Ecken erhöht sich die Punktzahl im Uhrzeigersinn um je 2. Dazwischen bleiben die Punktezahlen konstant bei 4.

M22 - III
Lösung: a
In den Ecken stehen die Differenzen aus den beiden angrenzenden Feldern.

M22 - IV
Lösung: d
In den Mittelfeldern stehen die Summen aus den beiden angrenzenden Ecken.

M23 - I
Lösung: a
Die ersten vier Buchstaben des Alphabets sind im ersten Viertel (links oben), die zweiten vier Buchstaben des Alphabets sind im zweiten Viertel (rechts oben) usw. Innerhalb eines Viertels ist die Anordnung der Buchstaben willkürlich.

M23 - II
Lösung: b
Unten links beim D beginnt eine alphabetische Reihe, wobei immer zwei Buchstaben übersprungen werden. Am Ende des Alphabets angelangt geht es wieder beim A weiter. Die Reihe verläuft die Spalte hinauf, in der zweiten Spalte hinunter, usw.

M24 - I
Lösung: Donnerstag
Wenn gestern Montag war, dann ist heute Dienstag und zwei Tage darauf ein Donnerstag.

M24 - II
Lösung: Montag
Acht Tage nach einem Mittwoch ist Donnerstag, und dieser war vor drei Tagen. Heute ist demnach ein Sonntag und morgen ist Montag.

M24 - III
Lösung: Montag
Fünf Tage nach einem Freitag
(beim Wochentagskalkül dasselbe
wie zwei Tage vor einem Freitag)
ist ein Mittwoch, und dieser ist übermorgen. Heute ist demnach Montag,
und gestern war Sonntag. Folglich
war vor sechs Tagen ein Montag.

M24 - IV
Lösung: Samstag
Vom 11. Januar bis zum 11. Februar
vergehen 31 Tage. Weitere acht Tage
vergehen vom 11. bis zum 19. Februar.
Von den insgesamt 39 zu berücksich-
tigenden Tagen ziehen wir die größt-
mögliche, durch 7 teilbare Zahl ab,
in diesem Fall 35, sodass als Zahl
die 4 übrigbleibt. Bei reiner Wochen-
tagskalkulation können wir also un-
sere Berechnung darauf reduzieren,
dass in 39 Tagen derselbe Wochentag
ist wie in vier Tagen. Und vier Tage
nach einem Dienstag ist ein Samstag.

M25 - I
Lösung: b
Gewichtsbeispiel:
🎒 = 3, 💼 = 2, 🎗 = 1

M25 - II
Lösung: d
Gewichtsbeispiel:
🏭 = 3, 🏭 = 5, 🏛 = 2

M26 - I
Lösung: b
Die Zahlen in den Sternen verdop-
peln sich auf der rechten Seite. Die
Zahl im Quadrat bleibt gleich.

M26 - II
Lösung: c
Die Zahlen oben, rechts und unten
wandert um ein Feld im Uhrzeigersinn weiter. Die Zahl in der Mitte
wandert nach oben, die Zahl links in
die Mitte.

M27 - I
Lösung: b
In den vier inneren Feldern steht
jeweils die halbierte Summe aus den
drei äußeren Zahlen.

M27 - II
Lösung: a
Addieren Sie die drei äußeren Zah-
len jedes der vier äußeren Quadrate.
Bilden Sie aus der Summe die Quer-
summe und setzen Sie diese in das

innere Kästchen – jedoch um eine Stelle im Uhrzeigersinn versetzt.

M28 - I
Lösung: 3
Wenn zwei Bauern in zwei Tagen zwei Felder ernten, dann erntet ein Bauer in dieser Zeit ein Feld. Und drei Bauern ernten folglich drei Felder.

M28 - II
Lösung: 9
Wenn drei Pferde in drei Stunden drei Eimer Hafer fressen, dann fressen drei Pferde in nur zwei Stunden auch nur zwei Eimer Hafer. Um in dieser Zeit sechs Eimer, also die dreifache Menge an Hafer zu fressen, bedarf es auch dreimal so vieler Pferde.

M29 - I
Lösung: b
Der Minutenzeiger bewegt sich um je 20 Minuten vor, der Stundenzeiger um je zwei Stunden.

M29 - II
Lösung: c
Der Minutenzeiger bewegt sich um je 15 Minuten zurück, der Stundenzeiger um je fünf Stunden vor.

M29 - III
Lösung: a
Der Minutenzeiger bewegt sich bei jedem Schritt um 5 Minuten weiter vor als beim vorangegangenen Schritt. Hier also: 10 Minuten, 15 Minuten, 20 Minuten. Der Stundenzeiger bewegt sich abwechselnd drei Stunden vor und zurück.

M29 - IV
Lösung: a
Der Minutenzeiger bewegt sich bei jedem Schritt um 10 Minuten weiter vor als beim vorangegangenen Schritt. Hier also: 10 Minuten, 20 Minuten, 30 Minuten. Der Stundenzeiger bewegt sich bei jedem Schritt um 1 Stunde weiter vor als beim vorangegangenen Schritt. Hier: zwei Stunden, drei Stunden, vier Stunden.

M30 - I
Lösung: c
Die oberen Steinhälften wandern
zeilenweise je einen Schritt nach
rechts. Am rechten Rand angelangt
geht es links weiter. Bei den unteren
Steinhälften verhält es sich umgekehrt.

M30 - II
Lösung: a
Bei den oberen drei Dominosteinen
beträgt die Summe aller Augen in
jedem Stein 9. In der mittleren Reihe
ist diese Summe 11, und in der unteren Reihe hat jeder Stein zwölf Augen.

Lösungen visueller IQ

V1 - I
Lösung: B
In jeder Zeile und Spalte befinden sich
eine 1, eine 2 und eine 5. Je eine Zahl
ist grau.

V1 - II
Lösung: D
In jeder Zeile und Spalte gibt es je ein
Gesicht mit einem schwarzen, einem
grauen und einem weißen Mund.
Ebenso gibt es je einen grauen Kopf.
Desweiteren je ein schwarzes und
zwei weiße rechte Augen, und je ein
schwarzes und zwei graue linke Augen.

V1 - III
Lösung: D
Von oben nach unten: Gleiche Sym-
bole addieren sich, unterschiedliche
Symbole subtrahieren sich.

V1 - IV
Lösung: C
In jeder Reihe und Spalte befindet
sich je ein Fünfeck, ein Sechseck und
ein Siebeneck.

V2 - I
Lösung: D
Ein unregelmäßiges Achteck fehlt.
Jede der drei unterschiedlichen For-
men weist insgesamt fünf Punkte auf.

V2 - II
Lösung: A
In jeder Reihe und Spalte existiert
genau ein Dreieck, das nach oben
zeigt, ein Dreieck, das nach unten
zeigt und ein Dreieck, das nach links
zeigt. Es gibt je drei horizontale,
vertikale und diagonale Linien.

V2 - III
Lösung: C
Jedes Element kommt in jeder Reihe
und Spalte einmal vor. Ein Oval und
ein Rechteck fehlen.

V2 - IV
Lösung: B
Die Elemente aus der oberen Reihe addieren sich mit den Elementen der mittleren Reihe zur jeweiligen Grafik der unteren Reihe. Dabei werden die Elemente der mittleren Reihe um 90° gegen den Uhrzeigersinn gedreht.

V3 - I
Lösung: D
Die Grafiken werden von links nach rechts zuerst horizontal gespiegelt und dann um 180° gedreht.

V3 - II
Lösung: A
Die einzelnen Elemente wandern schrittweise um einen Platz nach links.

V3 - III
Lösung: C
Bei vier Zacken beginnend erhöht sich die Zackenzahl der Sterne nach unten hin um je eine Zacke. Jede Reihe enthält dabei einen kleinen, einen mittleren und einen großen Stern. Die Ausrichtung der Sterne ist dabei in jeder Reihe gleich. Weiterhin ist in jeder Reihe und Spalte je eine Grafik grau.

V3 - IV
Lösung: B
Bei der gepunkteten Grafik mit Pfeilspitzen fehlt der rechte Winkel.

V4 - I
Lösung: D
In jeder Reihe und Spalte befinden sich je ein schwarzes und zwei weiße Fünfecke.

V4 - II
Lösung: A
Die Fünfecke stehen abwechselnd auf ihrer Basis und auf der Spitze.

V4 - III
Lösung: C
Das kleine, graue Dreieck wandert immer um je zwei Ecken im Uhrzeigersinn weiter.

V4 - IV
Lösung: B
In jeder Reihe und Spalte befindet sich je ein kleines, graues Dreieck links oben, rechts unten bzw. oben.

V5 - I
Lösung: C
Das X wandert immer eine Mulde tiefer. Unten angelangt geht es wieder von oben weiter.

V5 - II
Lösung: A
Die schwarzen Kreise im und neben den Dreiecken wandern immer eine Ecke im Uhrzeigersinn weiter.
Der Kreis im Oval wechselt seine Lage zwischen oben und unten hin und her. Außerhalb des Ovals wechselt er zwischen links und rechts.

V5 - III
Lösung: C
In der linken Spalte sind immer Ovale auf der linken Seite. In der rechten Spalte sind immer Dreiecke auf der linken Seite. In der oberen Reihe sind immer Kreise auf der rechten Seite. In der mittleren Reihe sind immer Sechsecke auf der rechten Seite, und in der unteren Reihe sind immer Rechtecke auf der rechten Seite.
Dass das Feld links unten „nicht sichtbar" ist, macht das Erkennen dieses Zusammenhangs etwas schwieriger.

V5 - IV
Lösung: A
Ähnliches Prinzip wie bei III, nur: hier wandern die jeweils kleineren Elemente innerhalb des Felds von der linken Seiten über den Mittelpunkt zur rechten Seite.

V6 - I
Lösung: A
Vokale und Konsonanten wechseln sich ab.

V6 - II
Lösung: B
Der Pfeil dreht sich um je 45° im Uhrzeigersinn.

V6 - III
Lösung: C
Der Pfeil dreht sich bei jedem Schritt um 45° weiter als beim vorangegangenen Schritt gegen den Uhrzeigersinn.

V6 - IV
Lösung: D
Es existieren je drei Pfeile, die nach links oben, nach links unten und nach oben zeigen.

V7 - I
Lösung: A
Alle schwarzen Kreise in den äußeren Feldern summieren sich im Mittelfeld.

V7 - II
Lösung: C
Die schwarzen Punkte wandern zeilenweise um je eine Stelle weiter nach rechts.

V7 - III
Lösung: D
Je drei Felder enthalten vier, fünf bzw. sechs schwarze Kreise.

V7 - IV
Lösung: C
Alle Darstellungen bilden einen rechten Winkel.

V8 - I
Lösung: D
Jede Grafik enthält drei diagonale Striche. Sämtliche Striche verlaufen von links unten nach rechts oben.

V8 - II
Lösung: C
Jede Grafik enthält eine Diagonale, die von links unten nach rechts oben verläuft, und zwei, die von links oben nach rechts unten verlaufen.

V8 - III
Lösung: A
Das anfangs linke Kreuz wandert abwechselnd hinunter und hinauf. Das anfangs rechte Kreuz abwechselnd nach links und nach rechts.

V8 - IV
Lösung: A
Jede Grafik enthält genau fünf diagonale Striche.

V9 - I
Lösung: A
Jede Reihe enthält drei Elemente, deren jeweilige Anzahl an Ecken aufeinanderfolgen.

V9 - II
Lösung: A
Bei der ersten und zweiten Spalte tauschen die Elemente Form und Größe. Die dritte Spalte ergibt sich aus der zweiten Spalte: Das innere

Element erhält zwei zusätzliche Ecken und wird vergrößert.
Das größere Element wird um 90° gegen den Uhrzeigersinn gedreht und verkleinert.

V9 - III
Lösung: C
Die Gesamtzahl der schwarzen Quadrate in jeder Reihe ist identisch mit der Anzahl der Ecken der Form in der jeweiligen Reihe.

V9 - IV
Lösung: A
Die Anzahl der Überschneidungen ist jeweils identisch mit der Anzahl der Ecken.

V10 - I
Lösung: B
Die Schlangenlinien in den Ecken zeigen zur Mitte.

V10 - II
Lösung: A
In jeder Reihe und Spalte ist ein Krankenwagen, ein Feuerwehrauto und ein Bus. Jeweils ein Element ist davon grau.

V10 - III
Lösung: B
In jeder Reihe und Spalte ist jede der drei Uhrzeiten genau einmal enthalten.

V10 - IV
Lösung: D
Von den drei Symbolen existiert in jeder Reihe je ein kleines, ein mittelgroßes und ein großes.

V11 - I
Lösung: D
Die Bildchen wandern immer um ein Kästchen im Uhrzeigersinn weiter.

V11 - II
Lösung: A
Das Quadrat mit der Frau auf der rechten Seite fehlt.

V11 - III
Lösung: D
Jede Reihe und Spalte enthält ein Fünf-, ein Sechs- und ein Siebeneck. Im Innern der Formen gibt es drei unterschiedliche Formenpärchen (Rechteck-Oval, Dreieck-Oval und Dreieck-Rechteck), die jeweils dreimal enthalten sind.

V11 - IV
Lösung: A
Jedes Bildchen bzw. Symbol hat den Wert 1. In der mittleren Spalte steht dann die Summe aus erster und dritter Spalte.

V12 - I
Lösung: B
Verbindet man die beiden Rauten in jedem Feld, so weist die Richtung dieser Verbindungslinie immer zur Mitte.

V12 - II
Lösung: A
In jeder Reihe und Spalte gibt es je ein Feld mit einem, zwei bzw. drei Rechtecken. Ebenso gibt es in jeder Reihe und Spalte je ein Feld mit einem, zwei bzw. drei Ovalen.

V12 - III
Lösung: D
In jeder Reihe und Spalte gibt es je ein Oval und ein Rechteck. Jede Spalte enthält insgesamt vier schwarze und vier weiße Dreiecke.

V12 - IV
Lösung: C
In der zweiten Zeile sind die Symbole spiegelbildlich zur ersten Zeile angeordnet. In der dritten Zeile sind die Felder um 90° im Uhrzeigersinn gedreht.

V13 - I
Lösung: D
Jedes Element ist dreimal enthalten.

V13 - II
Lösung: A
Jede Reihe und Spalte enthält ein großes A, ein großes E und ein großes R; ebenso ein kleines U, ein kleines V und ein kleines W.

V13 - III
Lösung: C
In der linken Spalte haben die Sterne vier Zacken, in der mittleren sechs und in der rechten Spalte fünf. Außerdem sind in jeder Zeile und Spalte in je einem Kästchen ein, zwei bzw. drei kleine Quadrate enthalten.

V13 - IV
Lösung: A
Die linke Spalte enthält Sonnen, die mittlere Telefone und die rechte Glocken. Die obere Reihe enthält durchgehende Striche, die mittlere gepunktete und die untere gerautete. Diese Striche werden im ersten Schritt um 45° im Uhrzeigersinn gedreht, im zweiten Schritt um 90°.

V14 - I
Lösung: 1A, 2A, 3B, 4A
Runde Formen sind bei A in der oberen Hälfte, während sich eckige Formen in der unteren Hälfte befinden. Bei Gruppe B ist es umgekehrt.

V14 - II
Lösung: 1B, 2A, 3A, 4B
In Gruppe A gibt es immer genau eine Überschneidung, in Gruppe B immer zwei.

V15 - I
Lösung: 1A, 2A, 3B, 4A
In Gruppe A sind die Elemente in den Kästen horizontal symmetrisch angeordnet; in der Gruppe B sind sie vertikal symmetrisch angeordnet.

V15 - II
Lösung: 1B, 2A, 3A, 4B
Die Formen in Gruppe A haben eine gerade Anzahl an Ecken; die in Gruppe B eine ungerade.

V16 - I
Lösung: b
Der Würfel dreht sich um je 90° gegen den Uhrzeigersinn (Perspektive ist von oben auf das V).

V16 - II
Lösung: a
Der Würfel dreht sich um je 90° gegen den Uhrzeigersinn (Perspektive ist von links auf das D).

V16 - III
Lösung: c
Der Würfel dreht sich um je 90° im Uhrzeigersinn (Perspektive ist von rechts auf die 2).

V16 - IV
Lösung: c
Der Würfel dreht sich um je 90° im Uhrzeigersinn (Perspektive ist von oben auf das I).

V17 - I
Lösung: b
Der Würfel dreht sich um je 90°
gegen den Uhrzeigersinn (Perspektive ist von links auf das A).

V17 - II
Lösung: a
Der Würfel dreht sich um je 90°
gegen den Uhrzeigersinn (Perspektive ist von oben auf das A).

V17 - III
Lösung: c
Der Würfel dreht sich um je 90° im
Uhrzeigersinn (Perspektive ist von
oben auf das P).

V17 - IV
Lösung: d
Der Würfel dreht sich um je 90° im
Uhrzeigersinn (Perspektive ist von
links auf das G).

V18 - I
Lösung: E
Die Linien drehen sich um je 90°.
Die beiden Enden haben immer eine
identische, symmetrisch ausgerichtete Form.

V18 - II
Lösung: D
Die Elemente wandern von links
nach rechts immer um ein Drittel der
Kastenbreite. Rechts angelangt geht
es wieder links weiter.

V18 - III
Lösung: B
Der schwarze Kreis in den Sternzacken wandert abwechselnd um drei
und um eine Zacke im Uhrzeigersinn
weiter.

V18 - IV
Lösung: A
Das kleine schwarze Dreieck wandert immer um zwei Felder mehr im
Uhrzeigersinn weiter als beim vorangegangenen Schritt (hier also um
ein, drei, fünf und schließlich sieben
Felder). Dabei zeigt seine Spitze
stets ins Zentrum.
Das graue Feld wandert gegen den
Uhrzeigersinn, immer um eine Ecke
weiter als beim vorangegangenen
Schritt.

V19 - I
Lösung: D
Der Kreis wird immer kleiner, das
Quadrat immer größer.

V19 - II
Lösung: B
Die Anzahl der Quadrate nimmt im-
mer um Eins zu, während die Anzahl
der kleinen Querstriche immer um
Eins abnimmt.

V19 - III
Lösung: A
Das Dreieck im Zentrum dreht sich
immer um 90° im Uhrzeigersinn.
Die drei Elemente an den Ecken
haben immer identische Formen und
sind spiegelbildlich (Spitze und Basis) ausgerichtet.

V19 - IV
Lösung: C
Die Grafik dreht sich immer um 180°
und verliert dabei jedes Mal einen
der kleinen Striche.

V20 - I
Lösung: e
Das Bild ist nicht nur gedreht,
sondern auch gespiegelt.

V20 - II
Lösung: a
Das Bild ist nicht nur gedreht,
sondern auch gespiegelt.

V20 - III
Lösung: b
Das Bild ist nicht nur gedreht,
sondern auch gespiegelt.

V20 - IV
Lösung: d
Der kleine Kreis am langen Strich ist
auf der anderen Seite.

V20 - V
Lösung: f
Das Bild ist nicht nur gedreht,
sondern auch gespiegelt.

V20 - VI
Lösung: a
Das Bild ist nicht nur gedreht,
sondern auch gespiegelt.

V20 - VII
Lösung: b
Das Bild ist nicht nur gedreht,
sondern auch gespiegelt.

V20 - VIII
Lösung: b
Das Bild ist nicht nur gedreht,
sondern auch gespiegelt.

V21 - I
Lösung: e
Das Bild ist nicht nur gedreht,
sondern auch gespiegelt.

V21 - II
Lösung: a
Das Bild ist nicht nur gedreht,
sondern auch gespiegelt.

V21 - III
Lösung: d
Das Bild ist nicht nur gedreht,
sondern auch gespiegelt.

V21 - IV
Lösung: a
Das Bild ist nicht nur gedreht,
sondern auch gespiegelt.

V21 - V
Lösung: e
Das Bild ist nicht nur gedreht,
sondern auch gespiegelt.

V21 - VI
Lösung: a
Das Bild ist nicht nur gedreht,
sondern auch gespiegelt.

V21 - VII
Lösung: f
Das Bild ist nicht nur gedreht,
sondern auch gespiegelt.

V21 - VIII
Lösung: a
Das Bild ist nicht nur gedreht,
sondern auch gespiegelt.

V22 - I
1. Lösung: D
2. Lösung: A

V22 - II
1. Lösung: D
2. Lösung: B

V23 - I
Lösung: B
Die Grafik links wird auf der rechten
Seite rund, behält aber Größe und
Farbe.

V23 - II
Lösung: D
Die Verbindung zwischen der linken
und der rechten Grafik besteht darin,
dass von der linken Grafik das innere
Element übernommen wird und diesem die Farbe des äußeren Elements
gegeben wird.

V23 - III
Lösung: A
Die linke Grafik wird auf der rechten Seite grau und dessen Rahmen
verstärkt.

V23 - IV
Lösung: D
Die Grafik wird horizontal halbiert
und die verbleibende Hälfte in die
Mitte gerückt.

V24 - I
Lösung: A

V24 - II
Lösung: B

V24 - III
Lösung: A

V24 - IV
Lösung: C

Lösungen sprachlicher IQ

Anmerkung: Im sprachlichen Trainingsteil existieren manchmal mehrere Lösungsmöglichkeiten. Dies widerspricht dem Trainingsgedanken nicht. In realen IQ-Tests werden Wortschatz-Fragen gestellt, die eindeutig lösbar sind.

S1 - I
Lösung: Rasen

S1 - II
Lösung: Ball

S1 - III
Lösung: Feuer

S1 - IV
Lösung: Kick

S1 - V
Lösung: Schild

S1 - VI
Lösung: Fahne

S1- VII
Lösung: Gabe

S1- VIII
Lösung: Bahn

S2 - I
Lösung: d
Ein Kanu schwimmt nicht unter Wasser.

S2 - II
Lösung: a
Eine Nadel ist kein Trennwerkzeug.

S2 - III
Lösung: c
Ein Fasan lebt nicht im Wasser.

S2 - IV
Lösung: d
Alle anderen Wörter haben zwei
identische Vokale.

S2 - V
Lösung: b
Eine Predigt ist kein sprachlicher
Austausch.

S2 - VI
Lösung: d
Die Lunge ist kein äußeres Körper-
teil.

S2 - VII
Lösung: c
Die Flucht ist kein körperlicher
Gegenstand.

S2 - VIII
Lösung: d
Ausgang beschreibt keinen Weg.

S3 - I
Lösung: b

S3 - II
Lösung: a

S3 - III
Lösung: b

S3 - IV
Lösung: d

S4 - I
Lösung: b
Note – im Gegensatz zu Eins, Zwei,
Drei

S4 - II
Lösung: d
Watt – im Gegensatz zu Ampère,
Gramm, Meter

S4 - III
Lösung: a
Schnee – im Gegensatz zu Sonne,
Regen, Hitze

S4 - IV
Lösung: b
Hobeln – im Gegensatz zu pinseln,
weben, putzen

S4 - V
Lösung: a
Vorhang – im Gegensatz zu Kulisse, Applaus, Souffleuse

S4 - VI
Lösung: c
Benzin – im Gegensatz zu Öl, Strom, Wasser

S5 - I
Lösung: b

S5 - II
Lösung: d

S5 - III
Lösung: a

S5 - IV
Lösung: d

S6 - I
Lösung: a und d
Athen und Rom sind Hauptstädte.

S6 - II
Lösung: c und f
Geld und Briefmarke sind eine Verkörperung von Wert.

S6 - III
Lösung: a und c
Rote Karte und Elfmeter sind vom Schiedsrichter verhängte Strafen.

S6 - IV
Lösung: d und f
Basilikum und Thymian sind beides Gewürzkräuter.

S6 - V
Lösung: c und f
Computer und Drucker sind beides elektronische Geräte.

S6 - VI
Lösung: a und d
Farbe und Walze braucht man, um ein Zimmer zu streichen.

S7 - I
Lösung: b
Die Nase ist Teil des Kopfes, ebenso ist der Fuß Teil des Beines. Alternative a (Körper) ist zu weit gefasst.

S7 - II
Lösung: c
Der Faden ist das Zubehör zum
Werkzeug Nähnadel, ebenso ist der
Nagel das Zubehör zum Werkzeug
Hammer.

S7 - III
Lösung: b
Der „Kunde" des Arztes heißt
Patient, der des Anwalts nennt sich
Mandant.

S7 - IV
Lösung: a
Üblicherweise befindet der Ofen in
der Küche, ebenso verhält es sich mit
Glühbirne und Lampe.

S8 - I
Lösung: Hals

S8 - II
Lösung: Sprung

S8 - III
Lösung: Fleisch

S8 - IV
Lösung: Spiel

S8 - V
Lösung: Sturm

S8- VI
Lösung: Maus

S8 - VII
Lösung: Turm

S8 - VIII
Lösung: Land

S9 - I
Lösung: Kraftfahrzeug

S9 - II
Lösung: Bodenbelag

S9 - III
Lösung: Telekommunikationsmittel

S9 - IV
Lösung: Religion

S9 - V
Lösung: Datenträger

S9 - VI
Lösung: Bauwerk

S9 - VII
Lösung: Sinnesorgan

S9 - VIII
Lösung: Kochgeschirr

S10 - I
Lösung: T
Acht – Tadel

S10 - II
Lösung: N
Plan – Nepp

S10 - III
Lösung: NE
Scheune – Neffe

S10 - IV
Lösung: VE
Olive – Ventil

S10 - V
Lösung: tell
Kastell - Teller

S10 - VI
Lösung: ser
Mörser – Serum

S10 - VII
Lösung: TIN
Gattin – Tinte

S10 - VIII
Lösung: OR
Tenor – Orbit

S11 - I
Lösung: b
Die Anfangsbuchstaben der Namen
der Besuchten sind A, B, C (alphabetisch fortlaufend), sodass D (Lösung b oder c) folgen muss. Lösung
c scheidet aus, weil die Erzählung
erkennbar chronologisch fortlaufend
sein soll.

S11 - II
Lösung: d
Die Anfangsbuchstaben von Be-
schenkten und Geschenken sind

alphabetisch fortlaufend (K, L, M, N sowie F, G, H, I)

S11 - III
Lösung: a
Die Lieblingsspeisen sind jeweils jahreszeittypisch und nach dem Jahreslauf geordnet. Somit muss der Kürbis (typisch für den Herbst) folgen.

S11 - IV
Lösung: b
Als Muster ist erkennbar, dass sich jeweils Männer- und Frauennamen sowie handwerliche und künstlerische Berufe in der Aufzählung abwechseln sollen.

S12 - I
Lösung: nie

S12 - II
Lösung: Rost

S12 - III
Lösung: Tau

S12 - IV
Lösung: Eier

S12 - V
Lösung: Rot

S12 - VI
Lösung: reich

S12 - VII
Lösung: Akt

S12 - VIII
Lösung: Lamm

S13 - I
Lösung: ECKE

S13 - II
Lösung: ACH

S13 - III
Lösung: IST

S13 - IV
Lösung: EGEL

S13 - V
Lösung: ACHT

S13 - VI
Lösung: OST

S13 - VII
Lösung: EIN oder UND

S13 - VIII
Lösung: AUCH oder EBEN

S13 - IX
Lösung: ICHT

S13 - X
Lösung: ALL

S13 - XI
Lösung: AST

S13 - XII
Lösung: EST

S14 - I
Lösung: a

S14 - II
Lösung: d

S14 - III
Lösung: c

S14 - IV
Lösung: a

S14 - V
Lösung: c

S14 - VI
Lösung: d

S15 - I
Lösung: c

S15 - II
Lösung: a

S15 - III
Lösung: d

S15 - IV
Lösung: c

S15 - V
Lösung: a

S15 - VI
Lösung: c

S16 - I
Lösung: Zepter

S16 - II
Lösung: auf den Kopf

S16 - III
Lösung: A und O

S16 - IV
Lösung: Herz

S16 - V
Lösung: Apfel nicht weit

S16 - VI
Lösung: sägt den Ast ab

S17 - I
Lösung: a

S17 - II
Lösung: d

S17 - III
Lösung: c

S17 - IV
Lösung: d

S17 - V
Lösung: b

S17 - VI
Lösung: a

S18 - I
Lösung: Miss-

S18 - II
Lösung: neu-

S18 - III
Lösung: strei-

S18 - IV
Lösung: Tab-

S19 - I
Lösung: ⌘ = A; ❖ = B
Abend, Banane, Anbau, Abbitte

S19 - II
Lösung: ⌘ = E; ❖ = D
Drei, Daune, Edelweiss, Desaster

S19 - III
Lösung: ⌘ = O; ❖ = P
Post, Oper, Pony, Operation

S19 - IV
Lösung: ⌘ = R; ❖ = N
Braun, nur, Rasen, rennen

S19 - V
Lösung: ⌘ = S; ❖ = L
Schlau, Los, Lasso, Salto

S19 - VI
Lösung: ⌘ = N; ❖ = T
Turnen, Not, Tunnel, Tonne

S20 - I
Lösung: b und c

S20 - II
Lösung: c und e

S20 - III
Lösung: a und e

S20 - IV
Lösung: b und d

S20 - V
Lösung: a und d

S20 - VI
Lösung: a und c

Lösungen Übungstest 1

1.1
Lösung: a
In jeder Zeile und Spalte befinden sich ein Q, ein F und ein D. Je einer dieser Buchstaben ist grau.

1.2
Lösung: b
Im Zahlenfeld befinden sich ausschließlich ganze, positive Zahlen.

1.3
Lösung: Einstand

1.4
Lösung: b
Die oberen Steinhälften wandern zeilenweise je einen Schritt nach rechts. Am rechten Rand angelangt geht es links weiter. Bei den unteren Steinhälften verhält es sich umgekehrt.

1.5
Lösung: d
Das Fünfeck dreht sich nach jedem Oval um 90° gegen den Uhrzeigersinn.

1.6
Lösung: d
Grafik ist kein konkretes Anschauungsbeispiel.

1.7
Lösung: c
Nur diese Aussage ist beweisbar. Bei den anderen Aussagen ließe sich jeweils auch eine andere Ansicht vertreten, hier gibt es kein „wahr" und kein „falsch"

1.8
Lösung: c
Der Minutenzeiger bewegt sich um je 15 Minuten vor, der Stundenzeiger um je eine Stunde.

1.9
Lösung: 3
Wenn zwei Väter in zwei Stunden zwei Sandburgen bauen, dann baut ein Vater in dieser Zeit eine Sandburg. Und drei Väter bauen folglich in dieser Zeit drei Sandburgen.

1.10
Lösung: a
Jedes Element kommt insgesamt dreimal vor. Ein Quadrat und ein Strich fehlen.

1.11
Lösung: c
Addieren Sie die drei äußeren Zahlen jedes der vier äußeren Quadrate. Bilden Sie aus der Summe die Quersumme, und setzen Sie diese in das innere Kästchen – jedoch um eine Stelle gegen den Uhrzeigersinn versetzt.

1.12
Lösung: a
Christ – im Gegensatz zu Meister, Mensch, Pfarrer

1.13
Lösung: b
Jedes der kleinen Symbole ist insgesamt dreimal enthalten.

1.14
Lösung: c

1.15
Lösung: c und f
Pisa und Paris haben beide einen Turm als Wahrzeichen.

1.16
Lösung: c
Die Zahlen oben, links und unten wandern um ein Feld gegen den Uhrzeigersinn weiter. Die Zahl in der Mitte wandert nach oben, die Zahl rechts in die Mitte.

1.17
Lösung: c
Gewichtsbeispiel:
▦ = 1, ▦ = 2, ▦ = 3

1.18
Lösung: 1A, 2B, 3B, 4B
In Gruppe A gibt es nirgends eine Überschneidung, in Gruppe B gibt es

immer mindestens eine Überschneidung.

1.19
Lösung: Sonntag
Wenn der 3. Tag ein Montag ist, dann ist der 11. Tag (acht Tage später bzw. wochentagsspezifisch äquivalent mit einem Tag später) ein Dienstag. 15 Tage davor wiederum (dasselbe wie $15 - 2 \times 7 = 1$ Tag davor) war ein Montag, und das war gestern. Vorgestern war somit ein Sonntag.

1.20
Lösung: d
Das Haar wächst in und aus der Haut, ebenso wächst der Grashalm in und aus der Erde.

1.21
Lösung: b
Der Würfel dreht sich um je 90° gegen den Uhrzeigersinn (Perspektive ist von oben auf das E).

1.22
Lösung: Latein

1.23
Lösung: c
Die Rauten lösen sich von innen nach außen immer um eine Ecke im Uhrzeigersinn auf.

1.24
Lösung: Naturfasern

1.25
Lösung: c
Auf der linken und rechten Seite stehen sich immer Buchstaben gegenüber, die im Alphabet eine Stelle auseinander liegen.

1.26
Lösung: a
Addieren Sie die Zahlen der Punkte in den Eckfeldern einer Zeile oder Spalte, und setzen Sie die Summe in das jeweils gegenüberliegende Mittelfeld.

1.27
Lösung: e
Das Bild ist nicht nur gedreht, sondern auch gespiegelt.

1.28
Lösung: F oder G
Hanf und faul
Hang und Gaul

1.29
Lösung: a
Es bilden sich drei gegenüberliegende Buchstaben-Zahlen-Paare,
deren Summe jeweils 23 ist.
Die Buchstabenwerte ergeben sich
aus der jeweiligen Position im Alphabet. A = 1, B = 2, C = 3 usw.

1.30
Lösung: a
Im oberen Kuchenstück startend
ergeben die Summen der jeweils drei
Zahlen im Uhrzeigersinn eine bei 5
beginnende aufsteigende Reihe von
Primzahlen (5, 7, 11, 13, 17, 19, 23, 29)

1.31
Lösung: d
Das Sechseck dreht sich mitsamt
der Linie um jeweils 30° gegen den
Uhrzeigersinn. Der Kreis wandert
dabei um eine Ecke im Uhrzeigersinn weiter.

1.32
Lösung: Ast

Lösungen Übungstest 2

2.1
Lösung: c

2.2
Lösung: c
Die Zahlen im Innern sind jeweils die Summen der beiden benachbarten äußeren Zahlen.

2.3
Lösung: „ippe"

2.4
Lösung: 2
Die Zahlen stehen für die Anzahl der ovalen Flächen, die den Bereich, wo die Zahl steht, bedecken. Die gesuchte Zahl steht in einem Bereich, der von zwei Flächen bedeckt wird.

2.5
Lösung: a

2.6
Lösung: a
Die Grafik links wird auf der rechten Seite dreieckig, behält aber Größe und Farbe.

2.7
Lösung: a
In der Mitte steht die Summe aus den drei äußeren Zahlen.

2.8
Lösung: c

2.9
Lösung: 21
Ω = 3, ● = 4, ✂ = 9

2.10
Lösung: c
Bei +1 beginnend wird nach jedem Schritt eine um 3 höhere Zahl addiert. Also: +1, +4, +7, +10, +13 usw.

2.11
Lösung: D

2.12
Lösung: a
Unten rechts steht das Quadrat der Differenz aus den anderen beiden Zahlen.

2.13
Lösung: e
Das Symbol ist nicht nur gedreht, sondern auch gespiegelt.

2.14
Lösung: DEL
Nadel und Delle

2.15
Lösung: Kind mit dem Bade

2.16
Lösung: a
Die Summe beider Zahlen in den Karten ist immer 12.

2.17
Lösung: AUM

2.18
Lösung: c
Das Dreieck dreht sich schrittweise um 90° gegen den Uhrzeigersinn. Dabei wechselt seine Farbe zwischen Weiß und Grau. Der Buchstabe F wandert mit und wird dabei bei jedem Schritt horizontal gespiegelt.

2.19
Lösung: c
Von oben nach unten werden in jeder Spalte immer 9 addiert.

2.20
Lösung: d
Der Würfel dreht sich bei jedem Schritt vertikal um 90° im Uhrzeigersinn und dann horizontal um 90° gegen den Uhrzeigersinn.

2.21
Lösung: a
In jedem Tripel befinden sich Vielfache von Zahlen einer aufsteigenden natürlichen Reihe, also Vielfache von 2, 3, 4, 5, 6 und folglich 7.

2.22
Lösung: b

2.23
Lösung: SEK

2.24
Lösung: b
Die Zahlen sind durch 4 teilbar. 48
ist daher die einzig passende der zur
Auswahl stehenden Zahlen.

2.25
Lösung: d

2.26
Lösung: c
Die Summe beider Zahlen in den
ersten beiden Karten ist immer 19.
Die Summe der jeweils beiden Zahlen einer Karte ist in den nächsten
beiden Karten immer 20. Und in den
im Uhrzeigersinn letzten beiden Karten beträgt die Summe der Zahlen
immer 21.

2.27
Lösung: 1B, 2A, 3B, 4B
In Gruppe A sind identische Elemente
innerhalb eines Kastens immer entlang einer vertikalen Linie angeordnet.
In Gruppe B sind sie entlang einer
horizontalen Linie angeordnet.

2.28
Lösung: a
Die obere Zahl ist die verdoppelte
Summe aus den Quadraten der
beiden unteren Zahlen.

2.29
Lösung: ♦ = I; ☒ = S; ➲ = E
Geist, Seite, Sirene, Stiel

2.30
Lösung: b und e

2.31
Lösung:
$3 + 4 - 5 \times 2 + 9 = 13$

2.32
Lösung: a
Die Zahlen sind die Quadrate aus der
jeweiligen Anzahl der Buchstaben.

2.33
Lösung: Index

2.34

Lösung: a

Alle anderen Wörter enden auf zwei aufeinanderfolgende Buchstaben des Alphabets.

2.35

Lösung: a

Je drei Grafiken haben zwei, drei bzw. vier Winkel.

2.36

Lösung: d

Von Anordnung 1 nach 3 werden die Zahlen im Uhrzeigersinn mit der nächsthöheren Zahl multipliziert. Betrachten Sie Anordnung 1. Beginnen wir bei der 3 rechts oben und multiplizieren sie mit 2; das Ergebnis steht in Anordnung 2 an gleicher Position. Eine weitere Multiplikation mit 2 ergibt die 12 in Anordnung 3. Als nächste Zahl folgt die 4. Sie wird nun zweimal mit 3 multipliziert. Dies ergibt in den Anordnungen 2 und 3 die Zahlen 12 und 36 in derselben Position.

Es geht nun weiter mit der Zahl 1 in der oberen Anordnung. Sie wird mit 4 multipliziert usw.

2.37

Lösung: d

Es vollzieht sich eine Entwicklung von links nach rechts. Die Symbole in der mittleren Spalte geben an, um wie viele Kästchen das jeweilige Symbol in der linken Spalte im Uhrzeigersinn wandert bis es rechts ankommt. Kreuz: 0 Stellen (das Symbol bleibt auf dieser Position). Bus: 1 Stelle. Kreis: zwei Stellen. Fahrrad: 3 Stellen.

2.38

Lösung: Beuge

Lösungen Übungstest 3

3.1
Lösung: b
Verbindet man die beiden Buchstaben in jedem Feld, so weist die Richtung dieser Verbindungslinie immer zur Mitte.

3.2
Lösung: c
Die Buchstaben wandern um je zwei Stellen im Alphabet weiter.

3.3
Lösung: Getränke

3.4
Lösung: b
Die Summe aus den beiden Zahlen in einem äußeren Feld befinden sich im gegenüberliegenden Innenfeld.

3.5
Lösung: D
Leid und Dunst

3.6
Lösung: c
Die Bildchen wandern immer um ein Kästchen im Uhrzeigersinn weiter.

3.7
Lösung: a
Das Produkt aus oberer und unterer Zahl ist gleich dem Produkt aus linker und rechter Zahl. In der Mitte steht dieses Produkt um 10 erhöht.

3.8
Lösung: c
Das anfangs obere Kreuz wandert abwechselnd hinunter und hinauf. Das anfangs untere Kreuz wandert in Leserichtung immer um eine Stelle nach rechts. Am rechten Rand angekommen geht es wieder links weiter.

3.9
Lösung: übel

3.10
Lösung: 2 (Bauch) und 4 (Hand)
Hier ergeben sich spaltenweise identische Summen (Rechte Hand + rechter Fuß, Kopf + Bauch, linke Hand + linker Fuß). Beim linken Männchen ist diese Summe immer 13, beim rechten ist sie 21.

3.11
Lösung: b
Der Satz zählt Prüfungen bzw. Arbeiten in der Reihenfolge auf, bei denen das durchschnittliche Alter der sie ableistenden Personen ansteigt.

3.12
Lösung: umpf

3.13
Lösung: b
Bei der 4 beginnend wächst jede Zahl bzw. deren alphabetische Entsprechung um einen immer um 1 zunehmenden Wert.

3.14
Lösung: b
Nur diese Aussage ist beweisbar. Bei den anderen Aussagen ließe sich jeweils auch eine andere Ansicht vertreten, hier gibt es kein „wahr" und kein „falsch".

3.15
Lösung: a
Je drei Felder enthalten zwei, drei bzw. fünf schwarze Kreise.

3.16
Lösung: a
In den Ecken stehen die Differenzen aus den beiden angrenzenden Feldern.

3.17
Lösung: c

3.18
Lösung: a
In jedem Quadrant befinden sich vier Buchstaben, die im Alphabet beieinander liegen.

3.19
Lösung: nicht fett

3.20

Lösung: Sonntag

Man reduziere die Zahlen um möglichst große Vielfache von 7. Wir kürzen also 106002 um 70000, bleibt 36002. Weiter: 36002 − 35000 = 1002. Nächster Schritt: 1002 − 700 = 302. 302 − 280 = 22. 22 − 21 = 1.

In 106002 Tagen ist also derselbe Wochentag wie in einem Tag. Heute ist also ein Samstag. Vor 235948 Tagen (wir reduzieren wie eben demonstriert) war derselbe Wochentag wie vor sechs Tagen, nämlich ein Sonntag.

3.21

Lösung: c

Es existieren je drei Pfeile, die nach rechts, nach rechts unten und nach rechts oben zeigen.

3.22

Lösung: b

3.23

Lösung: b

Gewichtsbeispiel:

🐟 = 2, ◯ = 4, 🔼 = 5, 👁 = 6

3.24

Lösung: a

3.25

Lösung: Bast-

3.26

Lösung: b

Die Zahlen in den Sternen verändern sich mit wachsendem Exponenten. Oben ist der Exponent 1 („hoch 1"), rechts ist der Exponent 2, unten ist der Exponent 3 und links ist der Exponent 4. Im Mittelfeld wird die Wurzel gezogen.

3.27

Lösung: ☐ = E; 🐾 = K; 🏆 = F

Kefir, Hefekloß, kaufen, Ferkel, Kaff, Kehle

3.28

Lösung: a

Die Formen der Elemente und deren Anordnung bleibt unverändert. Das Dreieck bekommt die Farbe des Rechtecks, das Oval bekommt die Farbe des Dreiecks, und das Rechteck bekommt die Farbe des Ovals.

3.29

Lösung: a

Bilden Sie die Summe aus den jeweils drei äußeren Zahlen, und dividieren Sie diese durch die Zahl in der jeweiligen Mitte. Setzen Sie das Ergebnis in das gegenüberliegende innere Kästchen.

3.30

Lösung: 3000

Wenn 600 Gäste 2400 Walzer in sechs Stunden tanzen, dann tanzen sie in einer Stunde 400 Walzer. Oder: Drei Gäste tanzen zwei Walzer pro Stunde. 1500 Gäste (also 500 x 3) tanzen folglich 1000 (500 x 2) Walzer in einer Stunde. Und in drei Stunden tanzen sie 3000 Walzer.

3.31

Lösung: a und c

3.32

Lösung: c

Bei jedem Schritt kommt ein Strich hinzu. In der Mitte beginnend werden die Striche abwechselnd links und rechts angesetzt. Ebenso kommt in jeder Grafik ein kleines Element hinzu. Erst oben, dann unten, und dem Zuwachs der Striche folgend.

3.33

Lösung: d

Maultier – im Gegensatz zu Tiger, Walross, Wolfshund

Lösungen Übungstest 4

4.1
Lösung: a
Der Stundenzeiger wechselt zwischen 9 und 2 Uhr hin und her. Der Minutenzeiger wandert immer um 25 Minuten weiter.

4.2
Lösung: d
Die Anzahl der Striche mit Pfeilspitze nimmt immer um Eins zu, die Anzahl der Striche ohne Pfeilspitze ab.

4.3
Lösung: b

4.4
Lösung: b
In der oberen Reihe beträgt die Augensumme in jedem Dominostein 10, in der mittleren Reihe 11 und in der unteren Reihe 12.

4.5
Lösung: e
Dieses Symbol ist nicht nur gedreht, sondern auch gespiegelt.

4.6
Lösung: c (Sekt – im Gegensatz zu Apfelsaft, Wasser, Kaffee)

4.7
Lösung: d
Verlieren ist keine Reaktion auf eine Gefühlsregung.

4.8
Lösung: b
Auf der rechten Seite betragen die Zahlen in den Sternen zwei Drittel der Werte auf der linken Seite. Die Zahl im Quadrat erhöht sich um 3.

4.9
Lösung: Beule

4.10
Lösung: A

4.11
Lösung: b
Gewichtsbeispiel:
① = 4, 😐 = 2, 😵 = 5

4.12
Lösung: b

4.13
Lösung: Freitag
Acht Tage nach einem Montag
kommt immer ein Dienstag.
Drei Tage vorher war ein Samstag,
und der war gestern. Heute ist also
Sonntag und übermorgen Dienstag.
Vier Tage davor war somit ein
Freitag.

4.14
Lösung: d und e
Star und Boa haben beide neben
der Bezeichnung eines Tieres weitere
Bedeutungen: Ein Star kann auch
eine berühmte Person sein, eine Boa
ein langer Schal aus Pelz oder Federn.

4.15
Lösung: a
Die linke Grafik wird auf der rech-
ten Seite weiß und dessen Rahmen
verstärkt. (Alternative d käme auch
in Betracht, allerdings gibt es keinen
Hinweis auf eine 180°-Drehung des
Symbols.)

4.16
Lösung: d
Alle sich gegenüberliegenden Felder
haben immer die Summe 13.

4.17
Lösung: a
Laster ist die umgangssprachliche Bezeichnung für Lastkraftwagen, ebenso
wie Radio für Rundfunkempfänger.

4.18
Lösung: Feuer

4.19
Lösung: a
Oben rechts beim C beginnt im Uhrzeigersinn eine Reihe nach der Regel
„abwechselnd +7 und –4". Zahlen
sind dabei durch Buchstaben ersetzt,
die sich aus der entsprechenden Position im Alphabet herleiten.

4.20
Lösung: c

4.21
Lösung: Freizeitbeschäftigung

4.22
Lösung: c
Hände + Kopf = Bauch,
Füße + Kopf = Bauch.

4.23
Lösung: DE
Gilde und Dekor

4.24
Lösung: a
Der Satz enthält zwei Muster:
Die Generationen sind in abstei-
gender Reihenfolge angeführt,
die Herkunft der Autos verläuft
von Norden (Volvo, Schweden)
nach Süden (Alfa Romeo, Italien).

4.25
Lösung: c
Von oben nach unten: Gleiche Bilder
addieren sich, unterschiedliche Bilder
subtrahieren sich.

4.26
Lösung: a
In der Mitte steht die Quersumme des
Produkts aus allen vier äußeren Zahlen.

4.27
Lösung: Eibe

4.28
Lösung: a
Von links nach rechts und von oben
nach unten addieren sich die Formen,
doch deckungsgleiche Formen
löschen sich.

4.29
Lösung: a
In den inneren Feldern stehen die
Produkte aus den jeweils zwei Zahlen der äußeren Felder – allerdings
um je zwei Felder gegen den Uhrzeigersinn versetzt.

4.30
Lösung: ecken

4.31
Lösung: b
Das Dreieck wandert von rechts
oben nach links unten und zurück.

Der Querstrich wandert gegen den Uhrzeigersinn um je eine Ecke am Rand entlang. Das Quadrat wandert immer um je eine Drittellänge nach rechts. Bei etwaigen Positionskonflikten wird das jeweils kleinere Element unsichtbar.

4.32
Lösung: b
Es gibt je drei Felder mit drei, vier bzw. fünf Strichen. Ebenso gibt es je drei Felder, die eine, zwei bzw. drei Überschneidungen aufweisen.

4.33
Lösung: b

4.34
Lösung: streifen

4.35
Lösung: d
Spiralförmig wandert eine Reihe von rechts oben (beim D) im Uhrzeigersinn bis zur Mitte. Bei jedem Schritt wandern die Buchstaben um zwei Stellen im Alphabet vor.